Vorwort zu Band II
Einführung in die Geschichte der Soziologie

Die Zielsetzung und die Konzeption dieses zweiten Bandes des **Einführungskurses Soziologie** werden zu Beginn der Lektion I ausführlich dargelegt. Hier soll vorab nur auf einen Unterschied zu den Lektionen der beiden anderen Bände hingewiesen werden. Am Schluß der einzelnen Lektionen finden die Leserinnen und Leser keine umfangreichen Bibliographien, sondern nur Angaben zur Primärliteratur und wichtiger Sekundärliteratur. Dieses Vorgehen beruht auf der Überzeugung, daß gerade Studienanfänger auch Originaltexte lesen sollten. Es gründet zweitens auf der Erfahrung, daß sie durch überbordende Bibliographien eher abgeschreckt als ermuntert werden, Bücher von Autoren, von denen sie z.B. in einer solchen Einführung lesen, selber in die Hand zu nehmen und zu studieren.

Soziologie ist trotz des notwendigen Anteils empirischer Forschung zu einem großen Teil immer noch eine Bücherwissenschaft. Es ist also angebracht und wünschenswert, daß nicht nur diese *Einführung in die Geschichte der Soziologie* gelesen wird, sondern auch Originaltexte der behandelten Soziologen. Wer sich einzelnen Fragestellungen oder Problemen vertiefend zuwenden will, findet Anleitung und Hinweise hierzu in den Handbüchern und Sammelwerken, die im Literaturteil der Lektion I kommentiert aufgeführt sind.

Es wird nicht möglich sein, alle diejenigen namentlich zu nennen, denen ich für Unterstützung bei diesem Buch zu danken habe. *Bernhard Schäfers* (Karlsruhe) hat alle Lektionen sachkundig und gründlich durchgesehen und mir viele wichtige Hinweise gegeben. Ihm bin ich ebenso dankbar wie *Gabriele Klein* (Salzburg) und *Annette Treibel* (Bochum). Sie haben meine Texte mit mir diskutiert und mir immer wieder Mut gemacht, das Projekt dieses Einführungsbuches zu Ende zu bringen.

Hermann Korte

Vorwort zur 9. Auflage

Vor zwanzig Jahren habe ich den Text dieses Buches geschrieben. Die 1. Auflage erschien 1992. Seitdem ist der Text immer aufs Neue kritisch durchgesehen, erweitert und verbessert worden. Auch für diese 9. Auflage sind kleinere Korrekturen vorgenommen worden und die Angaben zu Primär- und Sekundärliteratur überarbeitet worden.

Münster, im Januar 2011
Hermann Korte

Vorwort zur 7., erweiterten Auflage

Zwölf Jahre ist es her, dass ich den Text zur 1. Auflage der „Einführung in die Geschichte der Soziologie" geschrieben habe. Seitdem sind fünf weitere Auflagen erschienen, bei denen kleinere Korrekturen vorgenommen und die Literaturangaben jeweils aktualisiert wurden. Diese 7. Auflage unterscheidet sich davon. Es ist ein neues Kapitel beigefügt worden. Dies wurde notwendig, weil die Theorien gegenwärtiger Gesellschaften sich fortentwickelt und ausdifferenziert haben, so dass Annette Treibel den Band 3 unserer Einführungsreihe überarbeiten muß und dabei Platz für Neues braucht. Deshalb haben die Anfänge der Handlungstheorien und der Frauenforschung mit der Lektion XIII Aufnahme in diesem Band gefunden. Gleichzeitig sind wie immer die Literaturangaben durchgesehen und Druckfehler, auf die Leserinnen oder Leser hingewiesen haben, korrigiert worden.

Ich danke Inga Milena Korte für ihre aufmerksame Hilfe bei der Herstellung des Textes.

Münster, im Mai 2003   Hermann Korte

Vorwort zur 4. Auflage

Es ist für mich als Autor sehr erfreulich, daß dieses Buch auf so große Resonanz stößt, daß schon nach fünf Jahren eine vierte Auflage notwendig wird. Die Zielsetzung, Studierenden des Grundstudiums und interessierten Laien – zusammen mit den anderen drei Bänden dieses Einführungskurses – den Beginn der Beschäftigung mit der Soziologie zu erleichtern bzw. anzuregen, wird durch die anhaltende Nachfrage bestätigt.

Für diese vierte Auflage sind die Literaturverzeichnisse auf den neusten Stand gebracht und durch inzwischen erschienene Bücher und Aufsätze ergänzt worden. Außerdem habe ich dort, wo es geboten schien, den Text überarbeitet, wie zum Beispiel in Lektion I, oder ergänzt – wie zum Beispiel in der Lektion VI, durch Hinweise auf die kritische Debatte zu Webers Protestantismustheorie.

Ich danke Klaudia Meyer, die diese 4. Auflage mit Übersicht und Gründlichkeit betreut hat.

Rheda-Wiedenbrück, Juli 1998
Hermann Korte

Verzeichnis der Lektionen

I.	Von den Anfängen der Soziologie: Hoffnung auf eine neue Welt	11
II.	Der „erste" Soziologe: Auguste Comte	27
III.	Die Kolossalfigur des 19. Jahrhunderts: Karl Marx	43
IV.	Entwicklungen in England und Frankreich am Ende des 19. Jahrhunderts	59
V.	Entwicklungen in Deutschland um die Jahrhundertwende	77
VI.	Der Mythos von Heidelberg: Max Weber	97
VII.	Deutsche Soziologie zwischen 1918 und 1933 in Köln, Heidelberg und Leipzig	117
VIII.	„Unsere Aufgabe im Leben ist theoretische Arbeit": Die Kritische Theorie der Frankfurter Schule (Soziologie im Exil 1)	133
IX.	„Die Umstände, die sich ändern, sind die Beziehungen zwischen den Menschen selbst": Norbert Elias und die Zivilisationstheorie (Soziologie im Exil 2)	153
X.	Eine Theorie für alle Fälle. Talcott Parsons, Robert K. Merton und der Strukturfunktionalismus	169
XI.	Der Neubeginn der Soziologie in Deutschland nach 1945	187
XII.	Von der skeptischen Generation zur Studentenbewegung	205
XIII.	Historische Grundlagen gegenwärtiger Theoriediskurse	217
Bildquellennachweis		235

Lektion I
Von den Anfängen der Soziologie:
Hoffnung auf eine neue Welt

Inhalt

1. Zu Beginn eine Überlegung, warum es sinnvoll ist, sich mit der Geschichte der Soziologie zu beschäftigen.
2. Zur Gliederung und zum Aufbau dieses Buches
3. Vorboten der Soziologie im 17./18. Jahrhundert: Die Wandelbarkeit der gesellschaftlichen Verhältnisse wird bewußter.
4. Eine Wissenschaftlergruppe, die politisch aktiv wird: Die Physiokraten.

Literatur

1. Zu Beginn eine Überlegung, warum es sinnvoll ist, sich mit der Geschichte der Soziologie zu beschäftigen

Die Geschichte der industriellen Produktion oder die Geschichte der großen Entdeckungen ist vielen Menschen geläufig. An den Universitäten gibt es hierfür eigene Lehrgebiete und Vorlesungen, nicht nur für Studierende der jeweiligen Fächer, sondern auch für Hörer aller Fakultäten. Ähnliches gilt für die Geschichte der Musik oder ganz allgemein der Kunst. Und längst handelt es sich nicht mehr darum, das geniale Wirken einzelner Menschen darzustellen, ihnen Entdeckungen, Erfindungen oder Kunstwerke als persönliche Leistung zuzuschreiben. Man hat mittlerweile gelernt, den Zusammenhang zwischen der Welt, in der die jeweiligen Menschen lebten, und den Entstehungsbedingungen ihrer Entdeckungen, Erfindungen oder Kunstwerke zu sehen.

Man weiß z.B. sehr wohl, welche gesellschaftliche Bedeutung die Erfindung der Buchdruckerkunst oder des Schießpulvers hatte. Man weiß, warum manche Entdeckungen oder Erfindungen lange Zeit unbekannt blieben, bis dann eine historische Situation entstand, in der diese Erfindungen einen Stellenwert bekamen und dann auch realisiert wurden. Die Welt der Entdeckungen, der Erfindungen und der Kunstwerke ist auch Gegenstand von Sachbüchern und zahlreicher historischer Romane mit ihrer Mischung aus Tatsachenbericht und einer „erfundenen" Rahmenhandlung.

Das alles gibt es für die Gesellschaftswissenschaften und für die Soziologie im engeren Sinne so nicht. Es ist eher ungewöhnlich, sich mit der Geschichte der Soziologie im Zusammenhang gesellschaftlicher Entwicklungen zu beschäftigen. Dabei war sie es, die mit ihren Forschungen nachgewiesen hat, daß auch Naturwissenschaften und die schönen Künste in zeittypische Denk- und Verhaltensmuster eingebunden sind. Nach wie vor handelt es sich eher um eine Ausnahme, wenn diese Thematik außerhalb einer speziellen Veranstaltung im Rahmen des Studiums der Soziologie angesprochen wird. Das ist aus mehreren Gründen sehr erstaunlich und eigentlich auch unverständlich.

Zunächst einmal ist darauf hinzuweisen, daß die Entdeckungen sozialer Gesetzmäßigkeiten in den vergangenen Jahrhunderten auch unser heutiges Leben noch sehr beeinflussen. *Karl Marx* (1818-1883) hatte im 19. Jahrhundert herausgefunden, daß es einen Zusammenhang gibt zwischen der Art, wie die Menschen miteinander leben, und der Art, wie sie miteinander bzw. füreinander arbeiten. Diese Entdeckung hat die Gesellschaftsgeschichte seit etwa 1880 aufs nachhaltigste beeinflußt. Dabei kann zunächst einmal offen bleiben, wie es von der Entdeckung dieses Zusammenhangs zu der politischen Theorie des Marxismus und den sich daraus ergebenden gesellschaftlichen Entwicklungen, den Kämpfen zwischen Menschen und zu bestimmten Staatsformen, die daraus abgeleitet worden sind, gekommen ist.

Es steht außerhalb jeden Zweifels, daß die Entdeckung der Bedeutung der Ökonomie für das Zusammenleben der Menschen die Politik nicht nur in Europa, sondern überall in der Welt nachhaltig beeinflußt hat und noch beeinflußt. Es müßte doch eigentlich von großem Interesse sein, nicht nur zu erfahren, wie die Mozartschen Sinfonien und Opern im Zusammenhang der historischen Situation vor zweihundert Jahren entstanden sind, sondern auch zu erfahren, wie es zu der

Formulierung bestimmter sozialer Theorien gekommen ist, um besser zu verstehen, warum sie eine u.U. sehr große Wirkung auf viele Menschen und viele Gesellschaften gehabt haben.

Entdeckungen über Zusammenhänge in der Gesellschaft haben Auswirkungen auf das Zusammenleben der Menschen. Wem das Beispiel des Marxismus zu weit hergeholt, zu allgemein ist, der sei auf zwei Beispiele aus der deutschen Soziologie der Zeit nach 1945 verwiesen. Beide werden in späteren Kapiteln noch behandelt, aber sie seien hier kurz vorgestellt.

Das eine Beispiel ist die von *Helmut Schelsky* (1912-1984), einem bedeutenden und einflußreichen Soziologen der Nachkriegszeit, aufgestellte These von der „skeptischen Generation", die eine bestimmte Haltung der jüngeren Generation nach 1945 beschrieb (siehe Lektion XI). Die „skeptische Generation" wurde damals zu einem Schlagwort für die Entdeckung bestimmter Lebensformen und Verhaltensweisen in der jüngeren Generation. Die Jugendpolitik, die Jugendarbeit der Wohlfahrtsverbände und vieles andere mehr wurden davon beeinflußt.

Oder nehmen wir das Beispiel der Studentenbewegungen der 1960er Jahre. Sie haben nicht nur die weitere Entwicklung der Bundesrepublik, sondern auch die der anderen westeuropäischen Staaten z.T. nachhaltig beeinflußt. Die wichtigsten intellektuellen Anstöße erhielt diese Reformbewegung aus den Arbeiten der „Frankfurter Schule" (siehe Lektion VIII). Vor allem die Veröffentlichungen über die Zusammenhänge zwischen autoritären Herrschaftsformen, wirtschaftlicher Ausbeutung und der Unterdrückung der Sexualität hatten großen Einfluß.

Dies sind nur einige wenige Beispiele aus dem langen Prozeß der Entstehung dessen, was heute als akademische Disziplin „Soziologie" heißt. Man kann aber schon an diesen knappen Beispielen sehen, daß die Soziologie immer in besonderer Weise mit den jeweiligen Gesellschaften verbunden war und ist. Das macht es aber auch immer noch schwierig, eine Wertung des soziologischen Wissens vorzunehmen. Es scheint so, als ob jene in der Regel distanziertere Haltung, die die Naturwissenschaftler mittlerweile zu ihren Forschungsgegenständen entwickelt haben und die sie – meistens, aber auch nicht immer – davor schützt, ihre wissenschaftlichen Überzeugungen gesellschaftlichen oder politischen Wünschen unterzuordnen, in der Soziologie noch nicht in gleicher Weise vorhanden ist.

Wenn man aber den Prozeß der Entstehung soziologischen Wissens betrachtet, dann kann man sehen, wie groß der Fortschritt ist, der seit dem Mittelalter in der Erforschung der gesellschaftlichen Lebensverhältnisse, der Entwicklung entsprechender Theorien und den Möglichkeiten erreicht worden ist, sich nichtwissenschaftlichen Einflüssen zu entziehen. Erst wenn man diese Entwicklung kennengelernt hat, kann man den jeweils aktuellen Stand des akademischen Faches Soziologie angemessen einschätzen. Abgesehen davon, daß die Entstehung des soziologischen Wissens auch viele spannende Momente hat, ist die Erarbeitung der Geschichte der Soziologie eine notwendige und nützliche Grundlage für alle diejenigen, die das Fach Soziologie studieren und später Soziologie als Beruf ausüben wollen.

Aber auch für diejenigen, die sich lediglich über das Fach informieren wollen, um in ihrem beruflichen Alltag soziologische Forschungsergebnisse und theoretische Aussagen besser verstehen zu können und für ihren beruflichen Alltag nutzbar zu machen, ist die Geschichte der Soziologie kein Luxus. Es handelt sich keineswegs um die Beschäftigung mit veralteten Denk- und Forschungsmustern, sondern die Geschichte der Soziologie ist ein wichtiger und weiterführender Bestandteil der Diskussion über das Fach und der fachinternen Diskussionen.

Aber die Beschäftigung mit Soziologiegeschichte dient nicht nur der fachinternen Selbstvergewisserung, sondern hilft auch, die unterschiedlichen gegenwärtigen Positionen im Rahmen der Theorieentwicklung besser zu verstehen.

Oftmals geht es Soziologinnen und Soziologen wie dem italienischen Commissario Brunetti in Donna Leons Roman *Venizianisches Finale*. Der Kriminalist hat darin einen Mord an einem bekannten deutschen Dirigenten aufzuklären, dessen Biographie fast bis zum Ende des Romans im Verborgenen bleibt. Vergleichsweise ratlos steht der Kommisar deshalb vor unzusammenhängenden Spuren, Indizien und vielfältigen Motiven, denn, so Donna Leon: „Brunetti kannte Fakten, aber er hatte keine Ahnung von der Wirklichkeit".

Aus alledem ergeben sich für die Gliederung und den Aufbau dieses Buches eine Reihe von Überlegungen.

2. Zur Gliederung und zum Aufbau dieses Buches

Die Geschichte der Soziologie ist relativ kurz. Es hat zwar Versuche gegeben, den Beginn der modernen Soziologie schon in der Staatstheorie des griechischen Philosophen *Plato* (427-348) zu sehen und auch die Lehren der mittelalterlichen Scholastik zu den Vorläufern zu rechnen, aber es hat sich gezeigt, daß dies an den Besonderheiten der Soziologie, an ihren spezifischen Möglichkeiten eher vorbeiführt. Vielfach wird der Franzose **Auguste Comte** als derjenige genannt, der das Wort „Soziologie" eingeführt hat (siehe Lektion II). Comte wurde 1798 geboren, neun Jahre nach Beginn der französischen Revolution. Dies ist ein Hinweis auf die gesellschaftlichen Umstände, unter denen die Soziologie entstanden ist bzw. möglich und notwendig wurde. Gewiß ist die französische Revolution nicht der Ausgangspunkt der Soziologie gewesen. Sie ist lediglich ein sehr herausragendes Ereignis in einer längeren Entwicklung, in der die Menschen ein anderes Verhältnis zu der Ordnung der Gesellschaft und auch zu sich selbst entwickelten.

Die Veränderungen, die sich in der französischen Revolution ausdrückten, haben *Comte* und viele seiner Zeitgenossen sehr beschäftigt. Ihr Denken kreiste um die Frage, wie es zu den unübersehbaren Veränderungen in der Gesellschaft kommen konnte, ob mit ihnen die Entwicklung ihr Ende erreicht hatte und ob die Menschen endgültig eine neue und bessere Welt gefunden hätten. Das Nachdenken über die Gründe gesellschaftlicher Veränderungen ist seitdem ein Bestandteil der Soziologie geblieben, und so ist die erste Leitlinie, die die Diskussionen dieses Buches bestimmen wird, die Frage, **wie in den einzelnen Abschnitten der Entwicklung der Soziologie gesellschaftliche Veränderungen erklärt wurden** und welche theoretischen Aussagen Soziologen zu dem Tatbestand gemacht haben, daß die Gesellschaften der Menschen sich verändern. *Karl Marx,* der nach *Comte* lebte und mit seiner Klassentheorie die Soziologie ebenso stark beeinflußt hat wie die politischen Diskussionen, entwickelte eine Theorie über die Abfolge gesellschaftlicher Veränderungen (siehe Lektion III). Er brachte die Gründe für diese Veränderungen in einen Zusammenhang mit der Frage, warum die Men-

1. Leitlinie

schen, die in einer Gesellschaft zusammen leben, nicht so gleich waren, wie es z.B. die Deklaration der Menschenrechte der französischen Revolution von 1789 eingefordert hatte.

Denn das ist die zweite Frage, die Soziologen seitdem diskutiert haben: **Wie kommt es zur Ungleichheit unter den Menschen?** Die Abkehr von einer Gesellschaft, in der der Adel den Ton angab und die anderen Stände für seine Zwecke einsetzte, führte nicht automatisch zu der Gleichheit der Menschen untereinander. Es hat verschiedene Versuche der Erklärung gegeben, aber bis heute ist es eines der zentralen Themen der Soziologie, die Formen der Ungleichheit unter den Menschen aufzuspüren. Hieraus ergibt sich die **zweite Leitlinie** dieses Buches, nämlich zu untersuchen, wie in den einzelnen Abschnitten der Entwicklung der Soziologie **der Tatbestand der sozialen Ungleichheit erklärt wurde** und welche theoretischen Begründungen die einzelnen Soziologen dafür jeweils gefunden haben. 2. Leitlinie

Aber es gibt noch zwei weitere Gesichtspunkte, die beachtet werden müssen, will man die Geschichte der Soziologie kennenlernen und gleichzeitig ein besseres Verständnis für ihre heutigen Möglichkeiten gewinnen. Von Anfang an haben Soziologen auch immer versucht, aus ihrer wissenschaftlichen Arbeit praktische Schlüsse zu ziehen, d.h. Vorschläge zu machen, wie die sozialen Umstände verbessert werden können. *Marx* und den Marxismus haben wir bereits erwähnt, aber dies ist nur ein Beispiel für die Orientierung an einer Verbesserung der Lebensumstände.

Die praktische Verwertung der wissenschaftlichen Ergebnisse ist keineswegs eine Besonderheit der Soziologie, sie ist in allen wissenschaftlichen Disziplinen vorzufinden und wurde in den Naturwissenschaften bis zu dem Abwurf der menschenvernichtenden Atombomben über Hiroshima und Nagasaki weitgehend als problemlos angesehen. Seitdem ist die Selbstverständlichkeit und Sorglosigkeit naturwissenschaftlicher Forschung allerdings aufgebrochen. Die Frage nach der Verantwortung auch der Naturwissenschaftler für die Verwertung ihrer Forschungsergebnisse ist seitdem zu einem Dauerthema geworden. 3. Leitlinie

In der Soziologie war das von Anfang an anders. Auch Soziologen und Soziologinnen orientierten sich immer an der Praxis, denn sie untersuchten gesellschaftliche Situationen und Gesellschaftsveränderungen. Aber es waren Situationen und Veränderungen, in die sie selbst eingebunden waren. Das erschwerte ihre Arbeit von Anfang an. Soziologen und Soziologinnen gehören der Gesellschaft, die sie untersuchen, meistens selber an, d.h. sie sind Angehörige bestimmter Gruppen, sie teilen mit den anderen Menschen in diesen Gruppen bestimmte Interessen, und es ist nicht immer ganz klar, inwieweit sich aus der Zugehörigkeit zu bestimmten gesellschaftlichen Gruppierungen Auswirkungen auf ihre wissenschaftliche Arbeit ausschließen lassen, ob es nicht doch Verbindungen zwischen persönlichen Wünschen/Interessen und den Forschungsergebnissen gibt.

Deshalb ist der Praxiszugang der Soziologen und Soziologinnen immer von dem Problem begleitet, wie sie mit dem Tatbestand umgehen, daß sie Mitglieder der Gesellschaft sind, die sie untersuchen. Wie kann man es vermeiden, die eigenen Wünsche und die Forschungsergebnisse zu vermischen? Ganz allgemein bezeichnet man dies als das **Problem der Ideologie,** und es gibt eigentlich keine soziologische Theorie seit dem Beginn des 19. Jahrhunderts, die sich nicht mit dieser Frage direkt oder indirekt auseinandergesetzt hat. **Die Orientierung an** 4. Leitlinie der praktischen Umsetzung und die Frage, wie mit dem generellen Ideologieverdacht umgegangen wird, sind also die zwei weiteren Leitlinien.

Im Vordergrund steht aber die **Entwicklungsperspektive.** Damit ist nicht nur gemeint, daß die langfristige Entwicklung dargestellt wird, die zur heutigen Gestalt der Soziologie geführt hat, sondern Entwicklungsperspektive bedeutet auch, daß jeweils untersucht wird, was die einzelnen Phasen in der Entwicklung der Soziologie für die zeitgenössischen Menschen bedeutet haben. Es ist z.B. nicht weiter schwierig, Soziologen des 19. Jahrhunderts wie *Comte* oder *Marx* von der Warte heutigen Wissens aus zu kritisieren und nachzuweisen, welche Denkfehler, welche falschen Annahmen sie gemacht haben und wie sie der Ideologie der Gruppe, der sie angehörten, erlagen. Dies ist eine Möglichkeit der Auseinandersetzung, die sicher nicht vergessen werden darf. Aber es ist auch wichtig, sich immer vor Augen zu führen, was die einzelnen Phasen der Entwicklung für die jeweiligen Gesellschaften bedeutet haben, welchen Fortschritt des Wissens sie jeweils mit sich gebracht haben.

Entwicklungsperspektive

Diese Einführung in die Geschichte der Soziologie orientiert sich also an **vier Grundfragen,** die als **inhaltliche Leitlinien** Gliederung und Aufbau des Buches bestimmen:

1. Wie wird von den einzelnen Autoren und Autorinnen, wie wird in den einzelnen Phasen der Entwicklung der Soziologie und wie wird in den einzelnen Anwendungsfeldern der Tatsache Rechnung getragen, daß die Gesellschaften, die Menschen miteinander bilden, in einem ständigen **Prozeß der Veränderung** sind ?
2. Wie werden gesellschaftliche Unterschiede erklärt, welche Legitimationen werden u.U. für **soziale Ungleichheit** geliefert?
3. Wie ist der **Zugang zur Praxis ?**
4. Wie wird jeweils mit dem Problem „Ideologie", und d.h. vor allem mit dem Tatbestand umgegangen, daß Soziologen ihre Aussagen unter jeweils **zeittypischen Bedingungen** formulieren müssen?

Die Orientierung an diesen Leitlinien erlaubt es, die langfristigen Entwicklungen der Soziologie, die zu dem gegenwärtigen Stand der soziologischen Theorie geführt haben, übersichtlich darzustellen. Es gäbe durchaus andere Möglichkeiten der Gliederung, aber wir haben uns bei diesem Einführungsbuch für diese Vorgehensweise entschieden. Ziel ist es, die wissenschaftliche Disziplin Soziologie in ihren einzelnen Entstehungsphasen kennenzulernen und den Prozeß der Entstehung Schritt für Schritt wenigstens in den Grundzügen nachzuvollziehen.

Dies geschieht mit der Vorstellung solcher soziologischer Autoren, auf die die Bezeichnung „Klassiker" zutrifft. Die Verknüpfung bestimmter gesellschaftlicher Situationen mit den theoretischen Versuchen und dem Leben einzelner, ausgewählter Soziologen ermöglicht es, so viele Aspekte, wie im Rahmen einer Einführung möglich, darzustellen. Ein solches Vorgehen macht sich im übrigen das heutige Wissen der Soziologie um den Zusammenhang von Gesellschaftsgeschichte, der Geschichte der Wissenschaft und der Personengeschichte zunutze. Neben der Entwicklungsperspektive ist dies ein weiterer Baustein für eine **soziologisch orientierte** Einführung in die Geschichte der Soziologie.

Orientierung an Klassikern

Über die Frage, wer zu den **Klassikern der Soziologie** gehört, gibt es im Fach weitgehende Einigkeit. Selbst dann, wenn jemand nach anderen Gliederungsprinzipien vorgehen würde, käme er oder sie an den hier behandelten Autoren nicht vorbei. In den ersten vier Kapiteln des Buches, die sich mit dem 18. und dem 19. Jahrhundert befassen, werden zunächst Autoren und ihre Arbeiten aus Frankreich, England und Deutschland vorgestellt. Danach werden wir uns dann auf deutsche Autoren konzentrieren, die für die Entwicklung des Faches von Bedeutung waren – und zwar nicht nur in Deutschland, sondern auch international. Das gilt für *Max Weber* ebenso wie für *Karl Mannheim* und *Alfred Weber*, und auch für die Frankfurter Schule und in den letzten zehn Jahren für *Norbert Elias*. Die einzige wichtige Ausnahme ist die nordamerikanische Systemtheorie, die insbesondere seit den späten 1930er Jahren die Soziologie international bestimmt hat. Sie entstand unter Einflüssen aus Europa – den Einflüssen solcher Soziologen wie *Emile Durkheim, Georg Simmel* und *Max Weber*. Es gab jedoch in den USA und Kanada auch eigenständige Entwicklungen, die dann vor allem in der Zeit nach dem zweiten Weltkrieg die Soziologie in Westeuropa und ganz besonders die bundesdeutsche Soziologie beeinflußt haben. Es ist interessant, daß diese zentrale und sehr einflußreiche Theorie schließlich durch neuere Entwicklungen in Europa zurückgedrängt wurde und an Bedeutung verlor.

Es sind also drei Grundentscheidungen, die Aufbau und Gliederung dieses Buches bestimmen:

Erstens, die Orientierung an vier Grundfragen, die für die Diskussion Leitlinien sein sollen.

Zweitens die Beachtung einer Entwicklungsperspektive, die nicht nur vom heutigen Standpunkt aus historische Phasen der Geschichte der Soziologie bewertet und u.U. kritisiert, sondern den zeitgenössischen Zusammenhang beachtet, d.h. mitbedenkt, was die einzelnen Entwicklungsschritte für die Menschen in den historischen Abschnitten bedeutet haben und wie sie eingebunden waren in die jeweiligen gesellschaftlichen Umstände.

Drittens, eine Orientierung an soziologischen Klassikern, die es ermöglicht, den Zusammenhang zwischen Gesellschaftsgeschichte, Geschichte der Soziologie und Personengeschichte einzubeziehen.

3. Vorboten der Soziologie im 17./18. Jahrhundert: Die Wandelbarkeit der gesellschaftlichen Verhältnisse wird bewußter

In wissenschaftlicher Hinsicht ist das Verhältnis des Einzelnen zur Gesellschaft ein modernes Thema. Die Frage, welche Spielräume der einzelne Mensch gegenüber seiner Gesellschaft haben kann, entsteht im 17. Jahrhundert, aber die Auseinandersetzungen darüber haben ihre ersten Höhepunkte im 18. Jahrhundert. Man kann die Gründe für die Entstehung des Faches Soziologie als einer Wissenschaft der Moderne nicht verstehen, wenn man sich nicht wenigstens kurz an die Entwicklungen im 17. und 18. Jahrhundert erinnert.

Soziologie eine Wissenschaft der Moderne

Diese beiden Jahrhunderte waren in besonderer Weise zunächst von naturwissenschaftlichen Entdeckungen bestimmt. Die Menschen waren fasziniert davon, daß in der Natur bestimmte Regelmäßigkeiten herrschen, deren Gründe man immer besser nachvollziehen kann. Das bedeutete, daß man der göttlichen Ordnung der Natur nicht nur auf die Spur kam, sondern sich auch nach und nach die Vermutung verstärkte, daß es gar keiner göttlichen Ordnung bedurfte, sondern daß sich nachvollziehbare Regeln und Gesetzmäßigkeiten feststellen ließen, die in Versuchen sogar nachgeahmt und wiederholt werden konnten. Alle drei großen Geistesströmungen, die sich seit der frühen Neuzeit entwickelt haben, nämlich die Aufklärung mit ihrem Schwerpunkt in Frankreich, der Liberalismus mit seinem Schwerpunkt in England und der Idealismus mit seinem Schwerpunkt in Deutschland, sind mit der Entdeckung der Naturgesetze aufs engste verbunden.

Am Anfang stand die Reform der Theologie

Vor allem in Deutschland begann der Wandel der Geistesströme mit einer Reform der Theologie und der Moral. Es waren in erster Linie zwei Entwicklungen, die in Europa zum Beginn der frühen Neuzeit einen massiven **Säkularisierungsschub** auslösten. Zum einen konnte sich naturwissenschaftliche Erkenntnis insoweit durchsetzen, daß schließlich die Nachvollziehbarkeit der göttlichen Ordnung in der Natur auf die Menschen und ihr Zusammenleben mehr und mehr übertragen wurde. Zum anderen geriet in der ersten Hälfte des 16. Jahrhunderts die weltliche Macht des Klerus und sein Monopol auf Heilsvermittlung zunehmend in die Kritik. Die neue Interpretation *Martin Luthers* von der Gerechtigkeit Gottes wendete sich gegen die religiöse Leistungsfrömmigkeit der Kirche. Sie setzte den unbedingten Glauben an die Gerechtigkeit Gottes vor die Möglichkeit, sich Gottes Gnade durch gute Werke zu versichern und ermöglichte dem einzelnen Menschen dadurch ein Stück religiöser und innerer Freiheit. Neben der Renaissance und dem Humanismus ist die Reformation in Deutschland deshalb eine der Quellen, aus der sich die neuzeitliche Subjektivität speist. Die Freihheit des Christenmenschen – das war Luthers theologischer Angriff auf die mächtige Instituion Kirche. Aber trotz aller massiven Angriffe auf den Papst und die Mitglieder des Klerus, die den Reformator zeitweise mit den Laien des Adels- und des Bauernstandes einte, ging es Luther ausschließlich um religiöse Freiheit. Äußere Freiheit und kommunale Selbstbestimmung als Bestandteile christlicher Freiheit wie sie die antiklerikal gesonnenen Laien forderten, brachte die Reformation jedoch nicht. Auch waren es die Theologen, die für die Verbreitung der Naturwissenschaften und ihre weitere Entwicklung sorgten. Sie bildeten nämlich eine der wenigen kleinen Gruppen in der spätmittelalterlichen Gesellschaft, die einerseits eine intellektuelle Ausbildung erhalten hatten und gleichzeitig relativ unabhängig von den militärischen, ökonomischen und sozialen Gegebenheiten der jeweiligen Staaten waren.

von den Naturwissenschaften zum Naturrecht

Die Entdeckungen der Natur**wissenschaften,** daß es in der Natur bestimmte Gesetzmäßigkeiten gibt, die aus ihr selbst abgeleitet werden können, führte dazu, daß auch die von Gott abgeleiteten Regeln des Zusammenlebens der Menschen und der Staatsformen in entsprechende, nun natur**rechtliche** Überlegungen einbezogen wurden. So ist es kein Wunder, daß am Anfang der drei genannten Bewegungen jeweils eine Reform der Theologie und der Moral stand. Es folgte dann sehr bald die Phase der Reform der Politik bzw. der staatlichen Institutionen.

Parallel dazu hatte die Entstehung stabiler staatlicher Gewaltmonopole im späten Mittelalter es möglich gemacht, daß naturwissenschaftliche Erkenntnisse und Entdeckungen entstehen konnten. Erst als nicht mehr jährlich Krieg geführt werden mußte, als es möglich war, Nachrichtenverbindungen zwischen den verschiedenen Ländern und ihren Universitäten herzustellen und aufrechtzuerhalten, war auch eine kontinuierliche Zunahme des naturwissenschaftlichen Wissens möglich. Als dann die Naturwissenschaften immer mehr Gesetze der Abläufe in der Natur entdeckten, veränderten sich zunächst die Voraussetzungen und die Formen des Glaubens und der Moral. Bald aber begann man auch über die Formen der Politik und die Grundlagen der staatlichen Institutionen nachzudenken. Sie wurden nun nicht mehr nur von Gott abgeleitet, sondern aus der Natur der Menschen entwickelt. Die Forderung nach Freiheit und Gleichheit aller Menschen war die geradezu logische Folge und führte nicht zufällig ausgerechnet in dem größten absolutistischen Staat, nämlich in Frankreich, zu der großen Revolution.

Wir können hierzu eine weitere soziologische Beobachtung einschieben. Der französische König war zwar ein absoluter Herrscher – „Der Staat bin ich!" –, er konnte jedoch nicht so absolut und allein regieren, wie man das auf den ersten Blick annimmt. Je größer sein Reich und je mächtiger er selbst wurde, je komplizierter der staatliche Aufbau und je vielfältiger seine wirtschaftlichen Interessen wurden, um so mehr war er auf die Zusammenarbeit mit Regionalfürsten und auch mit Teilen des höfischen Bürgertums angewiesen (siehe auch Lektion IX). Ein solcher Verflechtungszusammenhang ist wesentlich anfälliger für Reformideen, als es etwa die vielen, zum Teil sehr kleinen deutschen Staaten im 17. und 18. Jahrhundert sein konnten.

Einer der größten Kritiker des bankrotten und maroden absolutistischen Staates war *Charles Secondant de Montesquieu* (1689-1755), in dessen Werk *Emile Durkheim,* selbst Begründer der modernen französischen Soziologie (vgl. Lektion III), die Ursprünge der Soziologie verortet hat. *Montesquieu* ging davon aus, daß eine staatliche Ordnung nur aus der ihr zugrunde liegenden gesellschaftlichen Formation begründet werden kann. Damit machte er als einer der ersten die Art und Weise, wie Menschen in der Gesellschaft ihr Zusammenleben regeln überhaupt zum Thema. Herrschaft konnte von ihm nicht mehr unabhängig von den Menschen gedacht werden, die von ihr betroffen sind. Ihn interessierte, ob und wie sich äußere Lebensbedingungen, Institutionen, Sitten und Gebräuche einer Gesellschaft in der jeweiligen Staatsform und ihren Gesetzen niederschlagen. Die wechselseitigen Bezüge der Menschen untereinander („rapports") sowie das Verhältnis von Freiheit und Herrschaft ist das Thema seines Hauptwerkes „De L'Esprit des Lois" – Vom Geist der Gesetze.

Die Reform von Theologie und Moral sowie die Reform der staatlichen Institutionen, wie sie seit dem späten 17. Jahrhundert in westeuropäischen Ländern diskutiert wurden, führten allerdings nicht sofort zu einer Abkehr von den existierenden Machtverhältnissen. Es brauchte einige Zeit, bis das Wissen sich entwickelt hatte, bis Begriffe entstehen konnten, die die Menschen in die Lage versetzten, die neuen Erkenntnisse zu benennen.

Wissen braucht Begriffe

Diese Entwicklung beinhaltete auch, daß sich die Vorstellungen von der Entstehung von Wissen veränderten. Durch das Erkennen von Gesetzen in der Natur über die Abkehr von dem alten Glauben an eine ewig währende göttliche

Ordnung entwickelte sich eine neue Einsicht: Auch das Wissen, das die Menschen haben, wird nicht durch eine göttliche Ordnung vorgegeben, sondern mußte und muß in einem langen Prozeß, oft über viele Generationen, erst gelernt werden.

Für uns ist es heute kein Problem, diese Gedankenkette nachzuvollziehen; für die Menschen des 17. und des 18. Jahrhunderts war das jedoch ein sehr schwieriger Prozeß. Erst nach und nach wurde klar, daß sich mit den neuen naturwissenschaftlichen Kenntnissen und der damit verbundenen Orientierung an der Natur des Menschen auch die Vorstellungen darüber, wo das Wissen herkommt, verändern mußten. So wie das Wissen über die Zusammenhänge in der Natur nach und nach gelernt und entwickelt werden mußte, mußten auch die Begriffe und die Klassifizierungen, die man brauchte, um die gesellschaftlichen Verhältnisse zu beschreiben und zu verstehen, erst entwickelt werden.

Wenn man heute die Entwicklungen im 17. und 18. Jahrhundert betrachtet – und in gewisser Weise gilt das auch noch für das 19. Jahrhundert – dann kann man sehen, daß das Nachdenken über die Zusammenhänge in der Gesellschaft noch stark von naturwissenschaftlichen Vorstellungen geprägt war. Die Naturwissenschaften waren die erfolgreichen Wissenschaften. Sie hatten die neuen Erkenntnisse hervorgebracht, und so ist es aus heutiger Sicht verstehbar, daß diejenigen, die über die Gesetze und die Gesetzmäßigkeiten in den Gesellschaften und über neue Staatsformen nachdachten, sich an den Modellen der Naturwissenschaften, also etwa an dem Modell des Organismus, in dem alles aufeinander bezogen ist und miteinander funktioniert, orientierten.

Der Organismus wird zum Modell

Das gilt auch für die dritte Stufe, für die langsam aufkommenden wirtschaftlichen und sozialen Reformpläne. Ein Beispiel hierfür sind die Reformideen und gesellschaftlichen Utopien, die bereits Mitte des 18. Jahrhunderts in Frankreich entstanden. Dabei spielte die Gruppe der sogenannten **Physiokraten** eine besondere Rolle, denn bei ihnen veränderte sich die Zielrichtung der Reformvorstellungen: Bei ihnen ging es erstmals auch um Vorstellungen von einer besseren Welt. Sie wollten die soziale Lage der Menschen insgesamt verbessern.

4. Eine Wissenschaftlergruppe, die politisch aktiv wird: Die Physiokraten

Mitte des 18. Jahrhunderts machte in Frankreich, vor allem in Paris, eine Gruppe von Naturwissenschaftlern auf sich aufmerksam, die in der Geschichte der französischen Aufklärung als *die Physiokraten* bezeichnet werden. Sie war aus verschiedenen Gründen eine beachtliche Gruppe. Schon der Tatbestand, daß es jetzt nicht mehr ein einzelner Wissenschaftler war, sondern daß sich mehrere zu einer Gruppe zusammengeschlossen hatten, die in den Salons der französischen Hauptstadt für ihre Ideen sehr nachhaltig warben, ist bemerkenswert. Aber wichtiger als die Organisationsform sind die Inhalte, die die Gruppe vertrat. Von ihnen wurde erstmals besonderer Nachdruck auf die sozialen Lebensverhältnisse der Menschen gelegt und darüberhinaus das erste Mal eine Theorie formuliert, die die Wirtschaft zum zentralen Gegenstand der Gesellschaft und ihrer Ordnung machte.

Allerdings war diese Gruppe kein herausragendes Ereignis in dem Sinne, daß plötzlich neue Ideen entstanden wären. Vor allem die Vorstellung, daß es möglich ist, eine bessere Welt für die Menschen zu gewinnen, wurde schon vor ihnen von verschiedenen Autoren formuliert. Besonders nahe stand den Physiokraten – zeitweise gehörte er der Gruppe wohl auch an – der 1727 in Paris geborene *Anne Robert Jacques* **Turgot**, *Baron de l'Aulne*. Er hatte zunächst Theologie studiert, wandte sich aber schon mit 24 Jahren den Rechts- und Staatswissenschaften zu und war von da an in verschiedenen hohen staatlichen Positionen tätig, zuletzt als Minister, der sich für verschiedene Reformen, wie etwa die Dezentralisierung der Verwaltung oder die Beseitigung des Zunftzwanges einsetzte.

Anne Robert Jacques Turgot (1727-1781)

Bei *Turgot* finden wir ein **Entwicklungsgesetz**, das die Entwicklung der menschlichen Gesellschaften hin zu einem fortschrittlichen Endstadium in **drei Phasen** formuliert. Das erste Stadium ist das **theologische**, dann folgt ein **metaphysisches** Stadium, das als Übergangsstadium verstanden werden muß. Das dritte, das endgültige Stadium nennt er das **positive,** weil dort eine kritisch-wissenschaftliche Orientierung herrscht und man die historischen Ereignisse rational bewertet. Dies ist ein Grundschema, das wir dann auch bei den noch zu behandelnden Franzosen *Saint-Simon* und *Comte* finden. *Turgot* ist aber durchaus nicht der erste, der versucht, die Abkehr von der christlichen Heilserwartung in der Geschichte der Menschen durch ein rational begründetes Entwicklungsgesetz abzulösen. Vor ihm hatte schon **Giovanni Battista Vico** (1668-1743), ein italienischer Philosoph, der in Neapel an der Universität lehrte, ein Dreistadiengesetz formuliert. Allerdings war bei ihm die Gesellschaft noch auf dem Wege zur Dekadenz. Der Fortschrittsgedanke findet sich bei *Vico* noch nicht. Geschichte ist bei ihm immer noch göttliche Vorsehung oder auch Schicksal, eine Art Naturereignis, das man aber nicht so gut und so endgültig wie andere Naturereignisse untersuchen und verstehen kann.

Ein frühes 3-Stadien-Gesetz

Insofern war das **Dreistadiengesetz**, das *Turgot* formulierte, etwas Neues. Denn es formulierte erstmals die Vorstellung von einem besseren Leben. Das Endstadium der Geschichte ist dem Fortschritt gewidmet, und die Schicksalsgläubigkeit eines *Vico* oder auch der Skeptizismus über die weitere Entwicklung, der bei vielen Denkern der französischen Aufklärung vorgeherrscht hatte, wird nun abgelöst durch den Glauben an eine bessere Welt. Der Unterschied zur Natur wird darin gesehen, daß anders als in ihr das Leben der Menschen sich nicht ständig wiederholt, sondern sich zu einem positiven Stadium des Fortschritts und der Vollkommenheit entwickelt.

Dies ist eine ab der Mitte des 18. Jahrhunderts durchgehende Tendenz: Statt Skeptizismus und kritischer Distanz zur Dekadenz der neuen Entwicklungen findet sich von nun an ein immer stärkerer Fortschrittsglaube. Ein Beispiel aus dieser Zeit sei noch erwähnt, nämlich der **Marquis de Condorcet** (1743-1794). Auch er vertrat die Vorstellung von einer Entwicklung der Menschheitsgeschichte hin zu einer besseren Welt, zu sozialer Gleichheit und der umfassenden Teilhabe aller Menschen an vernunftgemäß eingerichteten gesellschaftlichen, politischen und kulturellen Verhältnissen, die von den zur Diskussion befähigten Menschen stets zu verbessern und zu verändern sind. Aber auch *Condorcet,* der die Teilnahme der Menschen und ihren Einfluß auf die Veränderungen der Gesellschaft forderte, kannte ein Endstadium. Bei ihm vollzieht sich Geschichte zwar nicht in drei, sondern in zehn Stadien, aber am Ende, in der letzten Phase der Entwicklung, wird es auf der Welt nur noch freie Menschen geben.

Condorcet (1743-1794)

Die Vorstellung, daß die Geschichte zu einem guten Ende kommt, weil die Menschen sich ihr Leben immer besser und immer vernünftiger einrichten können, bis man an einen absoluten Endpunkt gekommen ist, ist noch eine Folge, ein intellektuelles Erbe der Theologie. Die Vorstellung des Anfangs und des Endes, von Alpha und von Omega, war diesen Menschen noch so geläufig, daß sie sich bei aller Emanzipation, bei aller begründeten Abkehr von den ehemals vorherrschenden Heilslehren der katholischen Kirche, trotzdem eine Entwicklung nur mit einem festen Anfang und einem bestimmbaren Ende vorstellen konnten.

Man kann hier deutlich sehen, wie langsam das Wissen entsteht. Es war nicht so, daß jemand plötzlich eine richtige Idee hatte und diese dann in die Tat umsetzte. Über Jahrzehnte, über Jahrhunderte entstanden nach und nach zunächst Zweifel an der Richtigkeit bestehender Ordnungen, die sich dann aufgrund von naturwissenschaftlichen Erkenntnisfortschritten nach und nach verstärkten, zunächst an der Theologie und ihrer Moral, dann aber auch an den Vorstellungen von der Ordnung des Staates und der Gesellschaft und damit verbunden auch an den Auffassungen von der Regelmäßigkeit bzw. den Gesetzen der Geschichte. Und schließlich erreichten diese Zweifel auch die sozialen und ökonomischen Umstände, unter denen Menschen leben müssen.

Das Tableau économique der Physiokraten

Die Physiokraten waren eine besonders wichtige Gruppe, weil sie nach all den vorherigen Autoren, die sich noch mit Idealen und Utopien beschäftigten, das erste Mal den Schritt wagten, ein Programm zu formulieren, das die **soziale Lage der Mehrheit** der Menschen verbessern sollte. Das war etwas Neues. Bis dahin war die Aufklärung im wesentlichen durch die Abkehr von Dogmen hin zu vernunftgeleiteten Vorstellungen bestimmt gewesen. Sie verlängerten die Idee des Naturrechtes über die staatliche Organisation hinaus zu den Bedürfnissen der einzelnen Menschen. Die Physiokraten stellten die sozialen und ökonomischen Bedürfnisse der Menschen in den Mittelpunkt ihrer Überlegungen und entwickelten mit dem **Tableau économique** ein Modell für den Aufbau der Gesellschaft, das sich an den ökonomischen Gegebenheiten und Notwendigkeiten orientiert und damit ebenfalls ein Vorläufer für spätere Modelle und Theorien wurde. Das Dreistadiengesetz wird später zu umfassenden Entwicklungsgesetzen, und das Tableau èconomique wird zur Klassentheorie und anderen Theorien sozialer Ungleichheit weiterentwickelt.

Francois Quesnay
(1694-1774)

Im Mittelpunkt der Gruppe der Physiokraten stand der Arzt **Francois Quesnay** (1694-1774). Er war Chirurg und Leibarzt des Königs Ludwigs XV. Er wird in den Biographien als intellektuell vielseitig beschrieben, und vor allem wird seine Beredsamkeit gerühmt. Sie war es auch, die in den Salons, dem Treffpunkt der intellektuellen Oberschicht Frankreichs, dafür sorgte, daß die Ideen der Physiokraten verbreitet wurden. In den verschiedenen Berichten über ihn und seine Mitstreiter wird allerdings auch darauf hingewiesen, daß das „Tableau èconomique" insofern eine rationale Grundlage hatte, als es ausgedacht, wir würden heute sagen, eine Kopfgeburt war. Schon Zeitgenossen bezweifelten, ob *Quesnay* und die anderen *Physiokraten* von der realen Lage der Bevölkerung ausreichende Kenntisse besaßen. Aber wie dem auch sei, das „Tableau èconomique" der Physiokraten hat die Gemüter sehr bewegt. Der schon erwähnte *Turgot* übernahm einige der Gedanken in seine Reformpläne, als er Minister bei Ludwig XV. war.

Die *Physiokraten* gingen von wenigen einfachen Prämissen aus. Die wichtigste war, daß die Ökonomie Grundlage jeder Gesellschaft ist und ihren Bestand sichert. Die wirtschaftlichen Tätigkeiten der Mitglieder der Gesellschaft richten sich danach, zu welcher Klasse sie gehören. Das „Tableau èconomique" kannte drei Klassen: Die produktive Klasse, die Klasse der Grundeigentümer und die sterile Klasse. Kriterium für die Einteilung war, wer am meisten dazu beiträgt, daß die von Gott geschenkte Fruchtbarkeit der Natur in Güter verwandelt wird. Nur so ist erklärbar, daß als produktive Klasse die Bauern genannt werden. Sie mehren durch die Bebauung des Bodens den Reichtum des Landes und verwandeln die von Gott gegebenen Bodenschätze in Mehrwert. Es handelt sich hierbei noch nicht um den später bei *Karl Marx* durch Arbeit produzierten Mehrwert, sondern um die Vorstellung, daß die landwirtschaftliche Tätigkeit die Natur zu Mehrwert verwandelt. Da von diesem Mehrwert die ganze Gesellschaft lebt, nennen *Quesnay* und die Physiokraten diese Klasse die produktive.

Eine frühe Einteilung in soziale Klassen

Die zweite Klasse ist die der Grundeigentümer. Hierzu gehört der König als der größte Grundbesitzer, aber auch der Klerus und die bürgerlichen Gutsherren. Sie leben von den Pachten, also von dem Nettoprodukt der Landwirtschaft, das die produktive Klasse jährlich an sie zahlt.

Die dritte Klasse wird als die sterile bezeichnet. Sie besteht aus all den anderen, die nichts mit der Landwirtschaft zu tun haben. Dazu gehören die Lohnarbeiter in den Manufakturen ebenso wie die ersten Bankkaufleute, aber auch alle anderen, die in den Bereichen des Handels und der Dienstleistungen tätig sind. Sie sind gewissermaßen nur Stipendienempfänger der alles bestimmenden Landwirtschaft, beziehen ihren Lebensunterhalt nur aus zweiter Hand. Diese Klasse erzeugt selbst keinen Mehrwert, da sie nur weiter verarbeitet, was von der produktiven Klasse geschaffen worden ist.

Auch wenn die Physiokraten sich schon im Vorhof der modernen Sozialwissenschaft aufhalten, so haben auch sie noch Vermittlungsstücke in ihrer Argumentation, die sie aus der Theologie entnommen haben. Sie hatten z.B. das Problem zu klären, wie es zum Grundbesitz kommt und lösten es theologisch: Grundbesitz ist eine göttliche Einrichtung, den Grundbesitzern ist von Gott die Verteilung des Reichtums übertragen.

Man geht wohl nicht fehl in der Annahme, daß auch unter den Physiokraten Grundbesitzer waren und daß wir hier ein frühes Beispiel für den Einfluß von Eigeninteressen in einer wissenschaftliche Theorie vorfinden. So weit wie nötig, wird immer noch Gott zur Hilfe genommen, wenn es darum geht, die Verteilung des Reichtums zu begründen, so weit war die Emanzipation von den Doktrinen des Glaubens nun auch wieder nicht vorangekommen. Aber auch an dieser Stelle muß darauf hingewiesen werden, daß solche kritischen Betrachtungen sich aus heutigem Wissen speisen. Wenn man den damaligen Stellenwert versucht einzuschätzen, dann kann man nicht umhin festzuhalten, daß die Physiokraten einen weiteren wichtigen Schritt in Richtung auf eine moderne Erklärung der sozialen Tatbestände gesellschaftlicher Veränderungen markieren.

Ähnliches gilt für *Claude Henri de* **Saint-Simon** (1760-1825). Wenn die Physiokraten im Vorhof der modernen Gesellschaftswissenschaft standen, so war, wenn man in dem Bild bleiben will, *Saint-Simon* auf der Schwelle zur Moderne.

Literatur

1. Hinweise auf Handwörterbücher und Lexika

Drei Bücher zum Nachschlagen und zum vertiefenden Weiterstudium

Zur Geschichte der Soziologie gibt es eine Reihe von Veröffentlichungen, die zur **allgemeinen Information** und zur **Vertiefung** einzelner Fragestellungen herangezogen werden können. Wir nennen hier drei solcher Bücher. Informationen zu den einzelnen Abschnitten der Geschichte der Soziologie sowie spezielle Literatur zu einzelnen Autoren aus diesen Abschnitten finden sich am Ende der übrigen Lektionen dieses Buches.

Zunächst sei auf das nach Stichworten geordnete *„Wörterbuch der Soziologie"* hingewiesen; ein Standardwerk, das Karl-Heinz Hillmann 2007 (5. Auflage) im Kröner Verlag, Stuttgart, herausgegeben hat. Es ist eines der wenigen Wörterbücher, das Begriffe und Personen behandelt. Dann sei auf die zwei Bände „Klassiker der Soziologie" hingewiesen, die Dirk Kaesler 1999 bei Beck, München, herausgegeben hat und die 2006 in der 5. Auflage erschienen sind. In den beiden Bänden werden 31 Klassiker von Spezialisten in knapper Form vorgestellt.

Zu den einzelnen Kapiteln gehören Bibliographien, die erstens das Gesamtwerk auflisten und zweitens Hinweise auf Sekundärliteratur enthalten. Die im Durchschnitt 25 Druckseiten langen Artikel sind eine gute Ergänzung bzw. Erweiterung bei der Beschäftigung mit den in diesem Buch behandelten Themen und Klassikern. Zu allen in dieser Einführung behandelten Klassikern finden sich in den beiden Bänden entsprechende Artikel. **Auf sie wird in den Hinweisen zur Sekundär-Literatur nicht mehr besonders hingewiesen.**

Zwei umfangreiche Werke zur „Geschichte der Soziologie"

Bereits seit 1968 gibt es in Rowohlts Deutscher Enzyklopädie eine von Friedrich Jonas verfaßte vierbändige *„Geschichte der Soziologie"*. Hier werden hauptsächlich geistes- und begriffsgeschichtliche Darstellungen geboten, denen in den einzelnen Bänden Quellentexte beigefügt sind. Die vier Bände gliedern sich wie folgt:

Band I:
– Gesellschaftslehre der Aufklärung
– Gesellschaftslehre des Liberalismus
– Gesellschaftslehre des deutschen Idealismus

Band II:
– Gesellschaftslehre des Sozialismus
– Gesellschaftslehre im Übergang zur industriellen Gesellschaft

Band III:
– Soziologie in Frankreich
– Italienische Soziologie unter Einschluß der spanischen und südamerikanischen Soziologie

Band IV:
– Soziologie in Deutschland
– Soziologie in den USA unter Einschluß der englischen Soziologie

Vom Erkenntnisinteresse des Autors her sind die Texte eine Mischung aus Darstellung von Denkströmungen und einer Auseinandersetzung mit ihnen. Sie setzen nicht nur ein Interesse des Lesers für derartige Fragen, sondern oft auch Vorkenntnisse aus der Geistesgeschichte voraus. Als zusätzliche Informationsquelle zu den einzelnen Phasen der Soziologiegeschichte sind die Bände oft aber hilfreich und durch ein ausführliches Personenregister auch gezielt nutzbar. Zu einigen der behandelten Autoren gibt es darüber hinaus dann Quellentexte als Beispiele für die Denk- und Argumentationsweise.

Während die *„Geschichte der Soziologie"* von Jonas Ende 1968 abgeschlossen wurde und wegen des frühen Todes des Autors nicht fortgeführt werden konnte, ist eine zweite *„Geschichte der Soziologie"* neueren Datums. 1981 erschien bei Suhrkamp Taschenbuch Wissenschaft (stw 367) eine ebenfalls vierbändige *„Geschichte der Soziologie"*. Sie ist von Wolf Lepenies herausgegeben worden und trägt den Untertitel *„Studien zur kognitiven, sozialen und historischen Identität einer Disziplin"*. Ein wesentlicher Unterschied zu der zuvor beschriebenen Arbeit von Jonas liegt darin, daß die einzelnen Themen der vier Bände von mehr als 50 verschiedenen Autoren behandelt worden sind. Das hat Vorteile vor allem bei der Vertiefung einzelner Fragen und spezifischer Probleme. Es fehlt allerdings die durchgehende Linie, die die vier Bände von Jonas auszeichnet.

Das ganze Werk besteht aus sieben Teilen, die sich auf die vier Bände wie folgt verteilen:

Band I:
– Teil 1: Soziologische Theoriebildung und Geschichte der Soziologie
– Teil 2: Soziologie-Geschichten: Autobiographie, Biographie und Erzählung

Band II:
– Teil 3: Theoriegruppen, Schulen und Institutionalisierungsprozesse

Band III:
– Teil 4: Kontinuität und Diskontinuität in der empirischen Sozialforschung
– Teil 5: Interdisziplinäre Beziehungen und Konflikte
– Teil 6: Entstehen und Fortwirken nationaler Soziologie-Traditionen

Band IV:
– Teil 7: Beziehungen zwischen nationalen Soziologie-Traditionen

Die Artikel haben in der Regel ein relativ hohes Anspruchsniveau und eignen sich eher für vertiefende Studien im Hauptstudium. In einigen Fällen haben wir sie bei der Behandlung einzelner Phasen der Soziologiegeschichte herangezogen.

Im Herbst 2000 ist bei Kröner, Stuttgart als Band 396 der Kröner Taschenausgabe: „Hauptwerke der Soziologie", hrsg. von Dirk Kaesler und Ludgera Vogt erschienen. Dieses Nachschlagewerk erschließt 107 Hauptwerke der internationalen Soziologie in knappen, allgemein verstänlichen Artikeln, geschrieben von ausgewiesenen Fachleuten für die jeweiligen Autoren der versammelten Hauptwerke, immer mit Hinweisen zur Entstehungs- und Wirkungsgeschichte.

Auch auf diese Artikel wird in den Hinweisen zur Sekundärliteratur nicht mehr besonders hingewiesen.

2. Primärliteratur der in dieser Lektion behandelten Soziologen

Turgot, Anne Robert Jacques: Über die Fortschritte des menschlichen Geistes. Hrsg. von Johannes Rohbeck u. Liselotte Steinbrügge. Frankfurt/Main 1990
Condorcet: Entwurf einer historischen Darstellung der Fortschritte des menschlichen Geistes. Hrsg. von Wilhelm Alff. Frankfurt/Main 1976
Quesnay, Francois: Tableau Economique, Akademie Verlag Berlin 1965.

Lektion II
Der „erste" Soziologe: Auguste Comte

Inhalt

1. Zu Beginn eine Überlegung, welche Bedeutung einzelne Personen für die Entwicklung eines Faches haben.
2. Die Gesellschaftsordnung und die Industrie stehen erstmals im Mittelpunkt der Überlegungen: Saint-Simon
3. Der Mann vor dem Spiegel: Auguste Comte
4. Das Dreistadiengesetz
5. Das enzyklopädische Gesetz
6. Ordnung und Fortschritt
7. Über die Liebe zu einer anderen Praxis
8. Anlässe zur Comte-Kritik
9. Zusammenfassung

Literatur

1. Zu Beginn eine Überlegung, welche Bedeutung einzelne Personen für die Entwicklung eines Faches haben

In der ersten Lektion ist erklärt worden, warum wir die einzelnen Phasen, die zu der Entstehung der heutigen Gestalt der wissenschaftlichen Disziplin Soziologie geführt haben, mit der Vorstellung einzelner soziologischer Autoren, auf die die Bezeichnung Klassiker zutrifft, verbinden. Es soll an dieser Stelle die Frage erörtert werden, ob damit auch gemeint ist, daß wir uns an genialen Einzelpersonen orientieren. Die Geschichtswissenschaft des 19. und frühen 20. Jahrhunderts hat sich sehr stark an – männlichen – Einzelpersonen orientiert, wenn es um die Erklärung von geschichtlichen Abläufen ging. Der Held, der Geniale, der Feldherr, der große Politiker, der bedeutende Staatsmann, sie sind es, – so wurde es lange Zeit gesehen – die die Geschichte machen. Das war typisch für die Historiographie des 19. Jahrhunderts.

In der fortgeschrittenen Geschichtswissenschaft heutiger Zeit finden sich nur noch selten solche Vorstellungen als ein Erbe der damaligen Zeit. Besonders stark ist diese Vorgehensweise noch in der Wissenschaftsgeschichte verbreitet. Hier herrscht immer noch der Glaube an den einzelnen Denker vor, der allein mit seinem Kopf etwas Neues gefunden hat. Das hängt auch damit zusammen, daß Wissenschaftler, Intellektuelle allgemein, sich nur sehr schwer vorstellen können, daß es nicht ihr Denken, ihre geistige Leistung ist, die die Welt bewegt.

Es gibt eine ganze Reihe Gründe dafür, so nicht vorzugehen. Einer ist relativ einfach: dadurch, daß man einzelne Personen heraushebt, wertet man andere ab. Es wird eine Abstufung zwischen den Menschen vorgenommen, die durch nichts anderes zustandekommt, als durch die Klassifikation dessen, der sich mit der Geschichte des Faches bzw. von Theorien und ihrer Entstehung beschäftigt. Wenn man einzelne besonders hervorhebt, dann tut man so, als ob andere relativ bedeutungslos gewesen seien. Das ist aber fast nie der Fall.

Nehmen wir *Auguste Comte,* der im Mittelpunkt dieser zweiten Lektion steht. Er wäre ein besonders schlechtes Beispiel für den Versuch, eine herausragende Einzelpersönlichkeit vorzustellen. Seine wissenschaftliche Leistung bestand gerade darin, den Zusammenhang von gesellschaftlichen Entwicklungen und der Entwicklung des Wissens der Menschen aufzuweisen und dazu eine Entwicklungstheorie aufzustellen. Und außerdem ist auch *Comte* nur ein Glied in einer längeren Kette, obgleich nicht bestritten werden kann, daß er für die Entwicklung der Wissenschaft Soziologie etwas besonderes geleistet hat. Aus verschiedenen Teilen einer möglichen Theorie, die relativ ungeordnet auf der Bühne der Wissenschaftsgeschichte „herumlagen", hat er etwas Neues geschaffen, indem er eine Synthese dieser verschiedenen Einzelteile, deren Zusammenhang vorher noch niemand erkannt hatte, herstellte.

Im Zentrum steht die Synthese

Wir werden noch sehen, daß in den einzelnen Phasen der Entwicklung der Soziologie sich diejenigen, die als Klassiker bezeichnet werden, zu einem größeren Teil durch eine Synthese auszeichnen, während die Hinzufügung eigener Gedanken eher nachrangig ist, jedenfalls selten im Vordergrund steht. Das unterscheidet die wissenschaftliche Leistung von der eines Künstlers. Bei ihm ist die Situation etwas anders. Es sind die kreativen Einfälle, die zu neuen Sichtweisen in den verschiedenen Bereichen der Kunst führen. Oft kommen dazu auch eine besondere Begabung und besondere Fähigkeiten, aber man würde auch hier einem Irrtum erliegen, wenn man glaubte, dies sei ausschließlich angeboren oder einfach vom Himmel gefallen. Wenn man die Biographien von Künstlern, von Musikern, Bildhauern, Malern nachvollzieht, dann findet man schnell heraus, daß auch dort Erziehung, Training, Auseinandersetzung mit der zeitgenössischen Kunst und Vorbildern in der Vergangenheit eine bestimmte Rolle spielen bei der Schaffung eines neuen Kunstwerkes, einer neuen Stilrichtung in der Musik oder der Lyrik.

So ist also die Orientierung an einzelnen Soziologen, an den sogenannten „Klassikern" zu verstehen. Sie haben in der langfristigen Entwicklung der Wissenschaft etwas Besonderes geleistet und beigetragen, weil sie entweder eine Synthese vorhandener Gedanken, Splitter und Theorieteile gefunden oder auch zum Vorhandenen ein wichtiges Teil hinzugefügt haben. Damit ermöglichen sie eine neue Sichtweise und leiten eine neue Phase in der Entwicklung der Wissenschaft ein. *Comte* z.B. hat mit der Vorstellung gebrochen, daß es so etwas wie ewige Vernunft gibt, die alle Menschen zu allen Zeiten miteinander teilen. Er hat gezeigt, daß die Formen des Denkens, daß die Inhalte des Wissens verflochten sind mit Veränderungen der menschlichen Gesellschaft insgesamt. Er ging davon aus, daß diese Entwicklung in Phasen verläuft, die man klassifizieren kann.

<small>Gesellschaft und Wissen</small>

Es gibt noch einen weiteren Grund für die Beachtung der Personen in der Entwicklung der Wissenschaft. Etwa vom 17. Jahrhundert an bis in das 19. Jahrhundert hinein waren der Verlauf der Geschichte und die Entwicklung der Gesellschaftstheorie miteinander verflochten. Sie waren fast eine Einheit. Aber so lange das so war, so lange gehörte auch der Schreibende, das theoretisierende Individuum, in diesen Verflechtungszusammenhang. Es gibt keine Geschichte und keine Theorie ohne Menschen, und wenn Geschichtsverlauf und Theorieentwicklung so eng aufeinander bezogen sind, dann muß man auch die beteiligten Personen beachten.

Auguste Comte (1798-1857) ist hierfür ein gutes Beispiel. Aber auch er war ein Glied in einer Kette. Man kann das schon daran sehen, daß in allen biographischen Äußerungen über ihn immer darauf hingewiesen wird, daß er in jungen Jahren Sekretär von **Saint-Simon** (1760-1825) war. Hier ist die direkte Verknüpfung zu den vorherigen Phasen. *Saint-Simon* ist auch ein Glied in der langen Kette, zu der vor ihm *Quesnay, Turgot* und andere gehören.

Bei *Saint-Simon* lernte *Comte*, dort erhielt er gewissermaßen seine gesellschaftswissenschaftliche Ausbildung, bei jemandem, von dem wir am Ende der ersten Lektion geschrieben haben, daß er sich auf der Schwelle zur modernen Sozialwissenschaft befand. *Comte* ging einen Schritt weiter, trat über die Schwelle und wurde der „erste" Soziologe. Weil dieser Ausbildungszusammenhang, die Sekretärstätigkeit für *Saint-Simon,* für *Comtes* intellektuelle Ausbildung so wichtig war, sollen zunächst Leben und Werk von *Saint-Simon* vorgestellt werden.

2. Die Gesellschaftsordnung und die Industrie stehen erstmals im Mittelpunkt der Überlegungen: Saint-Simon

Claude-Henri de Rouvroy, Comte de Saint-Simon (1760-1825)

Claude-Henri de Rouvroy, Comte de Saint-Simon wurde am 17.10.1760 in Paris geboren und starb dort am 19.5.1825. Er war Autodidakt, was soviel heißt, daß er in den Salons, in denen die Gedanken der Aufklärung verbreitet und diskutiert wurden, verkehrte und daß er viele Wissenschaftler und Politiker an der Wende des 18. zum 19. Jahrhundert in Paris persönlich kannte. Er nahm als Offizier am Unabhängigkeitskrieg in Nordamerika teil. Später führten ihn Reisen in die Staaten Westeuropas. In der französischen Revolution war er stark engagiert. Im Zusammenhang mit den Veränderungen der Gesellschaft betätigte er sich zeitweise sehr erfolgreich als Bodenspekulant. Er wurde damit schnell reich, konnte einen eigenen Salon führen, in dem die Großen seiner Zeit ein- und ausgingen. Aber wie das so ist mit Bodenspekulationen: Plötzlich war er wieder arm und mußte von Freunden unterstützt werden. Diese Unterstützung nutzte er ab 1802 für die Herausgabe von Zeitschriften, um so seine Ideen zu verbreiten.

Bei *Saint-Simon* richtete sich der Blick endgültig auf die Gesellschaftsordnung als die wesentliche Frage. Nicht mehr die Staatsverfassung war es, die im Mittelpunkt der Diskussionen stand. Das hatte bei *Saint-Simon* seinen praktischen Grund schon darin, daß in der Zeit von 1789-1815 zehn verschiedene Verfassungen verabschiedet wurden, ohne daß damit jene Verbindung von Fortschritt und Ordnung hergestellt wurde, die *Saint-Simon* für notwendig hielt.

Ein weiteres frühes Drei-Phasen-Modell

Auch bei ihm findet sich der Versuch eines Phasenmodells. Den Fortschritt der menschlichen Gesellschaft teilt er ein in die Phasen der Imagination, der Metaphysik und die der Positivität. Nach seinen Vorstellungen gibt es einen ständigen Wechsel zwischen organischen und kritischen Epochen, bis schließlich eine neue Phase erreicht ist. Den Ausbruch der französischen Revolution erklärte er dadurch, daß sich die Gesellschaft in einer akuten Krise befand, die die französische Revolution notwendig machte. Die Revolution habe die Krise aber nicht beenden können. Deshalb habe man auch noch nicht die letzte, höchste Stufe der Menschheitsentwicklung erreichen können. Interessant ist die Begründung, die *Saint-Simon* hierfür gab.

Der Ausbruch der französischen Revolution sei notwendig geworden, weil das alte Regime des Absolutismus nicht mehr in der Lage gewesen sei, auf die neuen Entwicklungen, die industrielle Revolution, zu reagieren. Der Ausbruch der französischen Revolution habe aber nicht dazu geführt, daß sich der neuen Zeit entsprechende Perspektiven oder gar Lösungen hätten durchsetzen können. *Saint-Simon* sah, daß die französische Revolution zwar eine Menge Pathos und Deklamation hervorgebracht und auch politische Begeisterung erzeugt hatte. Aber die sozialen Probleme, die zu der Krise führten, waren noch nicht gelöst. Es gab auch noch keine neue stabile Gesellschaftsordnung.

Im Mittelpunkt: die Industrie

Saint-Simon formulierte eine neue These, die einen Schritt hin zur modernen Sozialwissenschaft bedeutete: Er stellte die Industrie in den Mittelpunkt seiner Überlegungen. Nicht mehr Gott oder der Vertrag zwischen den Menschen oder der freie Wille des Individuums stehen an erster Stelle, sondern die moderne Technik und mit ihr die industrielle Produktion und Organisation. Er sah als einer der ersten, daß die Arbeiter, die er die proletarische Klasse nannte, in die Gesellschaft integriert werden müssen, damit das Ziel einer organischen Epoche am Ende der Fortschrittsentwicklung der Menschheit erreicht werden kann. Da die Industrie die einzige Quelle für den Wohlstand und Reichtum einer Gesellschaft sei, habe sich die Politik auf sie zu konzentrieren. Jede Politik müsse sich durch die Industrie legitimieren.

Dieser Gedanke war zu Beginn des 19. Jahrhunderts neu. Ansonsten verblieb *Saint-Simon* in den Gedankengebäuden des ausgehenden 18. Jahrhunderts. Sowohl die Einteilung der Gesellschaft in verschiedene Klassen, als auch die Vorstellungen von einer stabilen Gesellschaft, in der Ordnung und Fortschritt dominieren, ist an Modellen der Zeit vor ihm orientiert. Das soll an zwei Beispielen kurz erläutert werden.

Im Zusammenhang mit der Orientierung an der Industrie teilte *Saint-Simon* die Mitglieder der Gesellschaft in Produzierende und Nicht-Produzierende ein. Diejenigen, die produzieren, faßte er in die Klasse der „Industriellen" zusammen, ohne damit bereits jene Inhalte zu verbinden, die später die Marxsche Klassentheorie kennzeichnen. Es handelte sich um eine relativ einfache Klassifizierung der Gesellschaft, die sich an den Klassifikationsmöglichkeiten orientierte, die vor *Saint-Simon* entwickelt worden waren. Auch die Abstufung des „Wertes" der Menschen in der Gesellschaft war ähnlich wie bei den Physiokraten. Diejenigen, die nicht produzierten, wurden von *Saint-Simon* den eigentlichen Stützen der Gesellschaft, nämlich den „Industriellen", als „Parasiten" gegenübergestellt.

Eine weitere frühe Einteilung in soziale Klassen

Saint-Simon wies den „Industriellen", das ist das zweite Beispiel, das kurz erwähnt werden soll, auch die Herrschaft in der Gesellschaft zu, wohlwissend, daß dies eine kleine Gruppe sein würde. Hier kann man sehen, wie schwierig es für die Menschen zur damaligen Zeit war, etwas Neues zu finden. Die einen waren an der Naturwissenschaft orientiert und von ihren Möglichkeiten fasziniert, andere dagegen vom Absolutismus. Letzteres nicht deshalb, weil sie diese Staatsverfassung mit ihren vielen sozialen Ungerechtigkeiten fortführen wollten, sondern weil der Absolutismus das einzige ihnen bekannte Modell einer stabilen Herrschaft war. *Saint-Simon* selbst war einerseits also davon überzeugt, daß die Staatsverfassung und die Gesellschaftsordnung des Absolutismus überwunden werden mußten, da sie nicht in der Lage waren, die entstandenen Krisen zu beenden und die letzte organische Epoche der Menschheitsentwicklung zu erreichen. Andererseits faszinierte ihn der Absolutismus. Er konnte sich eine andere Form der Herrschaft nicht vorstellen.

Saint-Simon war in der Verbreitung seiner Gedanken recht erfolgreich. Er galt bis weit ins 19. Jahrhundert hinein als wichtiger Wissenschaftler, der Einfluß auf verschiedene Disziplinen nahm. Aber das bedeutet nicht, daß er auch empirische oder besondere praktische Kenntnisse hatte. Auch waren seine Organisationspläne eher intuitiv, weniger von administrativen Fähigkeiten geprägt. Aber bei Diskussionen in den wissenschaftlichen Zirkeln, bei den Gesprächen in den Salons der Hauptstadt kam es auch darauf nicht an, sondern auf den Entwurf einer neuen Welt, der den Menschen suggerierte, das positive Ende der Menschheitsgeschichte erreichen zu können und auf die Vorstellung, die Wahrheit finden zu können. Empirische Belege waren dabei nicht so wichtig. Die Industrie war die Quelle des Wohlstandes, ihre Bedingungen galt es zu erkennen, um so die wahre Ordnung für die Gesellschaft des Zeitalters der Positivität zu finden.

Der Entwurf einer neuen Welt

Saint-Simon hatte Schüler, die sich Saint-Simonisten nannten. In der Literatur wird zu den Saint-Simonisten gelegentlich auch *Auguste Comte* gerechnet. Aber dies ist eine Vereinnahmung, die unserer Meinung nach *Comte* nicht gerecht wird. Er war Sekretär bei *Saint-Simon* und hat bei ihm viel gelernt, ist sicherlich auch durch diesen angeregt worden. Es kann gar kein Zweifel daran bestehen, daß man in *Comtes* Werk wichtige Verbindungslinien zu den Arbeiten von *Saint-Simon* findet, aber darin erschöpft sich *Comtes* Bedeutung nicht. Er hat die vorhandenen Kenntnisse, die sich bis zu Beginn des 19. Jahrhunderts angesammelt hatten, in einer Synthese zusammengefaßt und einen wissenschaftlichen Ansatz entwickelt, der von da an „Soziologie" hieß.

3. Der Mann vor dem Spiegel: Auguste Comte

Vor der Universität von Paris, auf der „Place de la Sorbonne", steht das Denkmal *Auguste Comtes*. Er hat zum ersten Mal das Wort „Soziologie" für eine neue Wissenschaft verwandt, und er war wohl auch der **erste Soziologe.** Neben dem Denkmal erinnert auch eine Straße an ihn. Spaziert man von der Place de la Sorbonne den Boulevard St. Michel entlang in Richtung Jardin du Luxembourg, kann man hinter der Ecole Nature des Mines rechts in die Rue Auguste Comte einbiegen. Und noch ein dritter Ort erinnert an ihn. Überquert man von der Place de la Sorbonne den Boulevard St. Michel, kommt man in die Rue des Vougirarde, von der man nach wenigen Schritten rechts in die Rue Monsieur-le- Prince einbiegt. Auf der linken Seite liegt das Haus Nr. 10. Hier befindet sich die Wohnung, in der *Comte* mindestens die letzten 15 Jahre vor seinem Tod gelebt hat.

Auguste Comte
(1798-1857)

Isidore Marie Auguste Francois Xavier Comte war am 19.1.1798 in Montpellier geboren worden. Der Vater, Beamter bei der Steuerbehörde, erzog seinen Sohn zu Ordnung, Genauigkeit und Regelmäßigkeit. Isidore – so sein Rufname bis 1823 – besuchte ab 1807 das Lyzeum in Montpellier und bestand dort sowohl die humanistischen als auch die mathematischen Prüfungen mit Auszeichnung und erwarb so die Berechtigung, an den Aufnahmeprüfungen, den „concours", für die École polytechnique teilzunehmen. Dies war eine Eliteschule, die zu Beginn der Republik gegründet worden war. Dort sollten Spitzenbeamte für den öffentlichen Dienst ausgebildet werden. Der Schwerpunkt des Unterrichts lag in den von Theologie und Philosophie gereinigten Naturwissenschaften. Er wurde u.a. von bedeutenden Physikern und Mathematikern der damaligen Zeit erteilt.

Comte besuchte die École polytechnique ab 1814, aber er mußte die Schule 1816 vorzeitig verlassen: In dieser von der Revolution hervorgebrachten Schule fanden ebenso wie in der Gesellschaft allgemeine Auseinandersetzungen zwischen nachrevolutionären und reaktionären Kräften statt, in deren Verlauf die Schule 1816 geschlossen wurde. Als diese Schule nach der Juli-Revolution des Jahres 1830 wieder eröffnet wurde, erhielt *Comte* dort eine Stelle als Repetitor für Analytik und Mechanik.

Aber zunächst arbeitete er von 1817-1824 als Sekretär *Saint-Simons* und betrieb umfangreiche Studien in allen Wissenschaften. Nach der Trennung von *Saint-Simon* begann er eine Reihe von Vorlesungen, die zur Grundlage seines sechsbändigen ersten Hauptwerkes *„Cours de philosophie positive"* wurden. Den

Lektion III
Die Kolossalfigur des 19. Jahrhunderts: Karl Marx

Inhalt

1. Zu Beginn eine Überlegung, warum es auch am Beginn des 21. Jahrhunderts noch nützlich ist, sich mit Karl Marx zu beschäftigen
2. Biographische Daten
3. Die Entstehung des Hauptwerkes „Das Kapital"
4. Der Blick auf die Menschen und ihr Zusammenleben
5. Klassen und Klassenkämpfe
6. Die Auffassung von der Geschichte
7. Das Problem der Ideologie: Der gedrehte Spiegel

Literatur

1. Zu Beginn eine Überlegung, warum es auch am Beginn des 21. Jahrhunderts noch nützlich ist, sich mit Karl Marx zu beschäftigen.

Ende 1989, als der angeblich real existierende Sozialismus zwischen Elbe und Ural seinen vorletzten Seufzer tat, erschien in verschiedenen Zeitungen und Magazinen eine kleine Karikatur. Ein Mann, von der Figur und dem großen Barte her eindeutig als **Karl Marx** identifizierbar, sagt in einer Sprechblase: „Tut mir leid Jungs! War halt nur so 'ne Idee von mir...". Fotokopien der Karikatur fanden sich vor allem in den Arbeitszimmern solcher Linksintellektueller, für die die sozialistischen Staaten östlich der Elbe eine Zeitlang die Hoffnung vermittelten, daß das, was *Marx* theoretisch ausgedacht hatte und was im Marxismus-Leninismus zum politischen Programm geworden war, soziale und politische Realität werden könnte.

Inzwischen ist klar, daß die in den Ostblockstaaten praktizierte Kommandowirtschaft zwar ein zeitweise erfolgreicher Versuch war, rückständige Wirtschaften an den Industrialisierungsgrad westlicher Staaten heranzuführen, daß damit aber durchaus nicht schon die *Marx*sche Vision einer Gesellschaftsformation erreicht worden war, in der die Menschen ihre Geschichte „mit vollem Bewußtsein selbst" machen können. Andererseits hat sich mittlerweile auch erwiesen, jedenfalls war dies unter anderem die Erkenntnis der Menschen in der ehemaligen DDR, daß der Kapitalismus in seinen Grundzügen tatsächlich so funktioniert, wie in der Politökonomie von *Marx* beschrieben.

Solche Betrachtungen haben mit *Karl Marx* nur insofern etwas zu tun, als er mit seinen wissenschaftlichen Arbeiten die Grundlage schuf für das, was erst nach seinem Tod Marxismus, später dann Marxismus-Leninismus heißen würde. Auch heute noch können die Arbeiten von *Marx* nützlich sein, um zu verstehen, wie die Gesellschaftsformation des Kapitalismus funktioniert, wie sie sich von anderen historischen Formen unterscheidet und welche Entwicklungspotentiale damit verbunden sind. Seine Untersuchungen der Bedeutung der ökonomischen Bedingungen der Gesellschaft sind auch heute brauchbar und werden in der Soziologie durchaus benutzt, auch wenn die von ihm unterstellte Kausalität zwischen wirtschaftlichen Bedingungen und gesellschaftlichen Situationen in der von ihm behaupteten Eindeutigkeit heute nicht mehr nachvollzogen werden kann. Und selbst wenn seine politisch-ökonomischen Untersuchungen nur historische Bedeutung hätten, so wären sie für eine Geschichte der Soziologie in jedem Fall wichtig und zu beachten. Seine Arbeiten beeinflußten die soziologischen Debatten der nächsten 100 Jahre nachhaltig. *Norbert Elias* nannte *Marx* deshalb nicht zu unrecht die „Kolossalfigur des 19. Jahrhunderts".

Marx war zu Lebzeiten eine wichtige, wenn auch noch nicht eine dominierende Figur der Zeitgeschichte. Wenn man sich mit der Biographie beschäftigt, dann sieht man, wie die wissenschaftliche Arbeit begleitet war von den Mühen einer ungesicherten Existenz, die zunehmend von Krankheiten, Schulden und privaten Miseren bestimmt war. Da erscheint es fast wie ein Wunder, daß er sein umfangreiches Werk hat schreiben können. Schreiben im wahrsten Sinne des Wortes, denn *Marx* hatte keine Schreibmaschine, keine Sekretärin oder einen Sekretär, keinen Personalcomputer oder irgendwelche technischen Hilfsmittel. Jedes Exzerpt, jedes Zitat, jeden Text mußte er selbst mit der Hand schreiben. Bis heute sind seine handschriftlichen Aufzeichnungen nicht gänzlich ausgewertet.

Die erste Marx-Engels-Gesamtausgabe (MEGA I), die zwischen 1927-1935 erschien, hatte zwölf Bände. 1975 war die MEGA mittlerweile auf 43 Bände angewachsen, und man erwartet jetzt, daß die endgültige MEGA ca. 130 Bände umfassen wird. Alles, was möglicherweise eines Tages in den 130 Bänden veröffentlicht sein wird, haben *Marx* und *Engels* mit der Hand geschrieben; *Marx* den weitaus größten Teil davon. Täglich saßen sie in Bibliotheken, in Cafehäusern, zu Hause am Arbeitstisch, d.h. sie konnten nie unter den Bedingungen eines beamteten Wissenschaftlers, der lebenslang vom Staat bezahlt seinen Forschungen nachgehen kann und meistens auch noch eine entsprechende Sekretariatsausstattung zur Verfügung hat, arbeiten.

MEGA

2. Biographische Daten

Die Biographie von *Karl Marx* ist aus vielerlei Gründen interessant. Wir können sie hier nicht in allen Einzelheiten vorstellen. Vor allen Dingen kann die wichtige Verbindung von Werk-, Zeit- und Personengeschichte, die sich auch in der Biographie von *Marx* niederschlägt, nicht in einer wünschenswerten Ausführlichkeit dargestellt werden. Es soll aber versucht werden, einige Hinweise auf die Verflechtung von Gesellschaftsgeschichte und der Theorientwicklung bei *Marx* zu geben.

Karl Heinrich Marx (1818-1883)

Karl Heinrich Marx wurde am 5.5.1818 in Trier geboren. Die Eltern *Henriette* und *Heinrich Marx* stammten beide aus Rabbiner-Familien. *Heinrich Marx* war Rechtsanwalt und zum Protestantismus übergetreten, als ab 1815 Juden in Preußen keine öffentlichen Ämter mehr ausüben durften, (und der Rechtsanwaltsberuf war ein öffentliches Amt). Der Sohn studierte ab 1835 in Bonn und Berlin Jura, Geschichte und Philosophie, worin er 1841 mit einer Arbeit über „*Die Differenz der demokritischen und epikureischen Naturphilosophie*" promovierte. Neben der griechischen interessierte ihn insbesondere die Philosopie von *Georg Wilhelm Friedrich Hegel* (1770-1831). Die Auseinandersetzung mit *Hegel*, die für die Entstehung seines wissenschaftlichen Werkes eine zentrale Bedeutung hatte, findet sich in dem Manuskript „*Kritik der Hegelschen Staatsphilosophie*", das wie die Dissertation 1841 verfaßt wurde.

Seine Freunde bei den Jung-Hegelianern nahmen wohl an, daß er die Laufbahn eines Wissenschaftlers anstrebte und Professor werden wollte. Aber der Plan, sich zu habilitieren, scheiterte an dem politischen Klima in Deutschland. So entschloß sich *Marx* für den Journalismus und wurde 1842 zunächst Mitarbeiter, bald auch Chefredakteur der neugegründeten liberalen *Rheinischen Zeitung* in Köln. Unter seiner Leitung wurde dieses Blatt schnell zu einer wichtigen Stimme der Opposition in Deutschland. Daran konnte auch mehrfache Zensur zunächst nichts ändern, bis schließlich Anfang 1843 die Zeitung verboten wurde.

Marx sah nun keinen Platz mehr für sich in Deutschland und folgte, nachdem er seine Jugendfreundin *Jenny von Westphalen* geheiratet hatte, im Herbst 1843 einer Einladung nach Paris. Dieser Aufenthalt in Paris war in mehrfacher Hin-

Friedrich Engels
1820-1895

sicht für die weitere Entwicklung von Bedeutung. Erstens lernte er auch die nationalökonomische und frühsozialistische Literatur des frühen 19. Jahrhunderts kennen, was seine Kritik an *Hegel* und seine in Köln gemachten politischen Erfahrungen ergänzte. Aber vor allem traf er dort **Friedrich Engels,** der sein lebenslanger Freund und Förderer werden sollte.

Aber auch in Paris konnte *Marx* nicht bleiben. Er verkehrte zuviel in Sozialistenkreisen und wurde 1845 als unerwünschter Ausländer ausgewiesen. Er ging nun nach Brüssel und schrieb dort seine bis dahin gewonnenen philosophischen und ökonomischen Erkenntnisse nieder, unter anderem in den „Thesen über Feuerbach", auf die wir im Verlauf dieser Lektion noch zurückkommen werden. 1847 hielt er erste Vorträge über Lohnarbeit und Kapital vor dem deutschen Arbeiterverein in Brüssel. Für den Bund der Kommunisten, dem er ebenfalls 1847 beitrat, verfaßte er zusammen mit *Engels* am Vorabend der 1848er Revolution das *„Manifest der Kommunistischen Partei".*

Nach den ersten Unruhen im Februar 1848 aus Brüssel ausgewiesen, ging *Marx* zunächst nochmal nach Paris, dann im April nach Köln. Die neugegründete *Neue Rheinische Zeitung,* bei der er arbeitete, bestand wiederum nur ein Jahr, bis zu *Marx'* neuerlicher Ausweisung aus Deutschland. In Frankreich vor die Wahl gestellt, in die einsame Bretagne zu gehen oder das Land zu verlassen, entschloß er sich im April 1849, nach London ins Exil zu gehen, wo er dann den Rest seines Lebens verbrachte.

Bevor wir uns mit der Zeit in England beschäftigen, wollen wir noch einen Moment bei den Jahren 1841 bis 1849 verweilen. Schon das, was Marx in dieser Zeit wissenschaftlich produzierte, ist beachtlich und verdient Aufmerksamkeit. Denn in dieser Zeit entwickelte er die Kritik an *Hegels* Philosophie, die dann zu einer der Grundlagen seiner politisch-ökonomischen Klassentheorie wurde.

Ähnlich wie *Auguste Comte* hatte sich Georg Wilhelm Friedrich **Hegel** mit dem Problem der Entwicklung des Denkens befaßt, aber *Hegel* hatte einen ganz anderen Zugang als *Comte.* Er bezog sich weniger auf die Ideen der Aufklärung, sondern auf die Philosophie des deutschen Idealismus, die sich nicht so sehr dafür interessierte, wie die einzelnen Formen des Denkens in der Gesellschaftsgeschichte entstanden sind, und welche Schlüsse man daraus zieht, sondern damit beschäftigt war, die Bedingungen, unter denen das Individuum denken kann, herauszufinden. *Hegel* hatte dafür eine **Dialektik** entwickelt, in der er unter anderem zeigte, wie die Entwicklung der Denkstrukturen und Erkenntnisprozesse über verschiedene empirische und theoretische Phasen von „Meinen" über „Wahrnehmungen" und „Beobachtungen" schließlich auf den „Begriff" gebracht werden.

Georg Wilhelm
Friedrich Hegel
1770-1831

Dialektik ist bei *Hegel* auch jener Prozeß, in dem Alltagserfahrung in philosophische Erkenntnis umgearbeitet wird. Da der Geist bereits in der Alltagserfahrung existent ist, führt die dialektische Methode zur philosophischen Selbsterkenntnis. Da die Wirklichkeit widersprüchlich ist, kommt es darauf an, einer ersten positiven Setzung – der **These** – eine negative – die **Antithese** – entgegenzusetzen, um diesen Widerspruch dann in der **Synthese** aufzulösen. Der Denkprozeß vollzieht sich bei *Hegel* in einer Art aufsteigender Spirale, denn diese Synthese wird wiederum zu einer ersten positiven Feststellung, d.h. einer neuen These, auf die dann wieder eine Antithese folgt, usw.

Bereits 1845 stellte *Marx* gegen die *Hegelsche Philosophie,* wie sie zum Beispiel dessen Schüler *Ludwig Feuerbach* (1804-1872) weiterentwickelt hatte, die

„*Thesen über Feuerbach*". Bei der materiellen Dialektik – so *Marx* – geht es nicht um die Entfaltung des Bewußtseins, sondern um die ökonomischen Verhältnisse. Für *Marx* ist die dialektische Methode nicht länger eine ideologische Konstruktion der Philosophie, sondern die gedankliche Widerspiegelung der objektiven, der tatsächlichen Entscheidungsprozesse.

3. Die Entstehung des Hauptwerkes „Das Kapital"

In London angekommen, bezog die Familie *Marx* zunächst eine Wohnung in dem vornehmen Vorort Camberwell. Aber das ließ sich nicht lange durchhalten, das Leben dort war zu teuer, die wenigen Ersparnisse waren bald aufgebraucht. So mußte man umziehen in eine kleine Zweizimmerwohnung mitten in Soho, in die Deanstreet Nr. 28. Soho war zu der damaligen Zeit zwar kein Slum, aber die Lebensbedingungen waren dort wesentlich schlechter, und es lag sicherlich auch an den Wohnbedingungen, daß drei der Kinder starben. Auch *Marx* selber und seine Frau waren ständig krank. Aus diesen miserablen Verhältnissen wurde *Marx* durch den generösen *Friedrich Engels* gerettet. Dieser war mittlerweile auch nach England gekommen, lebte in Manchester als Repräsentant der elterlichen Firma in seiner Heimatstadt Elberfeld und hatte es mit der ihm eigenen Tüchtigkeit bald zu einigem Reichtum gebracht. So konnte er seinen Freund und geistigen Mentor finanziell unterstützen. Er ermöglichte der Familie *Marx* den Umzug in eine etwas bessere Wohngegend in London, nach Haverstock Hill in der Nähe von Hampden Court. *Marx* arbeitete als Journalist, schrieb politische Artikel und nahm regelmäßig zu politischen Entwicklungen in Zentraleuropa Stellung. Und er arbeitet fast zwanzig Jahre an dem Buch, mit dem er berühmt geworden ist, das seitdem mit seinem Namen verbunden ist: „*Das Kapital*".

Exil in London

In England lernte *Marx* die bis zu diesem Zeitpunkt entwickeltste kapitalistische Gesellschaft in der Welt kennen, mit ihren ungeheuren Kontrasten zwischen Überfluß und schlimmster Armut. Im Lesesaal des Britischen Museums fand er all die Unterlagen und Berichte über ökonomische und soziale Fragen, die damals verfügbar waren. Nun kam zu der Abkehr von der Philosophie das genaue Studium der ökonomischen Verhältnisse in Europa und der Entstehungsgeschichte der zeitgenössischen Wirtschaft. Im Jahre 1859 veröffentlichte er ein erstes Ergebnis dieser Studien in der „*Kritik der politischen Ökonomie*", die man als Vorbotin des großen Werkes verstehen kann. Da *Marx* aber ständig Geld verdienen, d.h. Zeitungsartikel schreiben, Vorträge halten oder politische Gutachten verfassen mußte, verzögerte sich die Fertigstellung, und erst am 14.7.1867 wurde der erste Band von „*Das Kapital*" veröffentlicht.

„Das Kapital"

Das Buch war auf Deutsch geschrieben, erschien auch bei einem deutschen Verleger, wurde aber in Deutschland relativ ablehnend aufgenommen. Auch in England gab es nur die eine oder andere Besprechung. Aber nach einigen Jahren wurde das Buch immer bekannter, und je mehr sein Ruhm zunahm bzw. je einflußreicher das Buch in der europäischen Linken wurde, um so mehr Menschen wollten es lesen. Schließlich erschien in den 80er Jahren auch eine englische Übersetzung, und der Erfolg war nicht mehr aufzuhalten. Schon damals war es so, daß die anglo-amerikanische Wissenschaftswelt fast nur englisch geschriebene Publikationen zur Kenntnis nahm.

In den letzten Jahren seines Lebens konnte *Marx* ohne die Schwierigkeiten des Gelderwerbs die Revision und Weiterentwicklung seines Werkes betreiben. *Friedrich Engels* hatte ihm eine jährliche Leibrente ausgesetzt und lebte selbst inzwischen in London in der Nähe des verehrten Freundes. Der Tod seiner Frau *Jenny* am 2.12.1881 und kurz darauf seiner ältesten Tochter (11.1.1882) hatten *Marx* schwer getroffen. Von diesem psychischen und auch physischen Schock hat er sich nicht mehr erholt und starb am 14.3.1883. Er wurde auf dem Highgate-Friedhof im Norden Londons beerdigt.

Der erste Grabstein trug als Inschrift die elfte der *„Thesen über Feuerbach"*: „Die Philosophen haben die Welt nur verschieden interpretiert, es kommt darauf an, sie zu verändern". Und das ist es, was das Leben und das Werk von *Marx* auszeichnet: Die Spannweite zwischen der brillanten Analyse bis hin zur Verheißung eines besseren Lebens. Denn er hatte nicht nur herausgefunden, wie die Ökonomie die Gesellschaft bestimmt, sondern er glaubte auch zu wissen, wie die Menschen sich *Marx' Vision* von diesem Zwang der ökonomischen Verhältnisse befreien können. *Marx* war bis zu seinem Lebensende fest davon überzeugt, daß der Mensch zwar noch nicht frei sei, aber von seinen Anlagen und Fähigkeiten her befreit werden könnte, und daß dies mit geschichtlicher Zwangsläufigkeit auch eintreten werde.

4. Der Blick auf die Menschen und ihr Zusammenleben

Bei der großen Spannweite des Lebenswerkes von Karl *Marx* soll hier gar nicht erst der Versuch gemacht werden, eine umfassende Würdigung vorzunehmen. Es ist sicher keine Herabsetzung der wissenschaftlichen Leistung von *Karl Marx,* wenn wir uns auf wenige Punkte konzentrieren, die seine innovative Kraft bezeugen und gleichzeitig verstehen lassen, warum er bis heute die Sozialwissenschaften, eigentlich alle Menschenwissenschaften, aber ganz besonders die Soziologie immer wieder herausfordert. Wir wollen auf drei Punkte eingehen: Die Theorie der Klassen und Klassenkämpfe, *Marx'* Geschichtsauffassung und seinen Umgang mit den Problemen der Ideologie.

Menschen im Mittelpunkt

Marx richtete seinen Blick auf Menschen und ihr Zusammenleben. Man kann diese scheinbar triviale Feststellung gar nicht genügend unterstreichen, denn von Ausnahmen abgesehen, hatten bis dahin die philosophischen Abstraktionen eher verschleiert, daß eigentlich von Menschen und nicht von Gedankenspielen die Rede ist, wenn über Ethik und Logik, über die Vernunft oder das Subjekt philosophiert wurde.

Marx' Perspektive ermöglichte ihm einen ganz anderen Zugang zur Realität menschlicher Verflechtungen, etwa zu den Konflikten zwischen gesellschaftlichen Gruppen, aber auch zu den Tatbeständen des Hungers vieler Menschen, der Armut eines Teils der Bevölkerung und der Ausbeutung der Arbeiterschaft.

Es entstand ein theoretisches Modell, das die früheren Stufen der gesellschaftlichen Entwicklung in die Analyse der Klassenkämpfe des 19. Jahrhunderts einbezog. Hieraus entstand ein Entwicklungsgesetz menschlicher Gesellschaften, eine Theorie der sozialen Lage der Arbeiter im Frühkapitalismus und schließlich auch die soziale Therapie, ja die Verheißung eines besseren Lebens: die Aufhebung der Klassenunterschiede sollte zum Glück aller Menschen führen.

5. Klassen und Klassenkämpfe

Die Klassentheorie haben *Marx* und *Engels* am klarsten, aber auch vereinfachend, im *„Manifest der Kommunistischen Partei"* formuliert, das mit dem bekannten Satz beginnt:

> Die Geschichte aller bisherigen Gesellschaft ist die Geschichte von Klassenkämpfen. (Karl Marx/Friedrich Engels, MEW 4, 1974:462)

Sie waren allerdings nicht die ersten, die eine Klasseneinteilung vornahmen. Die Wurzeln reichten bis ins Jahrhundert davor, z.B. zu den *Physiokraten* und deren ‚Tableau èconomique'. Das Verhältnis zu den Vorläufern der Klassentheorie hat *Marx* so beschrieben:

> Was mich nun betrifft, so gebührt mir nicht das Verdienst, weder die Existenz der Klassen in der modernen Gesellschaft noch ihren Kampf unter sich entdeckt zu haben. Bürgerliche Geschichtsschreiber hatten längst vor mir die historische Entwicklung dieses Kampfes der Klassen, und bürgerliche Ökonomen die ökonomische Anatomie derselben dargestellt. Was ich neu tat, war 1. nachzuweisen, daß die Existenz der Klassen bloß an bestimmte historische Entwicklungsphasen der Produktion gebunden ist; 2. daß der Klassenkampf notwendig zur Diktatur des Proletariats führt; 3. daß diese Diktatur selbst nur den Übergang zur Aufhebung aller Klassen und zu einer klassenlosen Gesellschaft bildet. (Karl Marx, MEW 28, 1973: 507f)

Die drei Feststellungen im letzten Satz des Zitates sind von unterschiedlicher Qualität. Während die erste ein Forschungsergebnis beschreibt, sind die zweite und dritte eher Behauptungen über Ereignisse in der Zukunft. Für *Marx* sind diese Feststellungen zwar aufeinander bezogen und unabhängig voneinander nicht zu denken, aber für uns, die wir heute *Marx* lesen und überlegen, welchen Beitrag er zur Entwicklung der Soziologie geliefert hat, ist die erste Feststellung vorrangig. An der Stelle, an der *Marx* etwas zurückhaltend davon schreibt, er habe „die Existenz der Klassen ‚bloß' an bestimmte historische Entwicklungsphasen gebunden", formuliert er seine zentrale These darüber, warum Gesellschaften sich verändern.

Wenn *Marx* seinen Blick auf die Menschen richtet, dann steht für ihn die Tatsache der Arbeit im Mittelpunkt. Denn daß der Mensch, um sich am Leben zu erhalten, arbeiten muß, macht ihn für *Marx* erst zum gesellschaftlichen Wesen. Die Produktion, die Auseinandersetzung des Menschen mit der Natur, ist für *Marx* die **Basis** des Lebens der Menschen. Erst durch die Tatsache der Arbeit entsteht das, was wir als Gesellschaft bezeichnen.

Produktion als Basis des Lebens

Die **Produktion** als Basis umfaßt Produktivkräfte und Produktionsverhältnisse. Mit **Produktivkräften** sind einmal die **Produktionsmittel** gemeint, also Werkzeuge, Maschinen, aber auch Boden und Kapital und zum anderen die menschliche **Arbeitskraft** selbst. Die **Produktionsverhältnisse** beschreiben die jeweilige Art der ökonomischen und sozialen Beziehungen der Menschen zueinander, also welche Form von Arbeitsteilung besteht, wie Kauf und Verkauf organisiert sind und wie die Produkte verteilt werden. Am wichtigsten sind dabei die **Eigentumsverhältnisse** an den Produktionsmitteln, also die Frage, ob sie einzelnen Personen, Gruppen, Klassen oder allen Mitgliedern der Gesellschaft gehören. Die Umstände, unter denen der Arbeiter seine Produktivkraft Arbeit einsetzt,

Wer besitzt die Produktionsmittel? bzw. verkaufen kann, die Frage, wem die Maschinen gehören, wer das Kapital besitzt, wer über die Organisation bestimmt, daraus ergibt sich nicht nur die Form der Herrschaft, sondern aus diesem Verhältnis von Produktivkräften und Produktionsverhältnissen bestimmt *Marx* die jeweilige **Produktionsweise.**

Nun besteht eine Gesellschaft nicht nur aus materieller Produktion, sondern es gibt auch Gesetze, Verwaltungen sowie Kunst, Religion, Moral. Dies alles bezeichnet Marx als **Überbau.** Für *Marx* spiegelt der Überbau die Basis wider, d.h. Staatsform, Verfassung und Recht sind bestimmt durch die Basis. Ähnliches gilt für Philosophie, Religion oder Kunst, wenn auch in einer weniger direkten Verbindung. Den politischen Überbau sieht *Marx* in einer unmittelbaren Abhängigkeit von der Basis, während er die anderen Teile als ideologischen Überbau bezeichnet, der nur mittelbar von der Basis abhängt. Wir werden auf das Verhältnis von Basis und Überbau noch einmal zurückkommen.

Basis und Überbau Zu den Schwierigkeiten der Rezeption von *Marx* gehört, daß die Einschätzung, wie stark der Überbau von der Basis abhängig ist, ob es sich etwa um einseitige Abhängigkeitsverhältnisse handelt oder um Widerspiegelungen, mit denen die Basis – mehr oder weniger stark – durch den Überbau beeinflußt wird, darüber entscheidet, welchen Stellenwert der historische Materialismus für die heutige Gesellschaftsanalyse haben kann.

An dieser Stelle ist aber zunächst einmal wichtig, daß *Marx* herausgefunden hat, daß es bestimmte Konstellationen gibt im Verhältnis der Produktivkräfte und der mit ihr verbundenen Produktionsweise als Basis und bestimmten Formen des politischen und ideologischen Überbaus. Er nennt diese Konstellationen **Gesellschaftsformationen.** Es sind dies: Urgesellschaft, Sklavenhalterordnung, Feudalismus, Kapitalismus und Kommunismus.

Urgesellschaft In der **Urgesellschaft** sichert die kollektive Arbeit das Überleben. Die Produktivkräfte sind primitiv, und dem entspricht die Einfachheit und geringe Ausdifferenzierung der gesellschaftlichen Produktionsverhältnisse. Die Menschen arbeiten gemeinsam, und die Produktionsmittel gehören allen. Es gibt noch keine Unterscheidung zwischen Eigentümern an Produktionsmitteln und Nichteigentümern, und für *Marx* ist es deshalb auch keine Überraschung, daß in der Urgesellschaft noch kein politischer Apparat notwendig ist, um die bestehenden Machtunterschiede aufrechtzuerhalten. Der Überbau ist noch relativ naiv ausgeprägt, und das Matriarchat (noch) die vorherrschende Lebensform.

Aber auch in der Horde der Urgesellschaft werden die Produktivkräfte weiter entwickelt, d.h., es werden kleinere und größere Entdeckungen gemacht, wie man mit der eingesetzten Arbeitskraft besser produzieren, und so auf dieser Stufe der menschlichen Entwicklung seine unmittelbaren Bedürfnisse besser befriedigen kann. Für *Marx* ist entscheidend, daß in diesem Prozeß der Höherentwicklung der Produktivkräfte auch erstes Privateigentum an Produktionsmitteln entsteht. Beides zusammen führt dann zur nächsten Stufe der Gesellschaftsformation, der Sklavenhalterordnung.

Sklavenhalterordnung In der Gesellschaftsformation der **Sklavenhalterordnung** hat sich das Privateigentum an Produktionsmitteln auch auf die unmittelbar Produzierenden, nämlich die Arbeiter ausgedehnt und damit Sklaven geschaffen. War die Urgemeinde noch durch Solidarität und Kooperation bestimmt, so herrschen nun Ausbeutung und Unterdrückung vor. Die Klasse der Sklavenhalter beutet die Klasse der Sklaven aus, und hieraus ergibt sich der Zusammenhang zum Überbau. Es entsteht nun ein spezieller Zwangsapparat, eine staatliche Ordnung mit einem Rechtssystem und mit Normen, die sicherstellen, daß die Klasse der Sklavenhalter sich gegenüber der Klasse der Sklaven durchsetzen kann. Aber auch in dieser Gesellschaftsform gibt es eine Weiterentwicklung der Produktivkräfte, und daraus entsteht dann die nächste Gesellschaftsformation, der Feudalismus.

Im **Feudalismus** sind aus den Sklavenhaltern Feudalherren geworden und aus den Sklaven Leibeigene. Das Hauptkennzeichen dieser Gesellschaftsformation ist das Privateigentum. Viel mehr als in der vorherigen Formation der Sklavenhalterordnung sind nun vor allen Dingen Grund und Boden in der Hand weniger Menschen. Auch der Überbau hat sich verändert. Nicht mehr der direkte Zwang zur Aufrechterhaltung der Herrschaft, sondern die Absicherung der Ungleichheit durch Religion und Recht ist das vorherrschende Merkmal. Die Herrschaft des Feudalherren ist von Gott gegeben, und eine genaue Begrenzung der einzelnen Stände und ihrer Bedeutung in der Gesellschaft sorgt für Barrieren zwischen den einzelnen Gruppen der Bevölkerung. Auch im Feudalismus gibt es Weiterentwicklungen der Produktivkräfte, die schließlich dazu führen, daß die Ordnung des Feudalismus in der bürgerlichen Revolution ihr Ende findet und die bislang letzte Gesellschaftsformation entsteht, der Kapitalismus.

Feudalismus

Im **Kapitalismus** treten die ökonomischen Verhältnisse der Menschen in den Vordergrund. Auf der einen Seite ermöglichen die gewonnenen naturwissenschaftlichen Erkenntnisse und die daraus hervorgehenden Erfindungen eine enorme Entfaltung der Produktivkräfte. Aus nationalen Wirtschaftskreisläufen entstand ein Welthandel und ein Weltwirtschaftssystem. Die Lage derjenigen, die einzig und allein über die Produktivkraft Arbeit verfügen, die Arbeiter, hat sich in dieser Gellschaftsformation aber nicht verbessert, eher verschlechtert. Eine wichtige Voraussetzung für die bürgerliche Revolution war die Anhäufung von Kapital in der Hand des noch nach Ständen gegliederten Bürgertums im Feudalismus. Andererseits waren noch Reserven an Arbeitskraft vorhanden. Die Kombination von vorhandenem Kapital und vorhandenen Reserven an Arbeitskraft machten es möglich, die Gesellschaftsform des Feudalismus zu überwinden. Bei diesen Voraussetzungen war aber gleichzeitig eine neue Klassenbildung in Besitzende und Nichtbesitzende vorbereitet. In der bürgerlich-kapitalistischen Gesellschaft steht die Klasse der **Kapitalisten** der Klasse der **Proletarier** gegenüber. Das ist auch der Grund, warum für *Marx* in der bürgerlichen Demokratie die politischen Freiheiten und die Gleichheit vor dem Gesetz zwar gewährt werden, aber immer nur die herrschende Klasse der Kapitalisten davon profitieren kann.

Kapitalismus

Legt man die **Klassentheorie** sehr eng aus, kann es in den drei Phasen, die dem Kapitalismus der bürgerlichen Gesellschaft vorangehen (Urgesellschaft, Sklavenhalterordnung, Feudalismus), eigentlich keine Klassen geben. Erst im Kapitalismus wird das Verhältnis zu den Produktionsmitteln das entscheidende Kriterium. Da aber, wie *Iring Fetscher* festgestellt hat,

> der vorbürgerlichen Sozialdifferenzierung letztlich doch auch eine bestimmte Stellung innerhalb des Produktionsprozesses zugrunde liegt (Iring Fetcher, 1976: 56)

und damit die Trennung der Menschen voneinander in „Unterdrücker und Unterdrückte" (Karl Marx, Friedrich Engels, Mew 4, 1974:462) eine ökonomische Grundlage hatte, ist die Anwendung des Begriffs „Klasse" für alle bisherigen Entwicklungsphasen mit Ausnahme der Urgesellschaft möglich. Anders als der deskriptive Schichtbegriff der westlichen Soziologie der 50er und 60er Jahre ist der *Marxsche* Klassenbegriff analytisch. Es geht nicht um die Variation eines Merkmales wie beim Begriff „Schicht" (mehr oder weniger Einkommen, mehr oder weniger Berufsprestige), sondern darum, ob bestimmte Merkmale vorhanden sind oder nicht. Produktionsmittel kann man, so *Marx,* nur ganz oder gar nicht besitzen – ein Mittelding gibt es nicht.

Klassenbewußtsein
Der zweite Punkt des obigen Zitates („Was nun mich betrifft...") weist mit daraufhin, daß die **Klassenkämpfe,** die die bisherige Geschichte der Gesellschaft bestimmt haben, in den einzelnen Phasen an Intensität gewinnen. Aber erst in der kapitalistischen Gesellschaft, in der, stark polarisiert, die durch Konzentration immer kleiner werdende Klasse der Kapitalisten der immer größer werdenden Klasse des Proletariats gegenübersteht, haben sich die Verhältnisse so zugespitzt, daß sie von den Unterdrückten und Ausgebeuteten erkannt und – erfolgreich – bekämpft werden können. Damit dies geschehen kann, muß das Proletariat eine **Klasse für sich** werden. Es muß sich der gemeinsamen Lage bewußt werden und allgemeine Strategien entwickeln, die über lokale, ökonomische Auseinandersetzungen hinausgehen, d.h. vor allem: Es muß sich organisieren. Das unterscheidet das Proletariat von Menschen, die nur eine **Klasse an sich** sind, wie etwa die französischen Parzellenbauern, deren ökonomische Bedingungen sie als Klasse ausweisen, die aber aufgrund ihrer Lebensverhältnisse noch keine Gemeinsamkeiten, keine Organisation begründen können.

> Sie sind daher unfähig, ihr Klasseninteresse im eigenen Namen .... geltend zu machen. (Karl Marx, MEW 8, 1973: 198)

Es kommt also darauf an – und die Kommunikationsverhältnisse und die wachsende Verkehrsinfrastruktur im warenproduzierenden Kapitalismus fördern dies – , das Proletariat über seine Lage aufzuklären, den Prozeß der Bildung eines Klassenbewußtseins zu unterstützen und so die funktionale Abhängigkeit der Produktionsmittelbesitzer von den Besitzern der Produktivkraft Arbeit in eine Vormachtstellung, nämlich in die **Diktatur des Proletariats** zu verwandeln.

Dieser Prozeß muß sich nach *Marx* zwangsläufig vollziehen, da die zunehmende Einsicht in die Ausbeutungsverhältnisse, die zunehmende Organisationskraft auf der einen und die Selbstzerstörung der Kapitalisten auf der anderen Seite seiner Meinung nach kein anderes Ergebnis haben können.

Über die Diktatur des Proletariats zur klassenlosen Gesellschaft
Der dritte Punkt des obigen Zitats behandelt den Übergang von der Diktatur des Proletariats zur **klassenlosen, kommunistischen Gesellschaft.** Wie das Leben in dieser Gesellschaftsform tatsächlich sein wird, darüber hat *Marx* nichts Konkretes gesagt und gemäß seinem Verständnis der gesellschaftlichen Entwicklung auch nichts sagen können. Er hat Gesetzmäßigkeiten beschrieben, die die Gesellschaftsform des Kapitalismus als begrenzt erscheinen lassen. Seine Theorie war der begriffliche Ausdruck des Befreiungskampfes des Proletariats, eine Theorie, die auch erst in der Phase des Kapitalismus entwickelt werden konnte. Die übernächste Phase kann erst gedacht werden, wenn sie mit der nächsten historisch als Möglichkeit in Erscheinung tritt. Die grundsätzliche Richtung, in der das Ziel liegt, gibt er allerdings an. War der bisherige Verlauf der Geschichte der Gesellschaft den Menschen mehr als Schicksal denn als Ergebnis subjektiver Bestimmung der gesellschaftlichen Verhältnisse erschienen, so fordert *Marx* zur Überwindung des bisherigen Zustandes in einer Gesellschaft auf, in der

die Menschen ihre Geschichte mit vollem Bewußtsein selbst machen (Friedrich Engels, MEW 20, 1975: 264).

6. Die Auffassung von der Geschichte

Während die Klassentheorie wegen ihres unvermeidlich politischen Charakters und ihrer Heilsbotschaft eines glücklichen Endes entweder akzeptiert oder abgelehnt werden kann, war die Wirkung der Geschichtsauffassung, die dem historischen Materialismus zugrunde liegt, vielfältiger und weitreichender. Es ist allerdings schwierig, sie darzustellen, da es kein ausgefeiltes Konzept gibt. Dies mag auf den ersten Blick verwundern. Sagt *Marx* doch an einer Stelle:

> Wir kennen nur eine einzige Wissenschaft, die Wissenschaft der Geschichte (Karl Marx/Friedrich Engels, MEW 3, 1969: 18)

Aber *Marx* kann auch deshalb auf detaillierte Darstellungen verzichten, da er von vornherein davon ausgeht, daß eine besondere Geschichtsschreibung überflüssig ist, da sowieso jede Wissenschaft die Geschichte ihres Gegenstandes zu reflektieren hat. Wir wollen versuchen, mit fünf aufeinanderfolgenden Aussagen die Geschichtsauffassung zu kennzeichnen. Diese Aussagen können gleichzeitig das Wirkungspotential der Marxschen Auffassung deutlich machen.

Als **erstes** muß festgelegt werden, wie es denn überhaupt zur Geschichte, genauer, zum **Geschichtsprozeß** kommt. Hier gibt *Marx* die Antwort, daß die freie, bewußte Tätigkeit der Menschen – ein Gattungsmerkmal – geschichtskonstituierend wirkt, weil

<small>Der Mensch ist das Subjekt der Geschichte</small>

> (...) das befriedigte erste Bedürfnis selbst, die Aktion der Befriedigung und das schon erworbene Instrument der Befriedigung zu neuen Bedürfnissen führt – und diese Erzeugung neuer Bedürfnisse ist die erste geschichtliche Tat (Karl Marx/Friedrich Engels, MEW 3, 1969: 28).

Dieser erste Punkt führt direkt zum **zweiten**. Geschichte ist **menschliche Praxis.** Die Tätigkeit der Menschen allein bestimmt den Gang der Geschichte:

> Die *Geschichte* tut *nichts,* sie „besitzt *keinen* ungeheuren Reichtum", sie „kämpft *keine* Kämpfe"! Es ist vielmehr *der Mensch,* der wirkliche, lebendige Mensch, der das alles tut, besitzt und kämpft; (Karl Marx/Friedrich Engels, MEW 2, 1969: 98).

<small>Praxis</small>

Als Triebfeder menschlichen Handelns – und das ist die **dritte Aussage** – nannte *Friedrich Engels* in seiner Rede am Grab von *Marx,*

> daß die Menschen vor allen Dingen zuerst essen, trinken, wohnen und sich kleiden müssen (Friedrich Engels, MEW 19, 1974: 335),

bevor sie irgend etwas, sei es Wissenschaft, sei es Politik, betreiben können. Die geschichtliche Tat der Bedürfnisbefriedigung erfordert **materielle Produktion.** Die Sozialwissenschaft, so könnte man es übertragen, hat

<small>materielle Produktion</small>

> den wirklichen Produktionsprozeß, und zwar von der materiellen Produktion des unmittelbaren Lebens ausgehend, zu entwickeln (Karl Marx/Friedrich Engels, MEW, 1969: 37).

Bei der materiellen Produktion kommt es allerdings, und das ist der **vierte** Punkt, nicht darauf an, was produziert wird, sondern **wie**. Die Erfindung der Dampfmaschine und ihre Nutzung als Pumpe bewirkte noch keine wirkliche Änderung. Sie

> rief keine industrielle Revolution hervor. Es war vielmehr umgekehrt die Schöpfung der Werkzeugmaschinen, welche die revolutionierte Dampfmaschine notwendig machte. (Karl Marx, MEW 23, 1973: 396)

Erst die Ersetzung der menschlichen Arbeitskraft durch **Werkzeugmaschinen** führte zu tiefgreifenden gesellschaftlichen Veränderungen.

<small>Mensch und Maschine</small>
In Anwendung auf die heutige Entwicklung kann man sagen, daß die Erfindung des Prinzips elektronischer Rechner noch nicht die neue industrielle Revolution gebracht hatte, sondern diese setzte erst ein, als es möglich geworden war, mit Hilfe von Computern Kopfarbeit zu automatisieren und zu entpersonalisieren. Zu Beginn des 19. Jahrhunderts ersetzte die Werkzeugmaschine mehr und mehr die Facharbeitskraft. Auch wenn die Mechanisierung und Aufteilung der Handarbeit in einzelne Handgriffe in großem Umfang erst im frühen 20. Jahrhundert einsetzte, begann der Prozeß bereits viel früher. Ähnliches gilt für die Mechanisierung und Automatisierung der Kopfarbeit durch die Computertechnologie, ein Prozeß, der gerade erst begonnen hat und wahrscheinlich erst zu Beginn des 21. Jahrhunderts seine volle Wirksamkeit erreichen wird.

<small>Prozeß</small>
Die als Produkt menschlicher Tätigkeiten bestimmten gesellschaftlichen Verhältnisse dürfen aber nicht als statisch aufgefaßt werden. Schon *Marx* sah das Problem, daß Menschen dazu tendieren, in ihrem Denken gesellschaftliche Verhältnisse als statisch zu begreifen, auch aktuelle Entwicklungsstände dinglich zu fixieren. Er machte daher darauf aufmerksam, und das ist der fünfte und letzte Punkt, den wir nennen wollen, daß das aktive Verhalten der in Beziehung stehenden Menschen den **Prozeßcharakter** der Gesellschaft definiert. *Leo Kofler* formuliert das so:

> Die Erkenntnis also, daß die gesellschaftlichen Gegenstände nicht Dinge, sondern Beziehungen zwischen Menschen sind, steigert sich zu ihrer vollständigen Aufhebung in Prozesse (Leo Kofler, 1973:313).

7. Das Problem der Ideologie: Der gedrehte Spiegel

<small>Religion</small>
Sein Verhältnis zum Problem der Ideologie formulierte *Marx* eindeutig. Er verband den Begriff der Ideologie im Verlauf seines Werkes immer enger mit dem Klassencharakter der warenproduzierenden kapitalistischen Gesellschaft. Zunächst wird in den Schriften zur Religionskritik Religion als falsches Bewußtsein dargestellt, das die Funktion hat, Menschen ihre elende Existenz erträglicher zu machen. In der *„Deutschen Ideologie"* verändert sich dies insofern, als Ideologie nun nicht mehr als Ausdruck des Elends, sondern als ein Reflex auf Elend verstanden wird. In der *„Kritik der Politischen Ökonomie"* schließlich ist Ideologie eine Kategorie der warenproduzierenden Gesellschaft wie alle anderen Kategorien auch. In den Waren sind die tatsächlichen Verhältnisse zwischen Lohnarbeit und Kapital nicht mehr erkennbar. Ähnlich ist es mit den geistigen Produkten, auch sie sind Ausdruck kapitalistischer Produktionsverhältnisse – das Sein be-

stimmt das Bewußtsein! – und deshalb ideologisch, da an ihnen und ihrer Aufrechterhaltung bzw. Durchsetzung nur die herrschende Klasse der Kapitalisten ein Interesse haben kann.

Da *Marx* seine Wissenschaft als kritische versteht und sich auf der Seite des Proletariats weiß, das als historische Kraft allein in der Lage ist, von den Verhältnissen den ideologischen Schleier zu reißen, kann er sich dem Vorwurf der Ideologie entziehen. Er vertritt

> die Klasse (...), deren geschichtlicher Beruf die Umwälzung der kapitalistischen Produktionsweise und die schließliche Abschaffung der Klassen ist – das Proletariat (Karl Marx, MEW 23, 1973: 22).

Der Feststellung, daß das Sein das Bewußtsein bestimmt, kann er so entkommen. Die Tatsache, daß er in der Lage ist, diesen Zusammenhang in kritischer Absicht zu erkennen, ist geradezu der Beleg dafür, daß er für ihn nicht gelten kann. Der Spiegel, vor dem *Comte* saß, existiert zwar noch, ist aber jetzt so gedreht, daß er nur noch die anderen zeigt, aber nicht mehr denjenigen, der vor ihm sitzt.

Anders als bei *Auguste Comte,* der einige Jahrzehnte vorher relativ folgenlos seine soziale Theorie und politische Therapie predigte, war die Marxsche Position von nachhaltiger Wirkung. Zu groß war inzwischen das Elend der Arbeiter, zu durchschlagend schien seine politisch-ökonomische Analyse zu sein, und zu verheißungsvoll war das durch den Kampf der vereinigten Proletarier zu erreichende Endziel einer freien Gesellschaft selbstbestimmter Menschen.

Marx' Wirkung

In *„Meyers Konversations-Lexikon"* von 1890 schließt das Stichwort zu dem 1883 verstorbenen *Karl Marx,* der an gleicher Stelle als „sozialistischer Agitator und Schriftsteller" bezeichnet wird, mit der Feststellung:

> Das Werk ist zwar das wissenschaftlich bedeutendste der sozialistischen Literatur, aber doch von geringerem Wert als Marx und seine Anhänger wähnen. (Meyers Konversations-Lexikon. Eine Enzyklopädie des allgemeinen Wissens. Bd. 11. Leipzig 1890: 303)

Das war eine ganz unzutreffende Beurteilung, denn weder in den politischen Bewegungen noch in den sozialwissenschaftlichen Diskussionen konnte sein Name und seine Lehre auf Dauer übergangen werden. Die Erforschung der Produktionsverhältnisse, die die Menschen in der Auseinandersetzung mit der Natur entwickelt haben, und der Bedeutung der Eigentumsverhältnisse an den Produktionsmitteln stellen einen wichtigen Fortschritt in der sozialwissenschaftlichen Erklärung gesellschaftlicher Verhältnisse, ihrer Entstehung und ihrer Veränderung dar, dessen Bedeutung für die Soziologie mit dem Beitrag *Newtons* für die Physik verglichen werden muß.

Alle Soziologen vor und nach der Jahrhundertwende mußten sich mit den theoretischen und methodologischen Vorschlägen von *Karl Marx* auseinandersetzen. Vereinfacht ausgedrückt waren es zwei Problemkomplexe, mit denen sie konfrontiert waren. Einmal beschäftigte sie die Suche nach anderen als den ökonomisch-materialistischen Gründen für die Veränderungen der Gesellschaften und den sozialen Ungleichheiten in ihnen. Dies war nicht nur für die soziologischen Analysen und Erklärungen der gesellschaftlichen Verhältnisse wichtig, sondern auch für die Lösung des zweiten Problems, das *Marx* mit seiner Behauptung, daß das Sein das Bewußtsein bestimme, den (Sozial)Wissenschaften beschert hatte. Wie konnte man eigentlich noch ideologiefrei denken, unabhängig von den gesellschaftlichen – im *Marxschen* Sinne unabhängig von den ökonomischen – Verhältnissen? Wie konnte man noch (sozial)-wissenschaftliche Erklärungen für die gesellschaftlichen Veränderungen finden, für die Tatsache der Ungleichheit unter den Menschen? Wie konnte man noch einen Zugang zur Praxis finden, der nicht bestimmt war von den Interessen der ökonomisch Mächtigen? Diese Fragen werden bis heute diskutiert und haben die weitere Entwicklung des Faches Soziologie begleitet und mitbestimmt.

Literatur

Primärliteratur

Engels, Friedrich: Das Begräbnis von Karl Marx, in: Institut für Marxismus- Leninismus beim ZK der SED (Hg.): Karl Marx, Friedrich Engels, Werke (MEW) 19, Berlin 1974, S. 335-339
Engels, Friedrich: Herrn Eugen Dührings Umwälzung der Wissenschaft („Anti-Dühring"), in: MEW 20, Berlin 1975, S. 1-303 (daraus v.a.: 3. Abschnitt: Sozialismus, S. 239-303)
Engels, Friedrich/Marx, Karl: Die heilige Familie oder Kritik der kritischen Kritik. Gegen Bruno Bauer und Konsorten, in: MEW 2, Berlin 1969, S. 3-223
Engels, Friedrich: Die Lage der arbeitenden Klasse in England. München 1973
Marx, Karl: Die Frühschriften. Hrsg. von Siegfried Landshut. 7. Auflage, neu eingerichtet von Oliver Heins und Richard Sperl. Geleitwort von Oskar Negt. Stuttgart 2004
Marx, Karl: Der achtzehnte Brumaire des Louis Bonaparte, in: MEW 8, Berlin 1973, S. 111-207
Marx, Karl: Das Kapital. Kritik der politischen Ökonomie. Bd. 1-4, in: MEW 23-26.3, Berlin 1973
Marx, Karl: Marx an Joseph Weydemeyer in New York. 5. März 1852, in: MEW 28, Berlin 1973, S. 503-509
Marx, Karl: Thesen über Feuerbach, in: MEW 3, Berlin 1973, S. 5-7 sowie S. 533-535
Marx, Karl/Engels, Friedrich: Die deutsche Ideologie. Kritik der neuesten deutschen Philosophie in ihren Repräsentanten Feuerbach, B. Bauer und Stirner, und des deutschen Sozialismus in seinen verschiedenen Propheten, in: MEW 3, Berlin 1973, S. 9-530 (daraus v.a.: Kapitel I: Feuerbach. Gegensatz von materialistischer und idealistischer Anschauung: Einleitung«, S. 17-80)
Marx, Karl/Engels, Friedrich: Manifest der Kommunistischen Partei, in: MEW 4, Berlin 1974, S. 459-493
Marx, Karl/Engels, Friedrich: **Studienausgabe** in fünf Bänden. Hrsg. von Iring Fetscher. Berlin 2004
Marx, Karl: Das große Lesebuch. Hrsg. von Iring Fetscher. Fischer Taschenbuch 2008
Marx, Karl: Lesebuch. Hrsg. von Klaus Körner. Stuttgart 2008

Sekundärliteratur

Althusser, Louis: Das Kapital lesen: Reinbek bei Hamburg 1996
Artus, Ingrid/Vellay, Caudius: Marx für SoziologInnen. (Im Erscheinen)
Fetscher, Iring (Hg.): Grundbegriffe des Marxismus. Eine lexikalische Einführung. Hamburg 1976
Kofler, Leo: Geschichte und Dialektik. Darmstadt/Neuwied ³1973
Löhnberg, Erhart: Das Kapital zum Selbststudium. Eine Einführung in das Hauptwerk von Karl Marx, Bd. 1. Frankfurt/M 1975
Lohmann, Georg: Indifferenz und Gesellschaft. Eine kritische Auseinandersetzung mit Marx. Frankfurt/Main 1991
Raddatz, Fritz J.: Karl Marx. Eine politische Biographie. Hamburg 1975
Rubel, Maximilien: Marx-Chronik/Daten zu Leben und Werk. München 1968
Sichtermann, Barbara: Der tote Hund beißt. Karl Marx, neu gelesen. Berlin 1991

Lektion IV
Entwicklungen in England und Frankreich am Ende des 19. Jahrhunderts

Inhalt

1. Zu Beginn eine Überlegung zur Herkunft der frühen Soziologen
2. Die biologistische Variante der frühen Soziologie durch Herbert Spencer
2.1. Herkunft und Ausbildung
2.2. Der Kampf ums Dasein
2.3. Gesellschaftliche Entwicklung als „natürlicher" Prozeß
3. Die moralische Variante der frühen Soziologie bei Emile Durkheim
3.1. Herkunft und Ausbildung
3.2. Von der mechanischen zur organischen Solidarität
3.3. Von der soziologischen Theorie zur gesellschaftlichen Moral
3.4. Anomie und Selbstmord
3.5. Soziologische Theorie als Grundlage der Pädagogik

Literatur

1. Zu Beginn eine Überlegung zur Herkunft der frühen Soziologen

Heutzutage wird man Soziologe oder Soziologin durch Ausbildung. Es gibt Studiengänge, Diplome, soziologische Doktortitel und Habilitationen. Wenn jemand einen solchen Ausbildungsgang nicht durchlaufen hat, wird es schwierig für ihn oder sie sein, sich als „Soziologe" zu bezeichnen, auch wenn der Titel als solcher nicht rechtlich geschützt ist. Aber neben dem formalen Studienabschluß würden ihm oder ihr auch theoretische und methodische Fähigkeiten und Kenntnisse fehlen, um soziologisch argumentieren zu können. Und selbst dann, wenn jemand soziologische Denk- und Argumentationsmuster für sich selbst und in der Auseinandersetzung mit anderen nutzen kann, ohne sie in einer formalen Ausbildung erworben zu haben, selbst dann würde er oder sie in der akademischen und auch sonstigen Öffentlichkeit nur mit Einschränkungen als Soziologe oder Soziologin bezeichnet und sich wahrscheinlich auch davor hüten, sich dieses Etikett zu geben.

Wie man Soziologe oder Soziologin wird, ist heute relativ klar vorgegeben. Das war im 19. Jahrhundert und in den ersten Jahrzehnten unseres Jahrhunderts noch ganz anders. Diejenigen, die in der Geschichte der Soziologie als frühe Soziologen bezeichnet werden, hatten weder eine soziologische Ausbildung erhalten, noch waren sie nach Abschluß ihrer akademischen Studien Soziologen. Sie waren Philosophen, Historiker, sehr oft Juristen, gelegentlich auch Naturwissenschaftler oder Mediziner. Daß sie in die Geschichte der Soziologie gerieten, war eher Zufall denn Ziel. Ihnen ging es nicht um das Studium und die Weiterentwicklung eines Faches, sondern sie wollten die Ursachen für die Veränderungen der Gesellschaften im 18. und 19. Jahrhundert herausfinden. Es waren intellektuelle Suchprozesse, die sich mit den großen Themen und Zielen dieser beiden Jahrhunderte befaßten, mit Emanzipation, bürgerlicher Freiheit, Demokratie und auch der Befreiung der Arbeiterklasse. Der Abkehr vom Absolutismus, vom Feudalismus und vom Klerikalismus, die bis ins 19. Jahrhundert hinein die Gesellschaftslehre und auch die Gesellschaften selbst bestimmt hatten, folgten von Dritten nachvollziehbare Theorien über die Veränderungen der alten und die Strukturen der modernen Gesellschaft.

Dieser Prozeß begann, wie wir bereits erörtert haben, in den Naturwissenschaften und setzte sich in den Gesellschaftswissenschaften fort. Noch steht der Einzelne und sein Handeln nicht im Mittelpunkt. Noch geht es um grundlegende Veränderungen der Gesellschaft und die Gründe dafür.

Soziologie als Beruf Die Professionalisierung, das was man später „Soziologie als Beruf" nennt, beginnt erst ganz allmählich und nimmt – jedenfalls in Westeuropa – eigentlich erst nach dem zweiten Weltkrieg Gestalt an. Professionalisierung bedeutet stets, daß man bestimmte, bereits vorhandene, als richtig und wichtig erkannte Erkenntnisse in die eigene Praxis übernimmt. Auch das war im 19. und frühen 20. Jahrhundert anders.

Alle diejenigen, die wir heute zu den Gründern der Soziologie zählen, haben versucht, eine eigene, jeweils neue Soziologie zu entwickeln. Sie haben sich zwar mit den Vorläufern und mit Zeitgenossen auseinandergesetzt, aber immer versucht, diese zu überwinden. Und fast immer haben sie versucht, eine Synthese aller bisherigen Wissenschaften in ein neues Modell zu bringen. Ihr Ziel war die Verschmelzung von Naturwissenschaft und Gesellschaftswissenschaft zu einer neuen, der neuen Wissenschaft der Neuzeit. Das galt für *Comte,* das galt für *Marx* („Wir kennen keine andere Wissenschaft als die Wissenschaft von der Geschichte"). Immer ging es um eine Synthese aller Wissensgebiete und noch nicht um Spezialisierung und um fachspezifische Differenzierung.

Bis ins frühe 20. Jahrhundert hinein waren die alten theologischen Vorstellungen vom Anfang und vom Ende immer noch vorhanden. Stets ging es um die Vorstellung, daß mit der Neuzeit und der Entwicklung der neuen Synthese der Wissenschaften die wissenschaftliche Entwicklung ihren Höhepunkt erreicht hätte.

Gegen Ende des 19. Jahrhunderts begann sich dies langsam zu ändern. Insofern sind die beiden Soziologen, die im Mittelpunkt dieser Lektion stehen, **Herbert Spencer** und **Emile Durkheim,** gute Beispiele. Mit *Spencer* lernen wir den letzten Versuch eines großen Entwurfes kennen. Er wollte die Soziologie in eine Synthese aller Wissenschaften einbauen. *Durkheim* jedoch versuchte bereits, eine Sozialwissenschaft zu konstituieren, die ihre Theorien ebenso wie ihre empirischen Methoden und Kriterien nur noch auf das Soziale beziehen sollte. Aber einflußreich waren beide, *Spencer* wie *Durkheim,* sowohl in den Gesellschaften, denen sie angehörten, als auch in der Soziologie.

2. Die biologistische Variante der frühen Soziologie bei Herbert Spencer

2.1. Herkunft und Ausbildung

Geboren wurde **Herbert Spencer** am 27.4.1820 im mittelenglischen Derby. Gestorben ist er am 8.12.1903 im südenglischen Brighton. Er stammte aus einer Lehrerfamilie, die einer religiösen Sekte anhing. Das *Internationale Soziologenlexikon* bezeichnet diese Sekte als nonkonformistisch-puritanisch und erwähnt, daß *Spencer* keine formelle Erziehung erhielt. Das kann im englischen Zusammenhang nur bedeuten, daß er weder auf einer Public-school war, also einer der Elite-Privatschulen, noch in Cambridge oder Oxford studierte. Er löste sich von dem christlichen Glauben seiner Eltern und nahm deshalb das Angebot seines Onkels, eines Geistlichen in Cambridge, dort zu studieren, nicht an. Offensichtlich interessierte er sich aber von früh an für Naturwissenschaften. Es ist auch anzunehmen, daß er in irgendeiner Weise eine naturwissenschaftliche Ausbildung erhielt, denn er arbeitete als Eisenbahningenieur, nachdem er bereits als 17jähriger einige Zeit an einer Schule unterrichtet hatte. Als Eisenbahningenieur war er immerhin acht Jahre tätig und zwar von 1837-1841 und nochmals von 1844-1848. Eine Art von Ausbildung muß er also gehabt haben, nur eben nicht jene formelle Ausbildung der Oberschichten Englands in Privatschulen und in Oxford oder in Cambridge, was zum damaligen Zeitpunkt bedeutete, daß man kein Wissenschaftler war und auch keine entsprechende Anstellung finden konnte.

Herbert Spencer
1820-1903

Bereits während seiner Zeit bei der Eisenbahn schrieb *Spencer* erste Artikel in der Zeitschrift „*Nonconformist*". 1848 wurde er Redakteur beim Londoner „*Economist*", eine Tätigkeit, die ihm auch Zeit für eigene Studien ließ. 1853 starb der Onkel in Cambridge und hinterließ ihm eine Erbschaft, die so hoch war, daß er sich von nun an ganz seinen privaten Studien widmen konnte und auf irgendeine Form regelmäßigen Broterwerbs nicht mehr angewiesen war. Von da an schrieb er unentwegt bis zu seinem Tode im Jahr 1903. Er hinterließ ein umfangreiches Werk. Schon zu Lebzeiten fand er mehr und mehr Gehör, wurde bekannt und einflußreich. Von den Soziologen, die wir in dieser Einführung behandeln, ist er der erste, der im 20. Jahrhundert stirbt. Allerdings war er noch ganz ein Mensch des 19. Jahrhunderts. Eine Auseinandersetzung mit ihm und seinem Werk hat dies zu berücksichtigen.

2.2. Der Kampf ums Dasein

Während *Comte* sich auf das Wachstum des Wissens konzentrierte und *Marx* die Entwicklung der Produktionsmittel als zentral ansah, steht bei *Spencer* der **Organismusbegriff** im Mittelpunkt. Er ist der Kern seiner **„synthetischen Philosophie"**, wie er seinen Entwurf nannte. Ganz allgemein geht Spencer davon aus, daß jeder Organismus versucht, zu überleben. Dafür ist ein Gleichgewicht notwendig zwischen dem Organismus und seiner Umwelt. Dieses Gleichgewicht ist aber labil, und deswegen ist der Organismus ständig damit beschäftigt, Differenzierungen nach innen und außen vorzunehmen, um das jeweilige Gleichgewicht zu erhalten, bzw. über neue Differenzierungen labile Gleichgewichte in vorübergehend stabile zu verwandeln. Dies nennt *Spencer* den Kampf ums Dasein. Überleben wird derjenige Organismus, der dies am besten kann. Hierfür prägt er die fälschlicherweise *Charles Darwin* zugeschriebene Formel „survival of the fittest".

Survival of the fittest

Dieser Kampf ums Dasein des Organismus mit seinen stets neuen Differenzierungen nach innen und außen bestimmt gleichzeitig die Evolution. Das **Evolutionsgesetz** beschreibt die Entwicklung von unzusammenhängender Gleichartigkeit hin zu zusammenhängender Ungleichartigkeit. Dieses biologische Evolutionsgesetz der Natur überträgt *Spencer* auf die Gesellschaft von Menschen. Eine typische Stelle lautet:

> Nunmehr soll gezeigt werden, daß dieses Gesetz des organischen Wachstums das Gesetz eines jeden Wachstums ist. In der Entwicklung der Erde, des Lebens auf ihrer Oberfläche, der Gesellschaft, des Staates, der Industrie und des Handelns, der Sprache, der Literatur, der Wissenschaft und der Kunst finden wir dieselbe Entfaltung von dem Einfachen zum Komplexen durch sukzessive Differenzierungen (Herbert Spencer in: Dreitzel (Hrsg.), 1967: 123)

Dabei ist er fest davon überzeugt, daß es zwischen natürlichen und menschlichen Sozialgebilden Übereinstimmungen gibt. Gewiß sieht *Spencer* spezifische Unterschiede, aber indem er Gesellschaft als Natur versteht, wenn auch einer besonderen Art und mit eigenen Kriterien, können die Grundlagen der Natur und das auf sie bezogene Denken doch in die Gesellschaftslehre übernommen werden. Und das gilt eben auch für die soziale Evolution der Gesellschaft: „Organic and social evolutions conform to the same law" schreibt er in der Einleitung zu „*Social Statics*".

Spencer war nicht so auf die Naturgesetze fixiert, daß er nicht auch gesehen hätte, daß es sowohl in der Vergangenheit wie in der Gegenwart unterschiedliche Ausprägungen menschlicher Gesellschaften gegeben hatte und gab. Das allgemeine Evolutionsgesetz der Biologie wurde von ihm nicht einfach nur auf menschliche Gesellschaften übertragen, etwa in dem Sinne, daß aus einer Vielzahl kleinerer Organisationen, die relativ gleich sind, im Kampf ums Dasein immer größere Einheiten entstehen, in denen unter einem Kontrollorgan Vielfältiges zusammengeführt worden ist. Die Entwicklung von der einfachen Horde, *Spencer* spricht von primitiven Menschen, zu den hochkomplexen Gesellschaften des 19. Jahrhunderts mit ihren unterschiedlichen Ansprüchen versteht *Spencer* als **evolutionären Prozess, als einen Wandel von unzusammenhängender Gleichartigkeit zu zusammenhängender Verschiedenheit.**

soziale Evolution

Den Evolutionsprozeß mit seiner gleichzeitigen Zunahme an Heterogenität und Integration unterteilt *Spencer* in die **unorganische Evolution** (die Entstehung des Weltalls und der Erde), die **organische Evolution** (hier sind die schon erwähnten biologischen Evolutionen gemeint) und schließlich die **superorganische Evolution,** die sich auf soziale Entwicklungen und die Entstehung von Ethik und Moral bezieht. Die Soziologie, die *Spencer* in den drei Bänden über „*Principles of Sociology*" des zehnbändigen „*System of Synthetic Philosophy*" der superorganischen Evolution zuordnet, hat sich mit der Gesellschaft als einem besonderen Organismus zu befassen.

Spencer sieht sehr wohl, daß anders als bei Organismen in der Natur der Organismus Gesellschaft nicht ohne weiteres erkennbar ist, sondern daß dieser in seiner zusammenhängenden Verschiedenheit nur als diskrete Ganzheit erfaßbar ist. Auch wenn nur einzelne Teilsysteme in Erscheinung bzw. in Aktion treten, so handelt es sich doch immer um Teile eines Gesamtorganismus. Von dieser Setzung läßt *Spencer* nicht ab, auch dann nicht, wenn er die soziale Evolution in zwei verschiedene Phasen einteilt: in die militärische und in die industrielle. Militärische Gesellschaftsformen und industrielle Gesellschaftsformen sind zwei Pole, die in allen Gesellschaften existieren und unterschiedlich stark ausgeprägt sind.

Gesellschaft als Organismus

Militärische Gesellschaften haben relativ einheitliche Glaubenssysteme, und die Sozialbeziehungen der Menschen sind durch Zwang und Gewalt gekennzeichnet. Der Staat ist den Individuen vorangestellt, d.h., sie haben für ihn zu existieren. In einer **industriellen Gesellschaft** gibt es eine Vielheit von Glaubenssystemen, und das Zusammenleben der Menschen und das gemeinsame Handeln sind vom Prinzip der Freiwilligkeit gekennzeichnet. Der Staat ist schließlich nur noch für die Individuen da, die Verhältnisse haben sich umgekehrt.

Von militärischen zu industriellen Gesellschaften

Spätestens an dieser Stelle ist die *Spencer*sche Soziologie mit der politischen Situation in England in der zweiten Hälfte des 19. Jahrhunderts verknüpft und geht in eine politische Lehre über. Die industrielle Revolution, die in England im letzten Drittel des 18. Jahrhunderts intensiv eingesetzt hatte, war gegen Ende des 19. Jahrhunderts in eine Krise geraten. Das bis dahin gepflegte liberale Bild, daß jedermann seines Glückes Schmied sei und schließlich und endlich nach seiner Fasson glücklich werden könne, hatte ganz erhebliche Risse bekommen. Der Staat hatte begonnen, Sozialpolitik zu betreiben, d.h., er griff zugunsten sozial Schwächerer in den Wettbewerb der Menschen ein.

Dies war *Spencer* ein Greuel. Für ihn stand fest, daß die Evolution auch im Sozialen die Stärksten und Lebenstüchtigsten übriglasse. Es habe also gar keinen Zweck, daß der Staat in diesen Prozeß eingreife und etwa sozial Schwächere vor dem Wettbewerb auf dem Markt schütze. *Spencer* formuliert diese Auffassung wie folgt:

> Den Taugenichts auf Kosten des Guten zu hegen, ist die äusserste Grausamkeit. Es ist ein vorsätzliches Aufspeichern von Elend für künftige Generationen. Es gibt keinen grössern Fluch für die Nachwelt, als den, ihr eine wachsende Bevölkerung von Einfältigen, Müssiggängern und Verbrechern zu vermachen. (Herbert Spencer, 1896: 181f)

Ablehnung von Sozialpolitik

Das betont er immer wieder, und hierin ist auch der Grund für seine große öffentliche Wirkung in England zu sehen. *Spencer* war ein Chefideologe, wenn nicht sogar der Chefideologe des viktorianischen England, wortgewaltig und redegewandt, und so ist es kein Wunder, daß die Einschätzung seines Werkes vor allem von diesen politischen Zielsetzungen und seinen politischen Wirkungen ausgeht. Wenn von seiner Wissenschaft die Rede ist, dann wird stets erwähnt, daß er derjenige war, der mit der These „survival of the fittest" eine Regeneration des Manchester-Liberalismus versucht hat, der schon Mitte des 19. Jahrhunderts praktisch am Ende war. Solche Einschätzungen sind sicher nicht falsch. Man sollte aber dennoch nicht übersehen, daß *Spencer* im 19. Jahrhundert als letzter noch einmal versucht hat, ein umfassendes und zusammenfassendes Modell von Natur- und Gesellschaftswissenschaft zu formulieren. Dieses Modell war geprägt von Organismusvorstellungen und von dem Gedanken der Evolution. Dies waren zwar Setzungen, aber *Spencer* hat sich durchaus bemüht, seine Thesen wissenschaftlich zu untermauern und hat mit seinen Überlegungen zum Verhältnis des Systems zur Umwelt auch langfristig die Soziologie beeinflußt. Diese beiden Punkte dürfen bei einer Würdigung von *Spencers* Soziologie nicht außer acht gelassen werden.

2.3 Gesellschaftliche Entwicklung als „natürlicher" Prozeß

Im Rahmen seines synthetischen Wissenschaftsmodells hat die Soziologie bei *Spencer* einen festen Platz neben den anderen Wissenschaften. Er wußte auch, daß es notwendig ist, im Verbund mit den anderen Wissenschaften Soziologie als relativ autonome Disziplin zu konstituieren und darüber hinaus spezifische Überlegungen für das Studium der Soziologie anzustellen. Sein systematischer Versuch einer Gesellschaftslehre als Soziologie bleibt aber immer dem naturwissenschaftlichen Denken und naturwissenschaftlicher Kausalität verpflichtet. Seine Faszination und seine Hingabe an die Naturwissenschaften zeigen sich auch darin, daß er seiner Autobiographie den Titel *„Natural History of Myself"* gab.

Orientierung an den Naturwissenschaften

Mit seiner Orientierung an den Naturwissenschaften zählte *Spencer* ähnlich wie *Comte* zu den Positivisten des 19. Jahrhunderts. Man darf diesen Positivismus nicht mit dem Positivismus des 20. Jahrhunderts verwechseln, also etwa mit dem logischen Positivismus der *Wiener Schule* oder dem von *Karl Popper* geprägten Positivismus. Positivismus im 19. Jahrhundert bezeichnet die allgemeine Überzeugung, daß die gegebenen, die positiven Tatsachen die Quelle der menschlichen Erkenntnis sind. Diese erste Form naturwissenschaftlich orientierter Wissenschaft im 18. und 19. Jahrhundert sieht sich als Gegengewicht sowohl zur Philosophie und Theologie als auch zum Absolutismus. Wenn *Spencer* die These aufstellt, in der Natur wie in der Gesellschaft sei Entwicklung definierbar als ein Wandel von unzusammenhängender Gleichartigkeit zu zusammenhängender Verschiedenheit, so versucht er dies mit vielen empirischen Belegen zu untermauern.

Im Gegensatz zu *Marx* verwendet *Spencer* fast keine ökonomischen Daten, sondern arbeitet sich durch die Vielzahl ethnographischer Veröffentlichungen des späten 18. und frühen 19. Jahrhunderts hindurch, um hieraus Belege für den Analogieschluß von der Natur zur Gesellschaft zu gewinnen. Spencer läßt in seiner Argumentation auf die Darstellung naturwissenschaftlicher Evolutionstatbestände immer den Analogieschluß vom Biologischen zum Sozialen folgen, d.h., er schließt sinngemäß mit der Bemerkung „Und so ist es auch in Gesellschaften" seine Argumentationen ab. Das ist *Spencers* Methode, die man vom heutigen Kenntnisstand her durchaus kritisieren kann, vor allem die mangelnde wissenschaftliche Beweiskraft des Analogieschlusses. Denn es handelt sich meist nicht um einen Vergleich, von dem *Spencer* behauptet, daß er der Kern seiner Methode sei, sondern um eine Setzung, um eine logische Wahrscheinlichkeit, die von der Ähnlichkeit oder Übereinstimmung verschiedener Phänomene mit verschiedenen Merkmalen ausgeht. Analogieschluß

Auch wenn *Spencers* Analogieschlüsse oft eine psychologische Suggestivwirkung haben, so sind sie doch nichts anderes als ein Wahrscheinlichkeitsschluß, dem die eigentliche logische Begründung fehlt. Aber das ist, wie gesagt, eine Kritik aus heutiger Zeit, die nicht übersehen darf, daß *Spencer* zu seiner Zeit mit dem schwierigen Problem befaßt war, wie man das neue wissenschaftliche Denken, das im wesentlichen ein naturwissenschaftliches war, für die Gesellschaftswissenschaft nutzbar machen konnte. Er ging einen anderen Weg als *Comte* und *Marx,* aber ebenso wie die Theorien der beiden genannten stellt seine Lehre der Evolution, sein Entwicklungsgesetz von unorganischen über organische zu superorganischen Lebensformen und die Polarität von militärischen und industriellen Gesellschaftsformen im Rahmen dieser Evolution einen eindrucksvollen Versuch dar, eine neue Wissenschaft zu konstituieren, der er die Bezeichnung Soziologie gab.

Spencers Einfluß auf die Soziologie des 20. Jahrhunderts blieb allerdings beschränkt, wenn man einmal davon absieht, daß die Etablierung dieser Wissenschaft in England eine wichtige Signalfunktion für andere Staaten der westlichen Welt gehabt hat. Einflußreich blieb er mit seiner Beobachtung, daß es in ausdifferenzierten Organismen, wie etwa einer Gesellschaft, Teilsysteme gibt, die unterschiedliche Funktionen im Rahmen dieses Organismus haben und die in bestimmter Weise miteinander korrespondieren und kommunizieren müssen. So gibt es Teilsysteme, deren Hauptfunktion es ist, die Anpassung des Organismus an Außenbedingungen zu gewährleisten. Dann gibt es Teilsyteme, die sich mit Regelung und Kontrolle befassen und zwar sowohl nach innen wie nach außen. Andere Teilsysteme haben die Funktion, Transporte und Kommunikation zu gewährleisten. Die Sicht des Organismus Gesellschaft als ein System mit Teilsystemen, die in einem Handlungszusammenhang stehen, findet sich sowohl der Methode als auch der Terminologie nach in der Beziehungslehre *von Wieses* (siehe Lektion VII) und in der strukturell-funktionalen Systemtheorie wieder (siehe Lektion X). Teilsysteme

65

Daß sich *Spencers* Analogie der Soziologie zu den Naturwissenschaften nicht durchsetzen konnte, hängt mit dem weiteren Entwicklungsweg des Faches zusammen. Wenn *Max Weber* auf dem ersten Deutschen Soziologentag 1910 feststellen konnte, daß die Analogie zwischen „Bienenstaat und irgendwelcher menschlichen, staatlichen Gesellschaft" im allgemeinen keinen Nutzen bringe, so war dies ein weiterer Schritt in der Entwicklung der Soziologie, die u.a. erst durch die Arbeiten von Spencer möglich wurde. Sie wurde auch deshalb möglich, weil etwa zur selben Zeit in Frankreich *Emile Durkheim* einen anderen Weg beschritt, als *Spencer* ihn vorgezeichnet hatte.

3. Die moralische Variante der frühen Soziologie bei Emile Durkheim

Mit **Emile Durkheim** tritt der **erste** Fachwissenschaftler in der Geschichte der Soziologie in unser Blickfeld. *Durkheim* war Soziologe – sowohl aus wissenschaftlichen wie auch aus politischen Gründen. Neben die Naturwissenschaft und die schönen Künste mit ihrer Hingabe an Esprit und Stil tritt nun als dritte Kraft die Soziologie hinzu. Hier enden die Versuche, die Einheit aller Wissenschaften zu konstituieren, sei es in enzyklopädischer Zusammenfassung wie bei *Auguste Comte,* mit dem Anspruch auf Totalität wie bei *Karl Marx* oder mit dem Ziel einer Synthese wie bei *Herbert Spencer*. Die Soziologie nimmt mit *Durkheim* das erste Mal einen relativ selbständigen Platz innerhalb der Wissenschaften ein, auch innerhalb der Gesellschaft und der Politik. Die Fragen, die *Comte, Marx* und *Spencer* gestellt hatten, werden dabei zwar noch nicht abschließend beantwortet, aber doch einer eigenständigeren Bearbeitung unterworfen.

Der Zusammenhang zwischen Theoriegeschichte und Gesellschaftsgeschichte und die Verflechtung von persönlicher Biographie und Wissenschaftsentwicklung vor dem Hintergrund gesellschaftlicher Entwicklungen treten bei *Durkheim* erneut und ganz nachdrücklich in den Vordergrund.

3.1. Herkunft und Ausbildung

Emile Durkheim
1858-1917

Emile Durkheim wurde am 15.4.1858 im lothringischen Epinal geboren. Er starb am 15.11.1917 in Paris. Wenn man sich die geschichtlichen Daten Frankreichs in dieser Zeit ansieht, dann fällt ins Auge, daß er die Niederlage Frankreichs in dem Krieg 1870/71 ebenso mit Bewußtsein erlebte wie den blutigen Aufstand der Pariser Kommune und ihre ebenso blutige Niederschlagung. Die dritte Republik mit ihren Auseinandersetzungen zwischen den demokratisch gesinnten Republikanern und den alten konservativen Eliten, die auf das Monopol des Staates pochten, hat er nicht nur miterlebt, sondern er hat sich in der Dreyfusaffäre öffentlich gegen antirepublikanische, klerikale und antisemitische Strömungen zur Wehr gesetzt. Nicht zu vergessen der Erste Weltkrieg, in dem er seinen Sohn verlor.

Frankreich hatte anders als Deutschland den eigentlichen Industrialisierungsschub vor 1850 erlebt. Ebenfalls anders als in Deutschland waren die Arbeiterfrage und die damit verbundenen Klassenkämpfe Gegenstand öffentlicher Debatten. Allerdings noch nicht in sozialwissenschaftlichen Veröffentlichungen, sondern vor allem in der Literatur, so z.B. in *Victor Hugos* Roman „*Les miserables*" oder in *Emile Zolas „Germinale"*. Der junge *Durkheim* wurde durch solche kritisch-moralischen Bücher auf seinem Weg zur Soziologie beeinflußt. Später nahm er als Fachgelehrter, als Vertreter der neuen Morallehre Soziologie, selbst eine zentrale Stellung in den öffentlichen Auseinandersetzungen ein.

Soziologie als Morallehre

Durkheim stammte aus einer jüdischen Familie. Sein Vater war, wie davor bereits sein Großvater und Urgroßvater, Rabbiner. Zunächst war auch vorgesehen, daß Sohn Emile denselben Weg einschlagen sollte. Dieser brach dann zwar relativ früh mit dem orthodoxen Judentum seiner Familie, wurde jedoch sein ganzes Leben über durch die strenge Erziehung in seiner Arbeitshaltung geprägt. *Durkheim* wird in allen Biographien als ausgesprochen fleißig und ganz an seiner Arbeit orientiert beschrieben.

Nachdem er das Gymnasium absolviert hatte, gelang ihm 1879 die Aufnahme in die Ecole Normale Supèrieure (ENS). 1882 bestand er die Abschlußprüfung. Er wurde zunächst Gymnasiallehrer. Anders als in Deutschland konnte und kann man bis heute in Frankreich eine Universitätskarriere nur mit Erfolg betreiben, wenn man nach dem Examen an einer der Grandes Ecoles zunächst Gymnasiallehrer wird. Wer diesen Weg ausschlägt, schließt sich gleichzeitig von der Universitätslaufbahn aus. Anders als in Deutschland wurden und werden Karrieren in Frankreich für die Universität zentral gelenkt. *Durkheim* war bereits während der Zeit auf der ENS positiv aufgefallen und wurde 1885/1886 vom Unterrichtsministerium mit einem Stipendium nach Deutschland geschickt.

Das politische Frankreich war zu der damaligen Zeit damit beschäftigt, die Ursachen für die Niederlage gegen Deutschland (im Krieg 1870/71) herauszufinden, und dazu gehörte auch, sich einen Überblick über die wissenschaftlichen Grundlagen des Deutschen Reiches zu verschaffen. Diesem Zweck diente der Studienaufenthalt *Durkheims*. Er lernte die Lehren der Kathedersozialisten kennen, die es nicht für ausreichend hielten, die Nationalökonomie auf wirtschaftliche Daten, Fakten und Ergebnisse zu konzentrieren, sondern die soziale Frage mit berücksichtigen und eine an moralischen Werten orientierte Staatslehre formulieren wollten. Außerdem machte er die Bekanntschaft von *Ferdinand Tönnies,* der ein Jahr später (1887) sein klassisches Werk „*Gemeinschaft und Gesellschaft*" veröffentlichen sollte, in dem er die Komplexität sozialer Phänomene und ihre Existenz außerhalb der einzelnen Individuen beschrieb (siehe Lektion V). Des weiteren traf er in Leipzig, um exemplarisch eine dritte Person zu nennen, den Völkerpsychologen *Wilhelm Wundt* (1832-1920), der ebenfalls über – von dem einzelnen Individuum unabhängige – soziale Realitäten arbeitete. Anders als der Liberalismus ging *Wundt* davon aus, daß es nicht allein die individuellen Entscheidungen und Nutzenabwägungen sind, die die Entwicklung der Gesellschaft bestimmen, sondern daß sie komplementär verbunden sind mit kollektiven Phänomenen.

Ähnlich wie seine deutschen Kollegen sah *Durkheim* die Möglichkeit, eine Morallehre zu entwickeln, die es erlauben würde, besser als bisher in die Entwicklung der Gesellschaft lenkend einzugreifen. In zwei Berichten über seinen Aufenthalt in Deutschland stellte er diesen Gesichtspunkt deutlich heraus und machte auch klar, daß er die Möglichkeit und die Notwendigkeit sah, eine auf der Soziologie beruhende Morallehre in das Erziehungssystem, in die Ausbildung der Lehrer und in den Schulunterricht einzuführen, um so die Ziele der dritten Republik zu unterstützen und im öffentlichen Bewußtsein nach und nach zu verankern. Die beiden Berichte wurden aufmerksam gelesen, und 1887 wurde Durkheim vom Gymnasium an die Universität von Bordeaux geschickt, wo er zunächst einen Lehrauftrag für Erziehungswissenschaft und ab 1896 den auf ihn zugeschnittenen Lehrstuhl für Pädagogik und Sozialwissenschaft erhielt.

<small>Soziologie wird Universitätsfach</small>

Damit wurde erstmals in der französischen Geschichte Sozialwissenschaft als Universitätsfach etabliert. Zwar stand die Pädagogik noch an erster Stelle, aber in der Verbindung von Pädagogik und Sozialwissenschaft konnte Durkheim seine wissenschaftlichen Interessen und Ziele verfolgen, bis er 1902 zunächst als Lehrstuhlvertreter und dann ab 1906 als Ordinarius für Pädagogik und Soziologie an die Sorbonne berufen wurde. Dort wurde er zu einem der einflußreichsten Intellektuellen Frankreichs und zum Mittelpunkt heftiger wissenschaftlicher und politischer Auseinandersetzungen. Wir werden auf diese Zeit noch zurückkommen. Zunächst wollen wir uns aber mit der Zeit in Bordeaux befassen, denn damals entstanden seine drei wichtigsten Monographien: sein Buch über die Arbeitsteilung, das über die Regeln der soziologischen Methode und schließlich seine soziologische Studie über den Selbstmord. Das alles erschien innerhalb von vier Jahren, von 1893-1897. Später in Paris kam dann noch das Buch über Religionssoziologie hinzu.

3.2. Von der mechanischen zur organischen Solidarität

Wie die anderen Soziologen vor ihm, deren Leben und Werk wir behandelt haben, begann auch *Durkheim* mit der Frage nach den Gründen für den Zustand der zeitgenössischen Gesellschaft. Die Erklärung der gesellschaftlichen Strukturen stand für ihn am Anfang, aber ebenso wie *Marx* und *Comte* vor ihm, ging es auch ihm darum, die Gesellschaft zum Besseren zu verändern, bzw. aufzuzeigen, was das eigentliche Ziel sein mußte. *Durkheim* war historisch gebildet und geschult, aber er sah bald, daß für eine Erklärung des dominanten Phänomens der Moderne, – daß mit immer mehr Individualität gleichzeitig immer mehr Einbindung in gesellschaftliche Zwänge notwendig wurde – die Geschichtswissenschaft allein nicht ausreichte. *Durkheim* nannte das in seiner eigenen Terminologie die **Frage nach dem Verhältnis der individuellen Person zur sozialen Solidarität**.

<small>Arbeitsteilung</small>

In seinem Buch „*De la division du travail social: Etude sur l'organisation des sociètès supèrieures*" (1893) untersucht *Durkheim* den **Zusammenhang von Arbeitsteilung und sozialer Solidarität**. Dabei versteht er den Begriff Solidarität nicht im traditionellen Sinne als Zusammenhalt oder als moralischen Kampfbegriff wie etwa die Arbeiterbewegung. Bei ihm erfährt der Begriff Solidarität eine relationale Verwendungsweise. Solidarität ist für *Durkheim* lediglich ein Beziehungsmodus, eine Form der Soziabilität, die den Zusammenhang von Struktur und Funktionsweise einer Gesellschaft mit dem entsprechenden Wertsystem beschreibt. Er geht davon aus, daß soziale Solidarität existiert, wenn soziale Organisationsformen und Moraltypen übereinstimmen.

Durkheim unterscheidet **zwei Formen von Solidarität, die mechanische und die organische,** wobei die mechanische Solidarität nach und nach durch die organische abgelöst wird. Diesen beiden Solidaritätstypen ordnet *Durkheim* zwei empirisch belegbare Gesellschaftsformen zu, die er auch mit entsprechendem Datenmaterial untermauert, die **segmentierte** Gesellschaft und die **arbeitsteilige** Gesellschaft. Auch hierbei geht er davon aus, daß es eine langsame, aber stetige Entwicklung von dem segmentalen Typus zum arbeitsteiligen Typus gibt.

Die unterschiedlichen Ausprägungen der mechanischen Solidarität beschreibt *Durkheim* auf drei Ebenen. Er beginnt mit einer **morphologischen Betrachtung,** d.h., zuerst untersucht er das, was man quasi von außen zur segmentierten Gesellschaft und zur arbeitsteiligen Gesellschaft feststellen kann. Er beschreibt, wie segmentierte Gesellschaften zunächst in Clans und Horden organisiert sind, wie es zwischen den einzelnen Gruppen relativ geringe Interdependenzen gibt und wie die sozialen Bindungen relativ schwach ausgeprägt sind. In segmentierten Gesellschaften ist die Bevölkerungszahl relativ niedrig.

Die Morphologie der Gesellschaft

Die organische Solidarität wird durch die Arbeitsteilung bestimmt. Sie ist für entwickelte Gesellschaften charakteristisch. Arbeitsteilige Gesellschaften bestehen aus einem System funktional differenzierter Organe, welche jeweils Sonderaufgaben zu erfüllen haben und in sich weiter unterteilt sind. Die morphologische Sichtweise zeigt das Entstehen von großen Märkten und das Wachstum der Städte, zeigt starke Interdependenzen zwischen den einzelnen Gruppierungen und auch, daß die Bevölkerungszahl relativ hoch ist.

In der zweiten Ebene untersucht *Durkheim* die verschiedenen **Normen,** die in segmentierten Gesellschaften und den arbeitsteiligen Gesellschaften vorherrschen. In segmentierten Gesellschaften mit ihrer mechanischen Solidarität dominiert das Strafrecht, repressives Recht in der Terminologie Durkheims. Die Strafe hat den Charakter der Sühne, da die Tat als Angriff auf das geltende Moralsystem verstanden wird. Die gesellschaftliche Integration wird durch gemeinsame Anschauungen und Gefühle und durch repressive Mechanismen der Abwehr gegen die Verletzung dieses Kollektivbewußtseins vermittelt.

Die Normen der Gesellschaft

In arbeitsteiligen Gesellschaften ist restitutives, d.h. „wiederherstellendes" Recht die vorherrschende Rechtsform. *Durkheim* macht darauf aufmerksam, daß in den modernen Industriegesellschaften das Strafrecht nur einen kleinen Anteil an dem gesamten Rechtssystem hat, daß vielmehr Zivilrecht, Handelsrecht und verschiedene verwaltungsrechtliche Vorschriften viel wichtiger für das Zusammenleben der Menschen sind. Auf Verstöße werde nun nicht mehr mit Strafe und Sühne, sondern mit Wiedergutmachungsforderungen und mit Resozialisierungsmaßnahmen reagiert, denn in den Verstößen wird nicht länger ein grundsätzlicher Angriff auf das Kollektivbewußtsein gesehen.

Mit der Vokabel **„Kollektivbewußtsein"** ist bereits der eigentliche Kern dieser Systematisierung angesprochen. Es ist gewissermaßen die dritte übergeordnete Ebene. In segmentierten Gesellschaften ist das Kollektivbewußtsein, man könnte den französischen Ausdruck (*conscience collective*) auch mit Kollektivgewissen übersetzen, intensiv entwickelt und hat eine allgemeine Bedeutung. Religiöse Vorstellungen dominieren, und die Bedeutung der Gesellschaft steht für die Individuen im Vordergrund. Das ist in arbeitsteiligen Gesellschaften anders. Das Kollektivbewußtsein ist weniger stark ausgeprägt, es hat auch nicht mehr die determinierende Kraft für das einzelne Individuum, vielmehr hat das Individuum nun Möglichkeiten der Eigeninitiative und der Reflexion. Auch tritt die Bedeutung der Religion in den Hintergrund, und menschenorientierte Wissenschaften

Das Kollektivbewußtsein

bekommen immer größere Bedeutung. Die Würde des Menschen, die Gleichheit, das Arbeitsethos und die soziale Gerechtigkeit bestimmen den Inhalt der *„conscience collective"* in der arbeitsteiligen Gesellschaft. In der segmentierten Gesellschaft sind die Vorschriften sehr konkret und spezifisch, in der arbeitsteiligen Gesellschaft sind sie abstrakt und relativ allgemein gehalten.

3.3. Von der soziologischen Theorie zur gesellschaftlichen Moral

Das vermittelnde Element in der Gesellschaftsform der organischen Solidarität ist die Arbeitsteilung. Je mehr die Gesellschaft sich arbeitsteilig organisiert, je dichter das Netz von Abhängigkeitsverhältnissen wird und je mehr spezielle Fähigkeiten der einzelnen Individuen sich herausbilden müssen, umso mehr können diese Spezialisierungen dann Ausgangspunkt für individuelle Persönlichkeitsentwicklungen werden. Diese können so die Basis des integrierenden Kollektivbewußtseins der segmentierten Gesellschaften nach und nach zerstören, bis sie schließlich in der Arbeitsteilung eine neue Zuordnung zwischen Gesellschaft und Individuum etablieren. Die Arbeitsteilung wirkt als das die Integration vermittelnde Medium. Dadurch erhält die Arbeitsteilung für *Durkheim* eine moralische Dimension. Er macht darauf aufmerksam, daß man zu Unrecht den segmentierten Gesellschaften, die noch aus der Gemeinschaftlichkeit des Glaubens handeln, die moderne Gesellschaft gegenüberstellt, die scheinbar nur noch auf Zusammenarbeit beruht. Man könne nicht der ersteren einen moralischen Charakter zubilligen und in der zweiten nur noch eine Form wirtschaftlicher Tätigkeit sehen. In Wirklichkeit habe gerade die Zusammenarbeit in der arbeitsteiligen Gesellschaft ihre eigenständige Moralität.

<small>Die Integration des Individuums in die Gesellschaft</small>

Dies ist ein zentraler Punkt in der Argumentation *Durkheims* und gleichzeitig der Anknüpfungspunkt für seine **Morallehre,** mit der er sich an den innenpolitischen Debatten der dritten Republik beteiligte und im Erziehungswesen großen Einfluß gewann. Zwei Zitate sollen dies beispielhaft belegen. Zunächst ein Zitat zur Entstehung der Arbeitsteilung.

> Wir können also den Schluß ziehen, indem wir sagen, daß alle sozialen Bande, die der Ähnlichkeit entstammen, allmählich ihre Kraft verlieren. Dieses Gesetz allein reicht bereits hin, um die ganze Gewichtigkeit der Rolle der Arbeitsteilung aufzuzeigen. Denn in der Tat, da die mechanische Solidarität immer schwächer wird, muß sich entweder das eigentliche soziale Leben vermindern oder eine andere Solidarität muß nach und nach an die Stelle derer treten, die im Begriff ist, sich aufzulösen. Man muß wählen. Vergeblich hält man daran fest, daß sich das Kollektivbewußtsein zugleich mit den Individuen erweitert und festigt. Wir haben bewiesen, daß die beiden sich im umgekehrten Verhältnis verändern. Trotzdem besteht der soziale Fortschritt nicht aus einer stetigen Auflösung; im Gegenteil, je mehr man fortschreitet, desto mehr gewinnen die Gesellschaften ein tiefes Gefühl ihrer selbst und ihrer Einheit. Es muß also ein anderes soziales Band geben, das dieses Ergebnis nach sich zieht. Nun gibt es aber kein anderes als jenes, das sich aus der Arbeitsteilung ableitet.
> Wenn man sich darüber hinaus daran erinnert, daß die mechanische Solidarität selbst dort, wo sie am widerstandsfähigsten ist, die Menschen nicht mit der gleichen Kraft verbindet wie die Arbeitsteilung, und daß sie im übrigen den größten Teil der heutigen sozialen Phänomene außer acht läßt, dann wird noch deutlicher, daß die soziale

> Solidarität dazu neigt, rein organisch zu werden. Die Arbeitsteilung übernimmt immer mehr die Rolle, die früher das Kollektivbewußtsein erfüllt hatte. Sie hauptsächlich hält die sozialen Aggregate der höheren Typen zusammen. (Emile Durkheim, 1988: 228)

Wenn man genau hinschaut, erkennt man ein bekanntes Muster. Ähnlich wie *Comte* und auch *Spencer* sieht *Durkheim* einen evolutionären Prozeß. Bei ihm verläuft dieser von der mechanischen zur organischen Solidarität, von segmentierten zu arbeitsteiligen Gesellschaften. Dies ist ein Prozeß, der in allen menschlichen Gesellschaften stattfinden muß, und den *Durkheim* mit den Mitteln der soziologischen Forschung aufspüren will. Wichtig ist dabei, daß dieser Prozeß unabhängig von den einzelnen Individuen existiert, eine soziale Realität ist, die Verdinglichung des Sozialen.

Hieraus ergeben sich eine Reihe von Schlußfolgerungen. Für die weitere Entwicklung des Faches wurde die Überzeugung *Durkheims* am wichtigsten, daß die Gesellschaft den Individuen gegenüberstehe und in sie hineinwirke. Auch hier bleibt *Durkheim* bei seinen Vorstellungen älteren Bildern verhaftet. Der physische Organismus bezieht seine Nahrung von außen. Der geistige Organismus des Individuums nährt sich von Ideen, Gefühlen und Praktiken , die er von der Gesellschaft, also ebenfalls von außen, bekommt.

Zumindest in der Zeit in Bordeaux beschäftigte sich *Durkheim* mit der Ausarbeitung seiner These, daß die Entwicklung des Sozialen eine eigene, rationale Struktur hat. Zur empirischen Untermauerung dienten ihm soziale Tatsachen – und nur sie. Soziales, so entwickelt er es vor allem in den *„Regeln der soziologischen Methode"* – der genaue französische Titel seines zweiten Buches lautet: *„Les règles de la mèthode sociologique"* –, kann nur durch Soziales interpretiert werden. **Die sozialen Realitäten existieren unabhängig von den einzelnen Individuen.** Das ist nicht etwa nur ein Kunstgriff, um die Ausgangsthese vom Vorhandensein mechanischer und organischer Solidaritäten vor Gegenargumenten abzusichern, sondern auch der insgesamt als gelungen zu bezeichnende Versuch, Soziologie als eigenständige Disziplin gegen konkurrierende Wissenschaften abzugrenzen.

Das muß *Durkheim* schon deshalb tun, weil anders sein **Übergang von der Theorie in eine moralische Praxis** nicht gelingen kann. Die Verbindung von soziologischer Einsicht und gesellschaftlicher Praxis wäre nicht eindeutig herstellbar. So aber kann er den Schritt in eine Morallehre ohne Hindernisse tun und sich an den öffentlichen Debatten im Frankreich der Dritten Republik darüber, ob die Gesellschaft in einer Krise sei und wie sie zu beheben sei, als **Fachgelehrter** beteiligen. Das zweite ausgewählte Zitat zeigt diesen Schritt von der soziologischen Einsicht zur moralischen Praxis recht deutlich. Wir wollen es in zwei Schritten erläutern. Zunächst zu den Gründen der Krise:

> Tiefgreifende Veränderungen haben sich innerhalb sehr kurzer Zeit in der Struktur unserer Gesellschaften vollzogen. Sie haben sich mit einer Geschwindigkeit und in einem Ausmaß vom segmentären Typ befreit, für welche die Geschichte kein anderes Beispiel bietet. Folglich ist die Moral, die diesem Sozialtypus entsprach, verkümmert, ohne daß sich an deren Stelle die neue genügend rasch entwickelt hat, um den Raum zu füllen, den die andere in unserem Bewußtsein hinterlassen hat.(...); das individuelle Urteil hat sich vom Kollektivurteil gelöst. Anderseits aber haben die Funktionen, die sich im Verlauf des Umschwungs voneinander getrennt haben, noch keine Zeit

gehabt, sich einander anzupassen; das neue Leben, das sich plötzlich entfaltet hat, hat sich noch nicht vollständig organisieren können und hat sich vor allem nicht so organisiert, daß es das Bedürfnis nach Gerechtigkeit zu befriedigen vermöchte, das in unseren Herzen so glühend erwacht ist. (Emile Durkheim, 1988: 479)

Politisch-moralisches Engagement

Es mangelt also an einer adäquaten Ausformung der Moral der arbeitsteiligen Gesellschaft. *Durkheim* gewinnt die gewünschte Normalität in der Gesellschaft, indem er Abweichungen und Krisen und deren Folgen untersucht und hieraus das eigentlich Richtige ableitet. Normalität bezieht sich aber immer auf bestimmte Gesellschaftstypen, hier also auf die ausdifferenzierte arbeitsteilige Gesellschaft.

3.4. Anomie und Selbstmord

Die Orientierung am Normalen, an der Ordnung und an den gegebenen Zwängen der Gesellschaft ist unübersehbar. Das wäre für *Durkheim* allerdings kein Gegenargument gewesen, sondern die Bestätigung, daß seine Absicht richtig erkannt wurde. Die Soziologie, so sein Programm, sollte der Gesellschaft nützlich sein. Wie konnte sie – so dachte er – das besser tun, als den Weg zur richtigen Normalität aufzuzeigen und Hinweise zu geben, wie sie zu erreichen sei. Das zeigt dann der zweite Teil des Zitates, der mit einer Absage an traditionelle Vorstellungen beginnt:

> Wenn das so ist, dann kann das Hilfsmittel gegen dieses Übel nicht in dem Versuch liegen, die Traditionen und Praktiken wiederzubeleben zu suchen, die den gegenwärtigen Bedingungen des sozialen Zustandes nicht länger entsprechen und die nur künstliches, scheinbares Leben gewinnen könnten. Wichtig ist, daß diese Anomie endet und daß man die Mittel zur Herstellung eines harmonischen Zusammenspiels derjenigen Organe findet, die sich noch unharmonisch aneinander stoßen, daß man deren Beziehungen gerechter organisiert, indem man jene äußeren Ungleichheiten mehr und mehr vermindert, die die Quelle des Übels sind. (...) Mit einem Wort: Unsere erste Pflicht besteht heute darin, uns eine neue Moral zu bilden. Ein derartiges Werk kann nicht in der Stille der Studierstube ersonnen werden; es muß aus sich selbst entstehen, nach und nach, unter dem Druck innerer und notwendiger Ursachen. (Emile Durkheim, 1988: 479f)

Wichtig ist für *Durkheim,* das sei noch einmal wiederholt, daß die Anomie ein Ende findet. Mit diesem Begriff bezeichnet er den Zustand des Auseinanderfallens individueller Handlungen und gesellschaftlicher Bindungen. Nachdem er gezeigt hat, daß die Arbeitsteilung das moralische Grundprinzip der solidarischen Gesellschaftsform ist, muß er feststellen, daß es noch vielerlei Brüche zwischen den Einzelnen und ihrer Gesellschaft gibt, daß es noch kein durchgreifendes Kollektivbewußtsein in der neuen industriell-städtischen und arbeitsteiligen Gesellschaft gibt, das den Zusammenhalt zwischen den Menschen und ihren sozialen Gruppen sicherstellt.

Die Studie über den Selbstmord

Diesem Problem war das Buch über den **Selbstmord** *„Le Suicide: Etude de sociologie"* gewidmet. Es war die erste soziologisch-empirische Studie über den Selbstmord. Sie ist in mancher Hinsicht bis heute nicht überholt. *Durkheim* suchte nach Gründen für den Selbstmord, etwa für die unbestreitbaren Unterschiede in den Selbstmordraten in verschiedenen Staaten oder in den verschiedenen geschichtlichen Phasen einer Gesellschaft. Er prüfte alle denkbaren Fakten –

von geographischen über ökonomische bis zu psychologischen – mit dem Ergebnis, daß nur eine soziologische Antwort befriedigen kann. Das war gewiß auch als Abgrenzung zu den etablierten Wissenschaften gedacht: indem deren Unfähigkeit zur Erklärung sozialer Tatbestände nachgewiesen wurde, konnte gleichzeitig die Soziologie als Fachdisziplin für Soziales erfolgreich behauptet werden. Das Ergebnis seiner Untersuchungen lautet:

> Die Anomie ist also in unseren modernen Gesellschaften ein regelmäßig auftretender und spezifischer Selbstmordfaktor; sie ist eine der Quellen, aus der sich alljährlich das Kontingent speist. Infolgedessen haben wir einen neuen Typus vor uns, der von den anderen unterschieden werden muß. Er unterscheidet sich dadurch, daß er nicht von der Art und Weise bestimmt ist, in der der einzelne mit seiner Gesellschaft verbunden ist, sondern in der Art, in der diese ihre Mitglieder reguliert. Der egoistische Selbstmord bestimmt sich daraus, daß die Menschen im Leben keinen Sinn mehr sehen; der altruistische Selbstmord daher, daß ihnen dieser Sinn als außerhalb des eigentlichen Lebens liegend erscheint; die dritte Art von Selbstmord, die wir eben festgestellt haben, daß ihr Handeln regellos wird und sie darunter leiden. Wegen seines Ursprungs wollen wir dieser letzten Art den Namen anomischer Selbstmord geben." (Emile Durkheim, 1983: 295f)

Auch bei der Studie über den Selbstmord folgt *Durkheim* also zunächst seiner zentralen Fragestellung nach dem Verhältnis von Individualität und gesellschaftlichen Regeln. Er findet in einem zweiten Schritt heraus, daß es anomische Zustände gibt, die zu anomischem Verhalten führen. Die Anomie kann, und das ist hier der dritte Schritt, nur mit der Einsetzung neuer, angemessener moralischer Maßstäbe behoben werden.

Diese neuen moralischen Maßstäbe, die das gesellschaftliche Leben in der arbeitsteiligen Gesellschaft zur organischen Solidarität, ihrer angemessenen gesellschaftlichen Form führen sollen, braucht *Durkheim* auch, um die Frage nach den Gründen für die zeitgenössischen Formen sozialer Ungleichheit befriedigend beantworten zu können. Auch dies ist für ihn eine Folge der Brüche zwischen dem Individuum und seiner Gesellschaft. Im Falle der sozialen Ungleichheit sind es die Brüche zwischen den natürlichen Anlagen der Menschen und ihren sozialen Funktionen. Zwar weiß er, daß es keinen direkten Zusammenhang zwischen Erbanlagen und bestimmten Berufen gibt, aber er geht davon aus, daß es einen Zusammenhang zwischen (wahrscheinlich angeborenen) Neigungen und Fähigkeiten und einer angemessenen Berufsposition gibt.

Soziale Ungleichheit

> Zweifellos sind wir von Geburt aus nicht für einen ganz bestimmten Beruf vorgesehen; aber wir haben Neigungen und Fähigkeiten, die unsere Wahl begrenzen. Wird ihnen nicht Rechnung getragen, so werden sie durch unsere täglichen Beschäftigungen ständig verletzt; wir leiden und suchen ein Mittel, um unsere Leiden zu beenden. Nun gibt es aber kein anderes als die bestehende Ordnung zu ändern und eine neue herzustellen. Damit die Arbeitsteilung die Solidarität erzeugt, genügt es also nicht, daß jeder seine Aufgabe hat, es muß auch jene sein, die ihm liegt. (Emile Durkheim, 1988: 444)

Soziale Ungleichheit ist demnach akzeptabel, wenn es im Zustand organischer Solidarität keine Unzufriedenheit gibt und jeder den Beruf ausübt, der ihm angemessen ist. Und auch hier ist die Quintessenz klar: Eine neue Moral wird gebraucht, und die Soziologie stellt sie zur Verfügung.

So schuf sich *Durkheim* in wenigen Jahren die theoretische Grundlage einer Soziologie, die zweierlei war: **eine adäquate Wissenschaft des Sozialen und eine Morallehre der modernen Gesellschaft.** Die Soziologie mußte sich als Wissenschaft von der Gesellschaft, von den etablierten Disziplinen wie Theologie, Philosophie, Naturwissenschaften und Nationalökonomie emanzipieren. Dies erlaubte aber auch eine Abkehr von theologischen, philosophischen und staatstheoretischen Regeln des gesellschaftlichen Lebens und die Formulierung einer neuen Moral.

3.5. Soziologische Theorie als Grundlage der Pädagogik

Durkheim schrieb seine drei wichtigen Bücher in der letzten Dekade des 19. Jahrhunderts. Mit ihm enden die Versuche der frühen Soziologen seit dem 18. Jahrhundert, sich durch Anpassung oder Variation in die vorhandene Welt der Wissenschaft einzufügen. Die Soziologie als eigenständige und selbstbewußte Fachdisziplin, die zu den Problemen der Zeit eigene Lösungen anzubieten hat, betrat mit *Durkheim* die Bühne. Noch in Bordeaux gründete *Durkheim* seine soziologische Zeitschrift *„L'Annèe sociologique"*, in der er unermüdlich veröffentlichte. Bis 1913 schrieb er für sie mehr als 600 (!) Artikel, Buchbesprechungen und Berichte, in denen er für seine Position warb.

1902 wurde ihm – wie schon erwähnt – die Vertretung des Lehrstuhls für Pädagogik und Soziologie an der ‚Nouvelle Sorbonne' angeboten. Nach einigem Zögern nahm er dieses Angebot an und wurde dann 1906 Ordinarius für diese beiden Fächer.

Interessant ist, daß auf seine Veranlassung hin die Bezeichnung dieses Lehrstuhls einige Jahre später in „Erziehungswissenschaft und Soziologie" umgeändert wurde. Dies entsprach besser den Intentionen *Durkheims*. Für Erziehung gebrauchte er den Begriff „Sozialisation" (*socialisation mèthodique*). Diese ist notwendig, um die Menschen von der Geburt bis ins hohe Alter anzuhalten, die notwendige, in diesem Fall die neue Moral der arbeitsteiligen Gesellschaft und ihre sozialen Normen anzunehmen. Aber es ging nicht nur um die Moral irgendeiner arbeitsteiligen, sondern auch um die der gegenwärtigen Gesellschaft und damit für den Franzosen *Durkheim* um die der jungen dritten Republik. Er war weiterhin fleißig und befand sich bald in der Position eines Sinnproduzenten und eines Multifunktionärs, wie wir es heutzutage bezeichnen würden. Von den scharfen, öffentlichen Debatten der Intellektuellen über die Ausbildung vieler Generationen von Lehrern, für die seine Vorlesungen die einzigen Pflichtveranstaltungen waren, bis hin zur Einflußnahme auf die Besetzung von Dozenturen und Professuren für Soziologie: *Durkheim* war stets dabei.

„Sinnproduzent" und „Multifunktionär"

Vor diesem Hintergrund ist es auf den ersten Blick vielleicht überraschend, daß er keine eigentliche Schule begründen konnte. Vielleicht hat es an der Machtposition gelegen, die zu sehr auf ihn zugeschnitten war und ohne ihn verfiel. Auch war noch kein Nachfolger herangewachsen, als *Durkheim* am 15.11.1917, erst 59 Jahre alt, in Paris aus Trauer und Gram über den Soldatentod seines Sohnes starb. Die Zeit war zu kurz gewesen. Außerdem hatte der erste Weltkrieg große Lücken in die Reihen der französischen Soziologen gerissen. Sein Neffe **Marcel Mauss** (1872-1950) berichtete 1934 einem amerikanischen

Soziologen in einem Interview, daß „die Generation derer, die jetzt zwischen 40 und 60 Jahre alt sind, durch den Krieg fast völlig auslöscht worden (ist)". In demselben Interview findet sich auch eine Bemerkung von ihm, die ein wenig klärt, warum die *Durkheimsche* Soziologie in Deutschland nie so recht hat Fuß fassen können. Es gibt dafür sicher eine Reihe von Gründen, so z.B. auch solche, die aus der politischen Frontstellung zwischen Frankreich und Deutschland vor und nach dem ersten Weltkrieg herrühren. Aber *Mauss* machte auch auf grundlegende Unterschiede in den Arbeitsweisen und Auffassungen französischer und deutscher Soziologen aufmerksam:

> Ich bin nicht daran interessiert, systematische Theorien zu entwickeln. Viel von jener sogenannten deutschen Gelehrsamkeit ist nichts als dummes Zeug, ständig suchen sie einen Plan zu erarbeiten, der die Summe allen Wissens darstellen soll. Ich selber dagegen arbeite ganz einfach an meinem Material, und falls sich hier und da mal eine brauchbare Verallgemeinerung zeigt, dann notiere ich sie mir und wende mich dann etwas Anderem zu. Mein Hauptinteresse ist keineswegs, ein großes theoretisches Schema zu entwickeln, das das ganze Gebiet abdecken würde. (Dirk Käsler, 1985: 154)

Was *Marcel Mauss,* der nicht nur der Neffe *Durkheims,* sondern neben **Maurice Halbwachs** (1877-1945) einer der wenigen Schüler *Durkheims* war, die später auf Professorenstellen in Frankreich gelangten, über die Unterschiede sagt, ist bezeichnend für die französische Auffassung von Soziologie, die sich nach *Durkheim* entwickelte. Es wirft gleichzeitig ein bezeichnendes Licht auf die Vorstellungen, die französische Soziologen von den Bemühungen deutscher Soziologen gegen Ende des 19. und in den ersten 30 Jahren des 20. Jahrhunderts hatten. Die *Durkheimsche* Soziologie war französisch. Dies hatte für die Kommunikation mit Soziologen anderer Nationalitäten Folgen. Wir werden sehen, daß die Soziologie in Deutschland ebenfalls eine spezifische nationale Ausprägung erhielt. Damit soll nicht gesagt sein, daß es eine typische französische Soziologie und eine typische deutsche Soziologie gab oder gibt, aber die Entwicklung des Faches Soziologie führte in Frankreich und in Deutschland zu recht unterschiedlichen Ausprägungen.

Literatur

Primärliteratur

Durkheim, Emile: Der Selbstmord. Frankfurt/Main 1983
Durkheim, Emile: Die Regeln der soziologischen Methode. Frankfurt/Main 1984
Durkheim, Emile: Über soziale Arbeitsteilung. Frankfurt/Main 1988 (mit einer Einleitung von Niklas Luhmann)
Durkheim, Emile: Frühe Schriften zur Begründung der Sozialwissenschaft. Darmstadt/Neuwied 1981
Halbwachs, Maurice: Entwurf einer Psychologie sozialer Klassen. Über die gesellschaftlichen Antriebe des Menschen. Bd. 1 der edition discours, in der das Gesamtwerk von M. Halbwachs, hrsg. von Franz Schultheis und Stephan Eger erschienen ist. Konstanz 2003

Spencer, Herbert: Einleitung in das Studium der Sociologie, Bd. I, Leipzig 1875
    (Internationale Wissenschaftliche Bibliothek: Bd. 14)
Spencer, Herbert: System der synthetischen Philosophie. Stuttgart 1901
Spencer, Herbert: Eine Autobiographie. Stuttgart 1905

Sekundärliteratur

Beckert, Jens: Vertrag und soziale Gerechtigkeit. Emile Durkheims Theorie der Integration moderner Gesellschaften. in: Kölner Zeitschrift für Soziologie und Sozialspychologie. Heft 4, 1997, S. 630-649.
Gühlich, Christian: Die Durkheim-Schule und der französische Sozialdarismus. Wiesbaden 1991
Käsler, Dirk: Soziologische Abenteuer. Earle Edward Eubank besucht europäische Soziologen im Sommer 1934. Opladen 1985
König, René: Einleitung. in: Emile Durkheim: Die Regeln der soziologischen Methode. Frankfurt/Main 1984
Moebius, Stephan/Papilloud, Christian: Gift – Marcel Maus' Kulturtheorie der Gabe. Wiesbaden 2006
Moebius, Stephan: Marcel Maus. Konstanz 2006

Lektion V
Entwicklungen in Deutschland um die Jahrhundertwende

Inhalt

1. Am Anfang eine Überlegung, warum es so lange gedauert hat, bis Soziologie sich in Deutschland als Wissenschaft etablieren konnte
2. Ferdinand Tönnies – Ein erster Versuch der Erklärung moderner Entwicklungen: Von der Gemeinschaft zur Gesellschaft
2.1. Soziale Wesenheiten: Wesenwille und Kürwille
2.2. Allgemeine und spezielle Soziologie
2.3. Soziale Ungleichheit
2.4. Gründe für gesellschaftliche Veränderungen
2.5. Kulturpessimismus als Praxis
3. Die Entdeckung des Prozeßhaften gesellschaftlicher Veränderungen durch Georg Simmel
3.1. Simmels Grundlegung einer geisteswissenschaftlichen Soziologie
3.2. Der Begriff der Wechselwirkung
3.3. Form und Inhalt
3.4. Die Philosophie des Geldes
3.5. Die Tragödie der Kultur

Literatur

1. Am Anfang eine Überlegung, warum es so lange gedauert hat, bis Soziologie sich in Deutschland als Wissenschaft etablieren konnte

Späte Industrialisierung Deutschlands

Im Jahre 1786 reiste der **Freiherr vom Stein** (1757-1831) nach England. Er reiste auf eigene Kosten, aber wer vermutet, der spätere preußische Reformer habe die Reise dem Studium der politischen Verhältnisse zuliebe angetreten, der täuscht sich. *Stein* war nach England gereist, um die dortige technische Entwicklung zu studieren, vor allem die Dampfmaschine, die es in Preußen noch nicht gab. Er hatte sich einen Obersteiger mitgenommen, der ein tüchtiger Werkzeichner war. Da die Engländer ihren technischen Vorsprung hüteten, waren sie sogleich mißtrauisch, als schon bei der ersten Besichtigung einer Dampfmaschine jener Obersteiger anfing, Detailskizzen anzulegen. Stein geriet sofort in den Verdacht der Wirtschaftsspionage, alle Firmen wurden vor ihm gewarnt, zeitweise wurde er persönlich überwacht.

In Preußen und in den anderen deutschen Staaten fehlte es bis ins frühe 19. Jahrhundert nicht nur an Dampfmaschinen, den modernen Werkzeugmaschinen, sondern auch an den anderen Merkmalen der Industrialisierung. Fabrikarbeit, Wohnungsnot und politische Aktivitäten der Arbeiterklasse, wie sie *Friedrich Engels* in *„Die Lage der arbeitenden Klasse in England"* 1845 beschrieben hatte, finden sich in Deutschland im Vergleich mit England erst mit einer deutlichen Verspätung.

1870 war Deutschland zwar an die zweite Stelle – hinter England – beim Außenhandel aufgerückt, war aber längst noch keine Industrienation. Trotz der Stein-Hardenbergschen-Modernisierungsreformen (z.B. Gewerbefreiheit, Aufhebung der Leibeigenschaft der Landarbeiter) waren Wirtschaft und Bevölkerung noch landwirtschaftlich geprägt. Produziert wurde in Manufakturen und in Heimarbeit auf Verlagsbasis. Die Industrialisierung begann in Deutschland nach 1850, erhielt ihre prägende Kraft, abzulesen an der zunehmenden Urbanisierung und einer dann schnell steigenden Zahl von Fabrikarbeitern, aber erst nach 1870.

Die Umwälzungen in der Industrie und die Veränderungen der traditionellen gesellschaftlichen Strukturen im Sog der Industrialisierung, die schon *Comte* beschäftigt hatten, die *Marx* in England kennengelernt hatte und die für *Durkheim* Anlaß waren, eine soziologisch begründete neue Morallehre zu formulieren, waren in Deutschland mit deutlicher Verspätung in Gang gekommen. Es gab Armut und Not in deutschen Landen, wie der Weberaufstand in Schlesien im Jahre 1844 beweist, aber die mit dem Kapitalismus der modernen Industrialisierung einhergehenden Phänomene traten erst relativ spät auf.

Hier liegt ein Teil der Antwort auf die Frage, warum es so lange gedauert hat, bis die Soziologie als wissenschaftliche Disziplin in Deutschland Fuß fassen und sich im Wissenschaftsbetrieb etablieren konnte. Wir erinnern uns, daß der erste Band des *Kapital* von *Karl Marx* 1867, und zwar auf Deutsch, erschien, aber wenig Resonanz hatte und erst Beachtung fand, als er ins Englische übersetzt worden war. Und in der Lektion VI werden wir sehen, daß *Max Weber* 1892 an einer Enquete des *Vereins für Socialpolitik* mitarbeitete. Thema dieser Enquete war die Lage der Landarbeiter in Ostelbien. Industriearbeit, das Elend der Arbeiterklasse, Urbanisierung werden erst in den 20er Jahren unseres Jahrhunderts dauerhafte Forschungsgegenstände der deutschen Soziologie.

Wenn Historiker vom deutschen Sonderweg reden, dann ist damit auch die späte Industrialisierung Deutschlands angesprochen. Aber wesentlicher dabei ist, daß damit vor allem gemeint ist, daß von der Legitimation der Herrschaft bis hin zur Entwicklung der Wissenschaften in Deutschland vieles anders war als in den westeuropäischen Nachbarstaaten.

Preußen und dann ab 1871 das Deutsche Reich waren noch weitgehend ein Ständestaat und blieben dies mindestens bis 1914. Trotz des von der französischen Aufklärung beeinflußten Allgemeinen Preußischen Landrechts (ALR) von 1791/94 mit seiner Garantie von Menschenwürde und Menschenrecht, der Freiheit der Religion und des Gewissens sowie dem Recht auf Bildung, blieb Preußen eine Monarchie, die sich auf eine immer besser funktionierende Bürokratie stützen konnte. Die herrschaftliche Legitimation der Krone war eher mystisch-völkisch geprägt und wurde vom Beamtentum und dem Militär durchgesetzt, wohl oft mit juristischen Mitteln, aber nicht naturrechtlich fundiert.

Daran hatte auch der Vormärz, die Zeit seit dem Wiener Kongreß bis zur Revolution im März 1848, nichts geändert. Im Gegenteil: Da sich die liberale bürgerliche Partei durchsetzte, die für eine aufgeklärte Monarchie und damit gegen ein parlamentarisches System plädierte, konnte die Zentralgewalt nach 1848 um so schneller und gründlicher jeglichen liberalen Ansatz verbieten und unterbinden. Das Bürgertum, das sowieso in einem Kampf um sozialen Aufstieg und die Anerkennung durch den höfischen Adel befangen war, wurde mit den Mitteln des Disziplinarrechts, bis hin zu Berufsverboten, ruhig gehalten.

Die Rolle des liberalen Bürgertums

Wir werden in Lektion IX bei der Behandlung des Begriffspaares Kultur und Zivilisation durch *Norbert Elias* sehen, wie das machtlose Bürgertum aus dem Beharren, Träger der Kultur zu sein, sein Selbstbewußtsein gewann. Gegen Politik, Parlamentarismus und Partei wurden Bildung und Kultur als das eigentlich Wertvolle behauptet. In diesem Klima hatten – anders als in England und Frankreich – moderne Wirtschafts- und Gesellschaftswissenschaften wenig Chancen. Man war nicht gegen Vernunft, aber stets war sie mit Religion gepaart. Pietismus, Romantik, Idealismus sind hierzu die Stichworte. Nicht die Naturwissenschaften waren die zentralen Disziplinen, sondern bis ins frühe 20. Jahrhundert hinein hatten eine Lebensphilosophie, die die Vernunft und das Glück des einzelnen Individuums propagierte und eine das Erbe des deutschen Volkes verherrlichende Kulturgeschichte eine dominante Stellung und prägten das Bild der Wissenschaft an den Universitäten. Da blieb für moderne Gesellschaftswissenschaft und erst recht für die aufkommende Soziologie wenig Raum. Entsprechend groß waren die Schwierigkeiten, die die frühen deutschen Soziologen zu überwinden hatten, als sie begannen, die Soziologie als eine eigenständige Disziplin zu begründen – diese, so ist man im Hinblick auf die Umstände des Wilhelminischen Kaiserreiches versucht zu sagen, hoffähig zu machen.

2. Ferdinand Tönnies – Ein erster Versuch der Erklärung moderner Entwicklungen: Von der Gemeinschaft zur Gesellschaft

Ferdinand Tönnies
1855-1936

Der am 26.7.1855 im Kirchspiel Oldenswort auf der Halbinsel Eiderstedt in Schleswig-Holstein geborene **Ferdinand Tönnies** ist ein typisches Beispiel für die Schwierigkeit der deutschen Soziologen, sich in der wissenschaftlichen Welt zu behaupten und für die Schwierigkeiten der Soziologie, Fehlinterpretationen und Vereinnahmungen abzuwehren. *Tönnies* hat zwar ein umfangreiches Werk hinterlassen, aber bekannt geworden ist er mit seinem Buch *„Gemeinschaft und Gesellschaft"*, das die damaligen Möglichkeiten der Soziologie ebenso widerspiegelt wie die Probleme der Rezeption, die sich aus der Herkunft der deutschen Soziologie mit ihrer starken philosophischen Ausrichtung ergeben haben.

Tönnies studierte Philosophie und Geschichte und beschäftigte sich nach seinem philosophischen Doktorexamen vor allem mit der Staatswissenschaft von **Thomas Hobbes** (1588-1679), bevor er sich 1881 in Kiel habilitierte. Von 1909 bis 1916 hatte er dort eine Professur, lehrte aber weiter bis in die 20er Jahre.

Das Thema des Verhältnisses von Gemeinschaft und Gesellschaft hatte *Tönnies* bereits in seiner Dissertation bearbeitet, ehe dann 1887 das Buch *„Gemeinschaft und Gesellschaft"* erschien, das im Untertitel als *„Abhandlung des Communismus und des Sozialismus als empirische Kulturformen"* bezeichnet wurde. In der zweiten Auflage, 25 Jahre später, hieß der Untertitel dann *„Grundbegriffe der reinen Soziologie"*. In diesem Buch versuchte *Tönnies* die zentrale Aufgabenstellung der Soziologie und ihren akademischen Anspruch zu begründen. Das Buch war zunächst kein Erfolg. Die wissenschaftliche Öffentlichkeit nahm aus innerakademischen, aber auch aus politischen Gründen von diesem Versuch, eine neue Einzelwissenschaft zu begründen, kaum Kenntnis. Das änderte sich dann mit der zweiten Auflage 1912 und als 50 Jahre nach dem ersten Erscheinen 1935 eine achte Auflage erschien, war das Buch bereits ein Klassiker der soziologischen Literatur.

Gemeinschaft und Gesellschaft

Man könnte schon an der Veränderung des Untertitels die Schwierigkeiten bei der Etablierung des Faches ansatzweise erläutern. Auf der einen Seite wurden mit **„Gemeinschaft"** und **„Gesellschaft"** zwei zentrale Begriffe der deutschen Philosophie und der Kulturgeschichte des 19. Jahrhunderts sowie des nationalen Denkens angesprochen. Dieses Begriffspaar, wie auch das so wichtige andere, Kultur und Zivilisation, taucht in der deutschen Soziologie bis in die 50er Jahre dieses Jahrhunderts immer wieder auf. Der Untertitel zeigt, daß *Tönnies* sich zunächst mit den aktuellen geistigen Strömungen, dem Kommunismus und dem Sozialismus, auseinanderzusetzen versuchte, wegen der starken Abneigung der deutschen philosophischen Fakultäten, sich mit diesen Themen zu befassen, aber später den philosophischer klingenden Untertitel *„Grundbegriffe der reinen Soziologie"* verwendete.

Hierin zeigt sich das Dilemma der deutschen Soziologie im ausgehenden 19., beginnenden 20. Jahrhundert. Man war gezwungenermaßen noch in den philosophischen Traditionen, in das geistige Klima des Wilhelminischen Kaiserreiches eingebunden und wollte doch gleichzeitig eine neue Disziplin etablieren, die an die Tradition des angelsächsischen Liberalismus und die französische

Aufklärung sowie an das von den Naturwissenschaften geprägte positivistische Denken anknüpfen sollte. Wir werden sehen, daß *Tönnies* mitten in diesem Dilemma stand, es für ihn aber noch zu früh war, eine gänzliche Abkoppelung von den lebensphilosophisch-historischen Strömungen in Deutschland nach 1870 zustande zu bringen.

Mit den beiden Begriffen „Gemeinschaft" und „Gesellschaft" hat *Tönnies* versucht, den sich in Deutschland im 19. Jahrhundert vollziehenden Übergang von einer traditionell-feudalen Gesellschaftsordnung zu einer modernen bürgerlichen Gesellschaft zu beschreiben. Die beiden Begriffe charakterisieren bestimmte Formen des Zusammenlebens von Menschen, ein Zusammenleben, das durch unterschiedliche Formen der mitmenschlichen Vertrautheit und seelischen Verbundenheit gekennzeichnet ist. *Tönnies,* der *Durkheim* persönlich kannte und auch seine Arbeiten in Zeitschriften besprochen hat, verwendet ebenso wie jener die Begriffe „organisch" und „mechanisch" als kennzeichnende Aspekte einer Gesamtwirklichkeit. Allerdings dreht *Tönnies* – inspiriert durch *Schopenhauer* – das Begriffspaar um.

Mit dem Begriff **Gemeinschaft** und ihrer Charakterisierung als **organisch** bezeichnet er die Gesamtwirklichkeit einer vorindustriellen Gesellschaft, in der das Zusammenleben durch affektive Nähe, enge Verbundenheit und gemeinsame Überzeugungen bestimmt wird. Die Beziehungen zwischen den Menschen sind noch nicht entfremdet. Verwandtschafts-, Nachbarschafts- und Freundschaftsbeziehungen, das Handeln der Menschen in der Gemeinschaft, erfolgen aus eigenem inneren Antrieb und sind noch nicht durch Einflüsse von außen fremdbestimmt.

organische Gemeinschaft

Den Gegensatz beschreibt der Begriff **Gesellschaft** mit seinen **mechanischen** Aspekten. Die Beziehungen der Menschen sind nun von äußeren Einflüssen gelenkt, und das Handeln der Menschen untereinander ist nicht mehr ganzheitlich ausgerichtet. Es dient einzelnen Zwecken oder Tauschinteressen. Derart entfremdetes Leben findet sich in den modernen Staaten, in der Großstadt und in der Fabrik.

mechanische Gesellschaft

2.1. Soziale Wesenheiten: Wesenwille und Kürwille

Wenn *Tönnies* Gemeinschaft und Gesellschaft derartige Kategorien zuordnet, dann ist ihm klar, daß es sich dabei nicht um naturwüchsige Zusammenhänge handelt. Für ihn, aber auch für das frühe soziologische Denken in Deutschland überhaupt, ist die Erkenntnis zentral, daß es ganz allgemein keine sozialen Beziehungen geben kann, seien sie nun gemeinschaftlicher oder gesellschaftlicher Art, die nicht in irgendeiner Weise von den Individuen gewollt werden. Aber wenn die gesellschaftlichen Verhältnisse existieren, dann sind sie, ähnlich wie bei *Durkheim,* eine soziale Realität außerhalb der Individuen. *Tönnies* nennt dies „soziale Wesenheiten" – auch wieder so ein richtig „deutscher", philosophisch klingender Ausdruck. Individuum und Gesellschaft sind zwei verschiedene Sphären, auch wenn die zweite erst durch den Willen der Einzelnen zustande kommt.

Der **Begriff Wille**, der der ethisch-politischen Theorie von *Thomas Hobbes* sowie der damals sehr populären Philosophie *Arthur Schopenhauers* (1788-1860) entlehnt war, ist zentral für *Tönnies* Werk. Mit ihm beschreibt er eine wesentliche

Grundlage der menschlichen Existenz, und außerdem dient ihm diese Kategorie dazu, die Entscheidungen des Einzelnen und die sozialen Zusammenhänge in eine Wechselbeziehung zu bringen. Aber schon hier wird die Ambivalenz der Arbeiten von *Tönnies* sichtbar. Einerseits ist das Buch *„Gemeinschaft und Gesellschaft"* schon eine sozialwissenschaftliche Analyse, gleichzeitig aber doch auch noch Kulturkritik, basierend auf bürgerlicher Innerlichkeit. Dies wird deutlich, wenn man sieht, wie die Kategorie „Wille" – entsprechend dem Gegensatzpaar Gemeinschaft und Gesellschaft – in **Wesenwille** und **Kürwille** aufgespalten wird.

Dieses Gegensatzpaar beschreibt die Formen des Bewußtseins in Gemeinschaft und Gesellschaft nach dem Grad ihrer Ursprünglichkeit:

> Wesenwille ist das psychologische Äquivalent des menschlichen Leibes, oder das Prinzip der Einheit des Lebens, sofern dieses unter derjenigen Form der Wirklichkeit gedacht wird, welcher das Denken selber angehört. ... Kürwille ist ein Gebilde des Denkens selber. (Ferdinand Tönnies, 1988: 73)

Zum Wesenwillen gehört der Instinkt, zum Kürwillen das rechnerische Kalkül, und *Tönnies* ist der Meinung, daß sich in der Veränderung vom Wesenwillen zum Kürwillen die abendländische Form der Rationalisierung ausdrückt. Der Kürwille verdrängt nach und nach den Wesenwillen, und damit zerfällt auch die Einheit von Mittel und Zweck, die die organische Gesamtwirklichkeit der Gemeinschaft auszeichnet. Sie wird von der reinen Zweckrationalität der mechanischen Gesamtwirklichkeit der Gesellschaft abgelöst.

<small>Nähe zur Kulturkritik</small>

Aus der Veränderung von der Gemeinschaft zur Gesellschaft, mit der *Tönnies* die Entstehung der bürgerlichen Gesellschaft gleichsetzt, entstehen gesellschaftliche Probleme und Defizite. Die deutsche Soziologie des ausgehenden 19. und beginnenden 20. Jahrhunderts war sehr stark mit der Frage befaßt, wie diese zu bewerten seien. Sie war dabei wegen ihrer Nähe zum geistigen Klima der herrschenden Schichten des Wilhelminischen Kaiserreiches stets der Gefahr ausgesetzt, gewollt oder ungewollt Kulturkritik zu betreiben oder jedenfalls von der Kulturkritik vereinnahmt zu werden. Bevor wir dies am Beispiel von *Tönnies* in einigen Punkten belegen, wollen wir zunächst seine **Systematik der Soziologie** kennenlernen, um seine theoretischen Versuche und auch seine Begrifflichkeit besser einschätzen zu können.

2.2. Allgemeine und spezielle Soziologie

Tönnies unterscheidet allgemeine Soziologie von der speziellen Soziologie. Damit ist eine andere Aufteilung gemeint, als wir sie heute praktizieren. Mit **allgemeiner** Soziologie bezeichnet *Tönnies* soziologisch relevante Forschungsgebiete, etwa aus der Geographie, der Demographie oder Sozialpsychologie. Es handelt sich bei ihnen um sozialwissenschaftlich wichtige Gebiete, aber noch nicht um Soziologie. Diese heißt bei *Tönnies* **spezielle** Soziologie, die er unterteilt in reine, angewandte, empirische und praktische Soziologie.

<small>reine Soziologie</small>

Grundformen der **reinen** Soziologie sind Gemeinschaft und Gesellschaft. Rein heißt dieser Teil der Soziologie deshalb, weil in ihm die Begriffe wie in der Chemie geschieden werden. Gemeinschaft und Gesellschaft sind sogenannte Normalbegriffe, gedanklich gefundene ideelle Typen, die nur in ihrer Begrifflichkeit reinlich getrennt sind, während die gesellschaftlichen Aktualitäten immer Teile beider Normalbegriffe enthalten. Im Verlauf seines Lebens hat *Tönnies* hierzu seine Meinung geändert. Während er zunächst davon ausging, daß in der gesellschaftlichen Wirklichkeit entweder Gemeinschaft oder Gesellschaft existiere, hat er später davon gesprochen, daß mehr und weniger Gemeinschaft als Gesellschaft oder umgekehrt existiere.

In der **angewandten** Soziologie versucht *Tönnies,* eine Theorie des sozialen Wandels zu entwickeln. Das Wechselspiel zwischen gemeinschaftlichen und gesellschaftlichen Formen in verschiedenen Zeitaltern dient ihm dazu zu erklären, warum Gesellschaften sich verändern. Daß er dabei von der germanischen Kultur ausgeht, hat ebenfalls dazu beigetragen, daß er mißverständlich interpretiert und ausgewertet worden ist. Die **empirische** Soziologie schließlich untersucht einzelne Tatsachen, während die **praktische** Soziologie die Umsetzung von angewandter und empirischer Soziologie in sozialpolitische Forderungen und Ratschläge zugewiesen bekommt.

angewandte Soziologie

2.3. Soziale Ungleichheit

Tönnies mußte schon früh erfahren, daß Soziologen, was immer sie tun und versuchen, eine Vereinnahmung nur schwer verhindern können, zumal in seinem Falle manche Ambivalenz in seinen Formulierungen dazu beigetragen hat, daß er sowohl von der bürgerlichen Kulturkritik als auch vom Nationalsozialismus in Anspruch genommen werden konnte. Wenn man sich ansieht, wie er z.B. soziale Ungleichheiten erklärt, dann werden solche Vereinnahmungsvorgänge durchaus verständlich. Gesellschaftliche Ungleichheiten beschreibt *Tönnies* u.a. zwischen Männern und Frauen, aber auch zwischen Kapitalisten und Arbeitern. Frauen und Arbeiter, geraten im Prozeß der Zivilisation der Neuzeit unter die Räder, und das hat gesellschaftlich relevante Folgen.

Tönnies geht im ersten Fall so vor, daß er zunächst die Rollen, Aufgaben und Positionen, die Frauen in der Gemeinschaft haben, in ideeller Weise beschreibt und sie dann als typisch weiblich bezeichnet. Das typische Weib, der Inbegriff der Gemeinschaft, ist gefühlsbetont, zurückhaltend, voller künstlerischer Begabung usw. Mit dem Prozeß der Industrialisierung wird diese gemeinschaftliche Lebensform vernichtet, und das hat auch für die Frauen „schreckliche" Folgen:

Frauen und Arbeiter

> Das Weib wird aufgeklärt, wird herzenskalt, bewußt. Nichts ist ihrer ursprünglichen, trotz aller erworbenen Modifikationen immer wieder *angeborenen* Natur fremdartiger, ja schauderhafter. Nichts ist vielleicht für den gesellschaftlichen Bildungs- und Auflösungsprozeß des gemeinschaftlichen Lebens charakteristischer und bedeutender. (Ferdinand Tönnies, 1988: 139)

Aus heutiger Sicht sind solche Formulierungen eher belustigend, aber eingeordnet in das zeitgenössische Klima bekommen sie durchaus einen Sinn, denn das war die allgemeine Auffassung der männerbeherrschten Gesellschaft des Wilhelminischen Kaiserreiches. Hier wird also wieder die schon erwähnte Ambivalenz deutlich. Einerseits will *Tönnies* eine eigene soziologische Interpretation der gesellschaftlichen Wirklichkeit geben, gestützt auf die Grundformen der reinen Soziologie, andererseits ist er dem main-stream deutscher Kulturkritik verhaftet.

Ähnlich ist seine Begründung der sozialen Ungleichheit zwischen Kapitalisten und Arbeitern einzuschätzen. Dieser Klassenkonflikt beginnt für *Tönnies* im frühen Mittelalter, als die ersten Händler sich aus einer einheimisch- seßhaften Kultur herauslösen und damit einen Prozeß einleiten, in dem die Bindungen der Gemeinschaft nach und nach aufgelöst werden, die Kapitalisten der Gesellschaft ihre Interessen aufzwingen und dabei die volkstümliche Kultur vernichten.

2.4. Gründe für gesellschaftliche Veränderungen

Wie alle Sozialwissenschaftler seiner Zeit setzt sich auch *Tönnies* mit der Kritik von *Karl Marx* an der politischen Ökonomie des Kapitalismus auseinander. Er folgt *Marx* insofern, als auch für ihn die abstrakten Tauschbeziehungen, der Profit und die Ware Arbeitskraft Grundlagen des Kapitalismus sind und typisch für die Klassengesellschaft, aber anders als bei *Marx* entsteht diese nicht aus den Veränderungen der Produktionsweise. Als im Mittelalter die ersten freien Kaufleute als Agenten eines schon damals vorhandenen ökonomisch-zweckrationalen Denkens in die vorindustrielle Gemeinschaft eindringen, beginnen sich die sozialen Beziehungen zu verändern. Die Gemeinschaft ist von traditionellen Bindungen und gemeinsamen Interessen geprägt:

Kaufleute stehen am Anfang der bürgerlichen Gesellschaft

> Dagegen ist der Kaufmann, da er einen greifbaren und doch abstrakten Nutzen als den wirklichen und rationellen *Zweck* seiner Tätigkeit *außer* diese setzt, der aerste (in diesem Sinne) denkende und *freie* Mensch, welcher in der normalen Entwicklung eines sozialen Lebens erscheint. (Ferdinand Tönnies, 1988: 48)

So wird der Wesenwille der Gemeinschaft nach und nach durch den Kürwillen der freien Händler abgelöst, wobei für *Tönnies* die eigentliche **Dynamik** erst mit der Industrialisierung einsetzt. So erhalten Heimarbeit und Verlagswesen den Charakter von Vorstufen der industriellen Produktion. Mit ihr kommt es zur typischen Trennung von Wohnort und Arbeitsstätte. Auch die Arbeit selbst verändert sich. Maschinenarbeit mit ihrer Entfremdung ist etwas anderes als die körperliche Arbeit der Handwerker mit ihrer ästhetischen Qualität und dem sich darauf begründenden Selbstbewußtsein.

Den sozialen Wandel von der Gemeinschaft zur Gesellschaft versieht *Tönnies,* ähnlich wie *Marx,* mit einer eigengesetzlichen Dynamik, durch die die ständische Gliederung der Gesellschaft aufgelöst wird. Diese Auflösung bedeutet das Ende der Gesamtwirklichkeit der organischen, vorindustriellen Gemeinschaft:

> Hingegen, wenn dem Handel oder Kapitalismus das Volk mit seiner Arbeit untertan geworden ist, und in dem Maße als dieses sich erfüllt hat, hört es auf, Volk zu sein; es wird den ihm fremden äußeren Mächten und Bedingungen adoptiert, es wird gebildet gemacht. ... Sehr wider den Willen der Gebildeten, insofern als diese mit der kapitalistischen Gesellschaft identisch sind, wird dadurch das zum „Proletariat" verwandelte Volk zum Denken und zu Bewußtheit gefördert über die Bedingungen, an welche es auf dem Arbeitsmarkte gefesselt ist. Aus seiner Erkenntnis entstehen Beschlüsse und Bemühungen, solche Fesseln zu sprengen. (Ferdinand Tönnies, 1988: 142)

Tönnies' Bedeutung für die Soziologie

Wissenschaftsgeschichtlich, das läßt sich auch an diesem Zitat zeigen, befand sich *Tönnies* in einem Spannungsfeld von deutscher Geisteswissenschaft und westeuropäischer Sozialwissenschaft. Einerseits versucht er die empirische Realität zu begreifen und schließt damit an den Positivismus an, wie er in England und Frankreich entwickelt worden war. Mit seiner Theorie von den beiden Formen des Willens bleibt er andererseits der deutschen Tradition von Romantik und Idealismus verhaftet. Insgesamt ist es ihm nicht gelungen, diese beiden Wissenschaftsrichtungen zu vereinen und eine selbständige, von den traditionellen Wissenschaften unterschiedene Disziplin zu entwickeln. Soziologie blieb eine besondere Form der Geisteswissenschaft, „in erster Linie eine philosophische Disziplin".

Trotz dieser Orientierung an der deutschen Oberwissenschaft Philosophie hat *Tönnies* zur Etablierung des Faches in Deutschland einen der ersten, bedeutenden Schritte getan. Das Begriffspaar „Gemeinschaft" und „Gesellschaft" wurde zu einem festen Bestandteil der frühen deutschen und dann auch der internationalen Soziologie. Es wurde z.B. nicht nur von *Max Weber,* sondern auch von dem Nordamerikaner *Talcott Parsons* aufgegriffen, der sein „pattern-variables-scheme" aus der Polarität von Gemeinschaft und Gesellschaft entwickelt hat (s. Lektion X).

2.5. Kulturpessimismus als Praxis

Tönnies war aber auch praktisch tätig. Soziologie sollte nicht nur Diagnose und Prognose sein, sondern sich auch öffnen für eine sozialreformerische Praxis. Er arbeitete mit im *„Verein für Socialpolitik"* und trat noch 1930 in die SPD ein. Dabei hatte er stets die Vorstellung, daß Soziologie mehr sein müßte als Sozialtechnologie. Sie sollte auch normative Maßstäbe finden, indem sie das sittlich Gute und gemeinsame Beste benennt. *Tönnies* sah wie viele seiner gebildeten Zeitgenossen die Vergangenheit eher positiv. Den Übergang von der Gemeinschaft in die Gesellschaft der Industriegesellschaft empfand er persönlich als problematisch und stand mit seiner Skepsis durchaus nicht allein.

Kulturpessimismus war ein durchgehendes Element der Geisteswissenschaften und im übrigen auch Teil einer Grundhaltung, die zu den Gründen der Entstehung des Faschismus zu rechnen ist. Wurde schon innerhalb der Wissenschaft das Begriffspaar „Gemeinschaft" und „Gesellschaft" falsch rezipiert oder mißverstanden, so wurde es schließlich von den Faschisten vereinnahmt. *Tönnies'* Theorie ähnelte stark der kulturpessimistischen Sehnsucht nach völkischer Gemeinschaft und machte die Ablehnung moderner Zivilisation zugunsten traditionellen Volksgutes einfacher. *Tönnies* hat sich dagegen immer gewehrt, seine persönliche politische Einstellung war dem Nationalsozialismus entgegengesetzt. Für die 8. Auflage 1935 durfte er noch ein kurzes Vorwort schreiben, und auch dieses nutzte er, um sich gegen entsprechende Fehlinterpretationen zu wehren:

> Zur Orientierung möchte ich noch die Bemerkung hinzufügen, daß ich weder vor 50 Jahren noch jetzt die Meinung gehabt habe, in diesem Buche einen ethischen oder politischen Traktat vorzulegen, und daß ich schon in meiner ersten Vorrede nachdrücklich vor mißverständlichen Auslegungen und sich klug dünkenden Nutzanwendungen gewarnt habe. (Ferdinand Tönnies, 1988: XLVII)

Die Vereinnahmung seines Werkes durch die nationalsozialistische Bewegung hat ihn im Dritten Reich nicht vor Drangsalierung und Verfolgung geschützt. *Tönnies* trat noch 1933 öffentlich als Kritiker des Nationalsozialismus auf, was nach der Machtübernahme seine Lage verschlimmerte. Denn als kritischer Sozialwissenschaftler und Sozialdemokrat war er sowieso schon gefährdet. Er mußte 1933 vom Vorsitz der *Deutschen Gesellschaft für Soziologie,* die er 1909 mitgegründet hatte, nach 24jähriger Amtszeit zurücktreten. Seine Nachfolge trat der Leipziger Soziologe *Hans Freyer* an (s. Lektion VII). Außerdem wurden seine Pension auf ein Drittel der regulären Bezüge gekürzt und ihm alle Möglichkeiten für Lehre und Forschung genommen. Verarmt und resigniert starb er am 11.4. 1936 in Kiel.

3. Die Entdeckung des Prozeßhaften gesellschaftlicher Veränderungen durch Georg Simmel

Georg Simmel
1858-1918

Georg Simmel wurde am 1.3.1858 in Berlin geboren. Seine Eltern waren – wie *Marx'* Eltern – jüdischer Herkunft, aber zum Christentum übergetreten. Der Vater *Simmel* gründete die Schokoladenfabrik *Felix und Sarotti,* die jedoch nicht im Familienbesitz blieb. Er starb relativ früh. *Simmel* wurde von seinem Vormund, *Julius Friedländer,* aufgenommen und erzogen. *Friedländer* war der Begründer und Inhaber der *Musikedition Peters,* eines angesehenen und wohlhabenden Verlags. Er vermachte seinem Ziehsohn später sein Vermögen und ermöglichte *Simmel* so, jahrzehntelang ohne Professur als Privatdozent zu arbeiten, denn dessen Karriere war mit vielen Schwierigkeiten belastet.

Simmel begann nach dem Abitur in Berlin zu studieren. Er wechselte seinen Studienort nicht, was zur damaligen Zeit eher ungewöhnlich war. Zuerst hörte er Geschichte bei *Theodor Mommsen,* wechselte dann zur Völkerpsychologie und schließlich zur Philosophie. Er besuchte die Vorlesungen namhafter Professoren dieser Zeit, z.B. *Droysen, von Treitschke, Grimm, Jordan.* Als Doktorarbeit schrieb er eine psychologisch-ethnologische Studie über die Anfänge der Musik. Diese Arbeit wurde aufgrund formaler Mängel und mangelnder Beweisführung der Aussage, die jedoch auf das Thema zurückgeführt wurde, nicht angenommen. Seine gleichzeitig mit eingereichte Preisarbeit über die Darstellung und Beurteilung von *Kants* verschiedenen Ansichten über das Wesen der Materie wurde ihm jedoch als Dissertation angerechnet. Das Rigorosum fand in den Fächern Philosophie, Kunstgeschichte und Altitalienisch statt.

Zwei Jahre später bewarb sich *Simmel* um die Zulassung zur Habilitation. Die **Habilitationsschrift** wurde zunächst abgelehnt, dann aber doch angenommen. Nach der ersten Probevorlesung mit anschließendem Kolloquium wurde seine Leistung als ungenügend beurteilt, und er mußte noch einmal vortragen. 1884 wurde *Simmel* schließlich für das Fach Philosophie habilitiert. Er begann, nach wie vor in Berlin, als Privatdozent zu lehren. Anders als heute konnte man damals nach einer Habilitation nicht mit einer baldigen Übernahme in ein Beamtenverhältnis rechnen, sondern mußte oft viele Jahre als Privatdozent arbeiten und war auf Hörergelder angewiesen, die die Studenten und Studentinnen entrichten mußten.

Frühes Renommee als Lehrer

Simmel fand großen Anklang und hatte entsprechend volle Hörsäle. Seine Vorlesungen waren auch deshalb so interessant und gut besucht, weil er sich im Gegensatz zu seinen Kollegen nicht auf die Vergangenheit konzentrierte, sondern auch über Alltagserscheinungen und Gegenwartsphänomene dozierte.

Trotz des Lehrerfolges wurde *Simmel* von seiner Fakultät lange nicht befördert. Dafür gab es verschiedene Gründe: Da war einmal der Antisemitismus der Berliner Philosophischen Fakultät. Dann lehnten ihn die neukantianischen Philosophen ab, weil sie fürchteten, daß sich die naturalistische Soziologie *Simmels* gegen ihre subjekttheoretische Denkweise wandte, weil sie die Freiheit des Individuums bestreite. Auch seine unkonventionelle Art, seine erfolgreiche Lehre und die hohen Hörerzahlen weckten Ängste und Ablehnung.

Simmel wurde also lange nicht auf eine Professur berufen. 1908 sollte er zwar auf Empfehlung von *Max Weber* den zweiten Lehrstuhl für Philosophie in Heidelberg bekommen, wurde aber trotz des Verzichts des Mitbewerbers *Rickert* nicht angenommen. Gründe hierfür lieferte das Geheimgutachten eines Historikers, der von der Ernennung *Simmels* abriet, wobei er als Hauptgrund *Simmels* jüdische Herkunft und sein „jüdisches Denken" – *Simmel* sei „Israelit durch und durch" – sowie seine unorthodoxe Denk- und Vortragsweise anführte. Erst 1914 erhielt *Simmel*, bereits 56 Jahre alt, eine Berufung auf ein Ordinariat nach Straßburg. Dort starb er vier Jahre später, am 26.9.1918.

3.1. Simmels Grundlegung einer geisteswissenschaftlichen Soziologie

Im Jahre 1911, *Simmel* war noch Privatdozent, hatte ihm die Freiburger Universität den Ehrendoktor der Staatswissenschaften aufgrund seiner Verdienste um die Erweiterung der Kenntnisse der Nationalökonomie als Begründer der Wissenschaft Soziologie verliehen. Diese Ehrendoktorwürde für ihn als „Begründer der Soziologie" macht neugierig auf sein Werk, das in dieser Lektion schwerlich umfassend dargestellt werden kann, denn er veröffentlichte ca. 30 Bücher und 250 Aufsätze.

Simmel versuchte, die Soziologie als eigenständige Disziplin zu legitimieren. Dabei hielt er es nicht für notwendig, Soziologie im Gefüge der Wissenschaft als eine neue Generaldisziplin zu etablieren. Simmel wollte, daß Soziologie eingebunden blieb in die existierende Aufgliederung der geisteswissenschaftlichen Fächer. So definierte er einerseits Soziologie als eine bestimmte Methode von Geschichtswissenschaft und anderen Geisteswissenschaften, die sich mit Problemen der Menschen befassen. In seiner *„Soziologie"* von 1908 schreibt *Simmel*, und er wiederholt dies noch einmal in den *„Grundfragen der Soziologie"* 1917:

> Die Soziologie ist nicht nur eine Wissenschaft mit eigenen gegen alle anderen Wissenschaften arbeitsteilig abgegrenzten Objekten, sondern sie ist eben auch eine Methode der historischen und der Geisteswissenschaften überhaupt geworden. (Georg Simmel, 220: 18)

Man kann hier ganz deutlich sehen, daß nicht der Versuch unternommen wurde, aus dem Gefüge der deutschen Geisteswissenschaften auszubrechen. *Simmel* grenzt sich damit ab gegen den Anspruch *Comtes* auf eine Soziologie als „Universalwissenschaft". Deshalb definiert er **Soziologie als eine Methode,** die auch in anderen Geisteswissenschaften angewendet werden kann. Innerhalb der Geisteswissenschaften wird eine relative Eigenständigkeit des Faches Soziologie durch die Benennung eines spezifischen Objektes behauptet. Soziologie, so for-

Simmels Konstitution der Soziologie

muliert er an anderer Stelle, sei eine „eklektizistische" Wissenschaft oder auch eine Wissenschaft „zweiter Potenz", die auf die Ergebnisse der bereits bestehenden Gesellschaftswissenschaften zurückgreife und diese verschiedenen Forschungsergebnisse und Theorieteile zu einer neuen Synthese führe. Dies soll im folgenden Abschnitt erläutert werden.

3.2. Der Begriff der Wechselwirkung

Zentral für *Simmels* Soziologie ist der Begriff der **„Wechselwirkung".** Er ist der Ausgangspunkt aller seiner soziologischen Überlegungen. Es ist primär ein erkenntnistheoretisches Konzept und daher nicht auf die Beschreibung sozialen Handelns beschränkt. Jegliche Realität, das ist *Simmels* Ausgangspunkt, ist eine Wechselwirkung zwischen den Teilen dieser Realität.

> Als regulatives Weltprinzip müssen wir annehmen, daß Alles mit Allem in irgendeiner Wechselwirkung steht, daß zwischen jedem Punkte der Welt und jedem andern Kräfte und hin- und hergehende Beziehungen bestehen. (Georg Simmel, 1890: 12f)

Simmel bestimmt Gesellschaft als das Resultat von Wechselwirkungen zwischen den sie konstituierenden Individuen, Gruppen und anderen sozialen Gebilden. Der Wechselwirkungsbegriff setzt mindestens zwei Pole voraus, die aufeinanderwirken, wobei die Akteure nicht nur einzelne Individuen sein können, sondern auch Gruppen und andere überpersönliche Sozialgebilde. Diese können, obwohl sie letztendlich ebenfalls aus interindividuellen Wechselwirkungen bestehen, Individuen gegenüber als einheitliche Akteure auftreten.

Für *Simmel* ist auch schon eine zufällige Interaktion zwischen einzelnen Individuen „Gesellschaft". Diese „Elementarform sozialer Wechselwirkung" und andere soziale Gebilde zeigen sehr unterschiedliche soziale Ausformungen hinsichtlich der Intensität, Häufigkeit und Regelmäßigkeit der sozialen Wechselwirkung, und deshalb versucht *Simmel,* den Begriff „Gesellschaft" stärker einzuengen.

> Man kann aber die Grenze des eigentlich socialen Wesens vielleicht da erblicken, wo die Wechselwirkung der Personen untereinander nicht nur in einem subjektiven Zustand oder Handeln derselben besteht, sondern ein objektives Gebilde zustandebringt, das eine gewisse Unabhängigkeit von den einzelnen daran teilhabenden Persönlichkeiten besitzt. (Georg Simmel, 1890:15f)

Simmel untersucht die zufällige Interaktion ebenso wie die unabhängig existierenden Sozialgebilde. Er betont aber, daß die kurzen informellen Wechselwirkungen, die wir tagtäglich eingehen, so z.B. beim Kauf einer Fahrkarte etc., Gesellschaft ebenso ausmachen wie die größeren und dauerhafteren Sozialgebilde (z.B Familie, Staat, Klasse). Konstituierend für Gesellschaft ist die Gesamtheit der Wechselwirkungen.

Der Prozeßbegriff Vergesellschaftung

Gesellschaft als Summe von Wechselwirkungen ist ein fortdauernder Prozeß, der nie aufhört. Daß Gesellschaften keine statischen Gebilde sind, sondern daß es einen immerwährenden Wandel in den Wünschen, Interessen und Zielen von Individuen und sozialen Gebilden gibt, ist ein ganz wichtiger und neuer Gesichtspunkt in der Soziologie. Aufgrund des Netzes von Wechselwirkungen, das letztlich Gesellschaft ausmacht, und um der Dynamik und Prozeßhaftigkeit Ausdruck zu verleihen, setzt *Simmel* an Stelle des statischen Begriffes „Gesellschaft" den Prozeßbegriff **„Vergesellschaftung".** Gesellschaft wird nicht länger nur als Substanz gedacht, sondern als Prozeß.

Die Bestimmung des Gegenstandes der Soziologie und damit ihre Legitimation als Einzelwissenschaft ist eng verknüpft mit dem Wechselwirkungsbegriff und *Simmels* Gesellschaftskonzeption. Sie erfolgt in der Auseinandersetzung mit der älteren Soziologie und auch unter Berücksichtigung der bereits bestehenden geisteswissenschaftlichen Fächerstruktur des Universitätssystems. Die Einsicht, daß der Mensch in seinem ganzen Wesen und allen Äußerungen dazu bestimmt ist, in Wechselwirkungen mit anderen Menschen zu leben, die Gesellschaftsbezogenheit der Menschen also, führt zu einer neuen, spezifischen Betrachtungsweise. Diese soll in allen Geisteswissenschaften angewendet werden können, jedoch ergibt sich aus dieser Tatsache nicht der Anspruch einer universalistischen Soziologie, alle Geisteswissenschaften unter die Soziologie zu subsumieren. *Simmel* versteht die Soziologie als eine neue Methode in den Geisteswissenschaften:

> Die Soziologie also, in ihrer Beziehung zu den bestehenden Wissenschaften, ist eine neue Methode, ein Hilfsmittel der Forschung, um den Erscheinungen aller jener Gebiete auf einem neuen Wege beizukommen. (Georg Simmel, 1983: 3)

Um die **Soziologie als eigenständiges Fach** im bestehenden Universitätssystem zu etablieren, bedarf sie eines eigenen Objektes, das durch Abstraktion gefunden werden muß, wobei *Simmel* betont, daß dies nicht ein neuer, bisher unentdeckter Gegenstand sein muß, sondern aus einem neuen Blickwinkel zur Betrachtung von Gesellschaft zustande kommt.

Ein neuer Blick auf die Gesellschaft

> Jede Wissenschaft beruht auf einer Abstraktion, indem sie die Ganzheit irgendwelchen Dinges, die wir als einheitliche durch keine Wissenschaft erfassen können, nach je einer ihrer Seiten, von dem Gesichtspunkt je eines Begriffes aus, betrachtet. (Georg Simmel, 1983: 3)

3.3. Form und Inhalt

Die Abstraktion, mit der *Simmel* den Gesellschaftsbegriff für seine Sichtweise operationalisiert, ist die Unterscheidung zwischen **Form und Inhalt**. Gesellschaft wird dort als existent definiert, wo mehrere Individuen in Wechselwirkung treten; diese Wechselwirkung wird in Inhalt und Form unterteilt.

> Ich bezeichne nun alles das, was in den Individuen den unmittelbar konkreten Orten aller historischer Wirklichkeit als Trieb, Interesse, Zweck, Neigung, psychische Zuständlichkeit und Bewegung, derart vorhanden ist, daß daraus oder daran die Wirkung auf andere und das Empfangen ihrer Wirkungen entsteht – dieses bezeichne ich als den Inhalt, gleichsam die Materie der Vergesellschaftung. (Georg Simmel, 1983: 5)

Zum **Objekt der Soziologie** macht *Simmel* die Formen der Vergesellschaftung, die durch die unterschiedlichen Inhalte entstehen.

> Weder Hunger noch Liebe, weder Arbeit noch Religiosität, weder die Technik, noch die Funktionen und Resultate der Intelligenz bedeuten, wie sie unmittelbar und ihrem reinen Sinn nach gegeben sind, schon Vergesellschaftung; vielmehr, sie bilden diese erst, indem sie das isolierte Nebeneinander der Individuen zu bestimmten Formen des Miteinander und Füreinander gestalten, die unter den allgemeinen Begriff der Wechselwirkung gehören. (Georg Simmel, 1983: 5)

Simmel betont, daß diese Form-Inhalt-Unterscheidung eine wissenschaftliche Abstraktion ist, in der Realität Form und Inhalt jedoch nicht zu trennen sind. Es gibt unterschiedliche Formen, einmal z.B. Familie und Gruppe als die alltäglichen Formen, und dann die Formen, von denen er sagt, daß sie die allgemeinen Formen der Vergesellschaftung sind: Über- und Unterordnung, Herrschaft, Konkurrenz, Arbeitsteilung. Auch das nennt *Simmel* „Formen der Vergesellschaftung".

Diese Verwendung des Begriffes „Formen der Vergesellschaftung" stiftet daher oft Verwirrung. *Simmel* spricht bei der Familie, bei der kleinen Gruppe, bei allem, worin sich Inhalte konkretisieren, stets von Formen der Vergesellschaftung. Man könnte sagen, es gibt einen mikrosoziologischen Bereich und einen makrosoziologischen Bereich der Vergesellschaftung. *Simmel* versucht solche Formen der Vergesellschaftung in der Analyse der Realität nachzuzeichnen, bleibt aber immer dabei, daß Soziologie auch eine Form von Philosophie sei. Daß er bei dieser Vorstellung bleibt, macht *Simmel* zu einem typischen Beispiel für die Versuche der frühen deutschen Soziologie. Einerseits ist er bemüht, sich mit einer eigenen Methode zu legitimieren, gleichzeitig aber will und kann er das etablierte Gefüge der Philosophie nicht verlassen.

3.4. Die Philosophie des Geldes

Sein Verständnis des Verhältnisses von Philosophie und Soziologie können wir am Beispiel seiner 1900 erstmals veröffentlichten *„Philosophie des Geldes"* studieren. Dieses zentrale soziologische Buch *Simmels* heißt sicher auch Philosophie, weil damit im Wissenschaftsgefüge des ausgehenden 19. Jahrhunderts mehr Aufmerksamkeit zu erringen war. Aber es gibt auch einen sachlich-inhaltlichen Grund.

Das Buch heißt auch deshalb *„Philosophie des Geldes"*, weil *Simmel* bei der Behandlung und Untersuchung des Geldes und seiner Bedeutung für Prozesse gesellschaftlicher Differenzierung über die von ihm gezogenen Grenzen des Faches Soziologie hinausgeht. Seiner Meinung nach geht Soziologie – wie jede andere Wissenschaft auch – an zwei Grenzen in Philosophie über. Einmal bei anthropologischen oder psychologischen Grundannahmen, die er zumindest am Anfang als Hypothesen charakterisiert und als apriori bezeichnet. Zum anderen dann, wenn die Soziologie bei umfangreichen Deutungsversuchen zu Spekulationen gelangt – etwa zum Verhältnis von Individuum und Gesellschaft –, die über die empirisch gesicherten Kenntnisse hinausgehen.

<small>Soziologie und Philosophie</small>

Das Überschreiten der beiden Grenzen ist für *Simmel* zwangsläufig, denn die Ursachen für das wirtschaftliche Leben sind nicht nur in wirtschaftlichen Formen wie der Geldwirtschaft zu suchen, sondern sie sind auch Ergebnis tieferer Wertungen und psychologischer und methaphysischer Voraussetzungen. In bewußter Abkehr vom historischen Materialismus schreibt er in einer Selbstanzeige zu seinem Buch, daß der Verlauf der Geschichte zu verstehen sei

> als ein Wechselspiel zwischen den materiellen und ideellen Faktoren, in dem keiner der Erste und keiner der Letzte ist. (Georg Simmel: Selbstanzeige: Philosophie des Geldes, zitiert nach Heinz-Jürgen Dahme, 1987: 76)

Simmel beginnt seine Untersuchung mit **psychologischen** und **anthropologischen Grundannahmen.** Erstens sind Wertungen und Wertvorstellungen für ihn psychologische Tatsachen. In der *„Philosophie des Geldes"* heißt es dazu: „Die Wertung als ein wirklicher psychologischer Vorgang ist ein Stück der natürlichen Welt" (Georg Simmel, 1958: 4) und, daß es diesen Vorgang gibt, „das ist ein Urphänomen" (Georg Simmel, 1958: 69).

Hier führt *Simmel* also eine anthropologische Grundannahme ein. Mit solchen Feststellungen überschreitet er, das wollen wir zur Verdeutlichung wiederholen, nach eigener Auffassung die Grenzen der Soziologie. Die psychologischen und anthropologischen Grundannahmen sind die erwähnten apriori, die zumindest am Anfang der Untersuchung hypothetischen Charakter haben.

Jeder Mensch betrachte sich, andere Menschen, Gegenstände um sich herum, indem er sie bewerte. Subjektiv variabel sei nur, wie die Beurteilung jeweils ausfällt. Für die Bewertung selber gibt es keine festen Maßstäbe. Der Wert eines Gegenstandes/einer Person ist dabei ein ihm/ihr zugedachtes Attribut und haftet ihm/ihr nicht an, es ergibt sich nicht aus der Sache/der Person selbst, sondern nur aus der subjektiven Bewertung, die der Gegenstand/die Person erfährt. Um eine Bewertung vornehmen zu können, muß der Mensch zwischen Subjekt und Objekt unterscheiden lernen. Diese Trennung sowie eine zunehmende Differenzierung des Bewertungsvorganges erfolgt im Laufe der Entwicklung eines Menschen. Es wird ausführlich beschrieben, wie im Schube der sozialen Differenzierung von der Urhorde bis zur modernen Gesellschaft sich auch die Bewertungsmaßstäbe immer weiter ausdifferenzieren und schließlich ein umfassendes Gebäude der Wertungen existiert.

subjektive Werttheorie

Wertvoll wird ein Objekt für einen Menschen dann, wenn es von ihm begehrt wird, wenn er irgendwelche Wünsche damit verbindet. *Simmel* stellt die These auf, daß der Wert eines Objekts in dem Maße steigt, in dem es für das Subjekt schwieriger wird, es zu erreichen. Erst wenn ein Hindernis oder eine Schwierigkeit zur Erlangung des Objektes überwunden werden muß, wird dieses für uns wertvoll. *Simmel* verwendet für solche Schwierigkeiten den Begriff **Distanz.** Je größer die Schwierigkeit, d.h. je größer die Distanz ist, um so größer ist sein Wert für das bewertende Subjekt. Das begehrte Objekt darf jedoch nicht als unerreichbar erscheinen, da sonst gar nicht erst versucht wird, dieses Gut zu erlangen. Die Distanz darf also nicht unendlich sein.

Diese Festlegungen implizieren bereits ein kalkulierendes Verhalten beim Menschen, denn die Überwindung eines Hindernisses, die das Subjekt leisten muß, um das begehrte Objekt zu erlangen, setzt eine Eigenleistung voraus, ein Opfer. Dieses wird aber nur dann geleistet, wenn der erwartete Nutzen größer als das zu gebende Opfer ist. Aus diesen Überlegungen ergibt sich das Abschätzen eines Preis – Leistungsverhältnisses.

Simmel entwickelt seine wertpsychologische Theorie zwar im Hinblick auf die **Geldwirtschaft,** mißt ihr aber auch Bedeutung für immaterielle Austauschprozesse zu, da das Wertgefühl alle Interaktionen und nicht nur ökonomische Austauschprozesse begleite. Durch den Bewertungsvorgang werden also auch nichtökonomische Austauschprozesse initiiert. So können soziale Beziehungen auch als Austauschbeziehungen betrachtet werden, der Tausch wird zu einer nicht mehr nur ökonomischen, sondern auch zu einer soziologischen Kategorie. Das Geld, und so entwickelt *Simmel* dann seine These weiter, wurde zum Wert-

money makes the world go round

maßstab und damit zum Medium, in dem die Tauschakte vollzogen werden. Geld ist jedoch nicht ein an sich wertvoller Gegenstand, sondern erhält seinen Wert nur aufgrund seiner Funktion.

Das Geld wird bei *Simmel* als ein historisch entstandenes Medium beschrieben, durch das sich Tauschbeziehungen objektivieren lassen, auch die Wechselwirkungen zwischen Menschen. Neben dem Geld differenzieren sich in der Entwicklung noch andere überpersönliche Gebilde heraus, die Sozialfunktionen übernehmen:

> Als den Ausgangspunkt aller sozialen Gestaltung können wir uns nur die Wechselwirkung von Person zu Person vorstellen. (...) Die weitere Entwicklung ersetzt nun diese Unmittelbarkeit der wechselwirkenden Kräfte durch die Schaffung höherer überpersönlicher Gebilde, die als gesonderte Träger eben jener Kräfte auftreten und die Beziehungen der Individuen untereinander durch sich hindurchleiten und vermitteln. (...) In diese Kategorie substanzgewordener Sozialfunktionen gehört das Geld. (Georg Simmel, 1958: 159)

Simmel führt sowohl ökonomischen als auch **sozialen Wandel** auf das Geld und die Geldwirtschaft zurück: Nur mit Hilfe des Geldes läßt sich der Wert einzelner Produkte genau gegeneinander abwägen. Das Geld ermöglicht den Wandel von der mittelalterlichen Naturalwirtschaft zu einem kapitalistischen Produktionssystem, erleichtert die Arbeitsteilung und trägt zu einer steigenden sozialen Differenzierung bei.

Die Erleichterung der Arbeitsteilung durch die Geldwirtschaft, ebenso wie die Geldwirtschaft selbst haben aber auch Folgen für die Sozialbeziehungen. Einerseits nehmen die Kontakte zwischen den Menschen zu, ebenso ihre Abhängigkeit voneinander. Andererseits werden Sozialbeziehungen, die bei der Befriedigung der Lebensbedürfnisse entstehen, zunehmend unpersönlicher, da sich Käufer und Verkäufer nur noch als Funktionsträger in Ausübung einer bestimmten Rolle begegnen. Auf diese Überlegungen greifen später nordamerikanische Rollentheoretiker zurück (siehe Lektion X). Auf der einen Seite schafft das Geld also Freiheit und Handlungsspielräume. Andererseits schafft Geld aber auch Anonymität in den Sozialbeziehungen.

Simmel entwickelt in der *„Philosophie des Geldes"* im Ansatz eine (kultursoziologische) Entfremdungstheorie. Er nennt sie die **„Tragödie der Kultur"**. Er versteht die Menschheitsgeschichte als fortgesetzten Prozeß von Kultivierungsleistungen. Der Kulturprozeß ist eine subjektive Entwicklung, „Vergegenständlichung des Geistes" (Georg Simmel, 1958:510), ein „Objektivwerden des Subjekts". Zu den im Kulturprozeß angehäuften Kulturgütern zählt *Simmel* sowohl materielle Güter, wie z. B. Möbel, Maschinen, Kunstwerke etc., aber auch immaterielle, wie Recht, Sitte, Religion und Sprache. *Simmel* stellt fest, daß die Diskrepanz zwischen objektiver Kultur und subjektiver Kultur, definiert als der vom Menschen erfaßte und beherrschte Bereich der objektiven Kultur, immer größer wird:

> Die Dinge, die unser Leben sachlich erfüllen und umgeben, Geräte, Verkehrsmittel, die Produkte der Wissenschaft, der Technik, der Kunst – sind unsäglich kultiviert; aber die Kultur der Individuen, wenigstens in den höheren Ständen, ist keineswegs in demselben Verhältnis vorgeschritten, ja vielfach sogar zurückgegangen. (Georg Simmel,1958: 505)

Diese Diskrepanz entsteht durch die **Arbeitsteilung** und die vielfältigen Differenzierungsprozesse: die vom Menschen geschaffene Kultur wird zu komplex, um für den Einzelnen überschaubar zu bleiben und tritt dem Menschen als objektive Macht mit eigenen Regeln und Gesetzen gegenüber. Hier gibt es Parallelen zu *Durkheims* Anomietheorie, wonach das, was der Einzelne will und kann, nicht mehr im Einklang ist mit den Regeln und mit den Möglichkeiten der Gesellschaft. Arbeitsteilung ist der eigentliche Grund für diese Diskrepanz. *Simmel* definiert jedoch Arbeitsteilung als „Abkömmling der Geldwirtschaft" (Georg Simmel, 1958: 530), denn das Geld ist die Basis für jegliche Kommunikation zwischen den Menschen und darum auch für jedes arbeitsteilige System.

Die *„Philosophie des Geldes"* ist ein großer Wurf, in dem von einzelwissenschaftlichen Überlegungen ausgegangen, dann eine Synthese dieser verschiedenen disziplinären Einsichten versucht und schließlich eine Gegenwartsanalyse angeschlossen wird. Diese Analyse mündet in die Erkenntnis, daß der kulturelle Fortschritt ambivalente Züge hat: eigentlich befinden wir uns mit dieser Kultur gar nicht mehr im Einklang, und die Freiheit, die das Geld uns gebracht hat, bringt uns gleichzeitig auch neue Zwänge und Anonymität.

3.5. Die Tragödie der Kultur

In der *„Philosophie des Geldes"*, die 1900 erschien, war noch vom Fortschritt der Gesellschaft die Rede, die erwähnte Ambivalenz der Entwicklung wurde noch nicht durchgehend negativ bewertet. Das änderte sich aber schon wenige Jahre später. Bereits 1903 finden sich im Essay *„Die Großstädte und das Geistesleben"* skeptischere Töne. Zwar werden noch Vorteile für die Intellektuellen in der Vielfalt des urbanen Lebens festgehalten, aber insgesamt eine „seelische, intellektualistische Verfassung" beklagt, voller Gleichgültigkeit und Veräußerlichung.

Das Geld rationalisiert und versachlicht die Beziehungen zwischen den Menschen, bis hin zur Entfremdung. Dieser **Prozeß der Entfremdung** verschüttet aber auch immer mehr die objektiven Möglichkeiten der Menschen. Dies wird in den späten Schriften *Simmels* zur *„Tragödie der Kultur"* deutlich. Die alten Formen des Zusammenlebens der Menschen verlieren ihre Bedeutung, ohne daß, so fürchtet er, neue angemessene an ihre Stelle getreten wären. Hier überschreitet *Simmel* wieder die Grenze zur Philosophie.

Die Kulturleistungen der Vergangenheit verlieren nach und nach ihre Bedeutung, werden mehr und mehr nur als Last und Bedrückung empfunden. Nur dem genialen Künstler kann die Vermittlung von objektivem Geist und subjektiven Leben noch gelingen, und so wendet sich *Simmel* in seinen letzten Lebensjahren den Biographien großer Künstler (u.a. *Goethe* und *Rembrandt*) zu.

Dies ist auch ein wenig typisch für die Biographie dieses intellektuellen Außenseiters, der *Simmel* stets war und der er gegen Ende seines Leben auch wohl bleiben wollte. Anders als *Ferdinand Tönnies* gehörte er nicht zum Establishment der frühen deutschen Soziologie. Das hängt sicher auch damit zusammen, daß er sich um eine Umsetzung seiner soziologischen Analysen und Befunde in praktische Ratschläge oder Forschungsprogramme nie gekümmert hat.

Mit *Ferdinand Tönnies* und *Georg Simmel* haben wir zwei frühe deutsche Soziologen kennengelernt, denen wegen ihrer Orientierung an den **philosophischen Traditionen** der Durchbruch nicht gelingen konnte. Ihre kulturkritischen bzw. kulturpessimistischen Sichtweisen behinderten sie zusätzlich, sich vom geistigen Klima des ausgehenden 19. und beginnenden 20. Jahrhunderts zu emanzipieren. Das gelang erst, so paradox das zunächst klingen mag, einem Mann, der eindeutig der bürgerlichen Oberschicht des Wilhelminischen Kaiserreiches angehörte, *Max Weber*. Mit seiner Soziologie wollen wir uns in der nächsten Lektion beschäftigen.

Literatur

Primärliteratur

Herausgegeben von Otthein Rammstedt ist im Suhrkamp-Verlag Frankfurt/Main eine auf 24 Bände angelegte Georg Simmel Gesamtausgabe erschienen. Die Fundstellen der angegebenen Literatur sind in Klammern (GA ...) genannt.

Simmel, Georg: Über sociale Differenzierung. Sociologische und psychologische Untersuchungen. Leipzig 1890 (GA 2)
Simmel, Georg: Philosophie des Geldes. Berlin ^{6}1958 (1900) (GA 6)
Simmel, Georg: Goethe. Leipzig 1913 (GA 15)
Simmel, Georg: Rembrandt. Ein kunstphilosophischer Versuch. Leipzig 1916 (GA 15)
Simmel, Georg: Soziologie. Untersuchungen über die Formen der Vergesellschaftung. Berlin ^{6}1983 (^{1}1908) (GA 11)
Simmel, Georg: Grundfragen der Soziologie. Berlin/Leipzig ^{2}1920 (^{1}1917) (Individuum und Gesellschaft) (GA 16)
Simmel, Georg: Soziologische Ästhetik. Hrsg. von Klaus Lichtblau. Wiesbaden 2008
Tönnies, Ferdinand: Gemeinschaft und Gesellschaft. Grundbegriffe der reinen Soziologie. Darmstadt 1988 (1887; Nachdruck der 8. Auflage von 1935)
Tönnies, Ferdinand: Einführung in die Soziologie. Stuttgart 1965
Tönnies, Ferdinand: Fortschritt und Soziale Entwicklung. Geschichtsphilosophische Ansichten. Karlsruhe 1926
Tönnies Ferdinand: Soziologische Schriften. Studien zu Gemeinschaft und Gesellschaft. Hrsg. von Klaus Lichtblau. Wiesbaden 2011

Im Verlag de Gruyter ist eine auf 24 Bände ausgelegte Gesamtausgabe der Schriften von Ferdinand Tönnies geplant, von der bislang sieben Bände erschienen sind. Die Gesamtausgabe wird im Auftrag der Ferdinand Tönnies-Gesellschaft hrsg. von Lars Clausen, Alexander Deichsel, Cornelius Bickel, Rolf Fechner und Carsten Schlüter-Knauer

Sekundärliteratur

Becher, Heribert J.: Georg Simmel. Die Grundlagen seiner Soziologie. Stuttgart 1971
Bickel, Cornelius: Ferdinand Tönnies. Soziologie als skeptische Aufklärung zwischen Historismus und Rationalismus. Opladen 1991 (Studien zur Sozialwissenschaft, Bd. 82)
Carstens, Uwe: Ferdinand Tönnies. Friese und Weltbürger. Norderstedt 2005
Dahme, Heinz-Jürgen: Soziologie als exakte Wissenschaft. Georg Simmels Ansatz und seine Bedeutung in der gegenwärtigen Soziologie. Teil I und II. Stuttgart 1981
Dahme, Heinz-Jürgen: FU-Kurseinheit 1: Georg Simmel, in: Fernuniversität Gesamthochschule in Hagen: Soziologiegeschichte. Die Zeit der Riesen. Simmel, Durkheim, Weber. Hagen 1987
Dahme, Heinz-Jürgen/Rammstedt, Otthein (Hg.): Georg Simmel und die Moderne. Neue Interpretationen und Materialien. Frankfurt/Main ^{2}1995 (1984)
Gassen, Kurt/Landmann, Michael: Buch des Dankes an Georg Simmel. Briefe, Erinnerungen, Bibliographie. Berlin 1958
Jung, Werner: Georg Simmel zur Einführung. Hamburg 1990
Köhnke, Klaus Christian: Der junge Simmel – in Theoriebeziehungen und sozialen Bewegungen. Frankfurt/Main 1996
Lichtblau, Klaus: Georg Simmel. Frankfurt/Main 1997
Merz-Benz, Peter-Ulrich: Die begriffliche Architektonik von „Gemeinschaft und Gesellschaft", in: Clausen, Lars/Schlüter, Carsten (Hrsg.): Hundert Jahre „Gemeinschaft und Gesellschaft". Ferdinand Tönnies in der internationalen Diskussion. Opladen 1991, S. 31-64
Merz-Benz, Peter-Ulrich: Tiefsinn und Scharfsinn: Ferdinand Tönnies' begriffliche Konstitution der Sozialwelt. Frankfurt/Main 1995
Paul, Axel T.: Die Gesellschaft des Geldes. Entwurf einer monetären Theorie der Moderne. Wiesbaden 2004
Rammstedt, Otthein (Hg.): Simmel und die frühen Soziologen: Nähe und Distanz zu Durkheim, Tönnies und Max Weber. Frankfurt/Main 1988

Herrschaft schließlich benötigt eine je nach historischer Situation persönlich, ständisch oder bürokratisch organisierte Verwaltung.

Ausführlich behandelt *Weber* die Verwaltung der legalen Herrschaft. Sie ist der **Bürokratie** einer modernen, auf einer Verfassung beruhenden (demokratischen) Gesellschaft nachempfunden. Die Bildung des Idealtypus ‚bürokratischer Verwaltungsstab' ist an den Merkmalen der preußischen Verwaltung orientiert und erzielt so eine besonders hohe Sinn- und Kausaladäquanz. Dieser „reinste Typus der legalen Herrschaft" wird in § 4 beschrieben. Der Verwaltungsstab, der von einem durch Wahl oder durch Einsetzung bestimmten „Herrscher" geleitet wird, besteht aus Einzelbeamten, die Amtspflichten und -kompetenzen haben, in eine Hierarchie eingebunden sind, fachlich qualifiziert sein müssen und feste Gehälter beziehen. Sie unterliegen einer Kontrolle und haben Disziplin zu wahren.

Bürokratie

Die Nähe zur Realität der preußischen Verwaltung hat dazu geführt, daß der Idealtypus ‚bürokratischer Verwaltungsstab' oft so verstanden wird, als sei dies *Webers* Vorstellung von einer idealen Verwaltung gewesen. Allerdings hat *Weber* an diesem Mißverständnis auch insofern Anteil, als er selber Formulierungen benutzt, die eine positive Wertung des Idealtypus nahelegen. So, wenn er zu Beginn von § 5 schreibt:

> Die rein bureaukratische, also: die bureaukratisch-monokratische aktenmäßige Verwaltung ist nach allen Erfahrungen die an Präzision, Stetigkeit, Disziplin, Strafftheit und Verläßlichkeit, also: Berechenbarkeit für den Herrn wie für den Interessenten, Intensität und Extensität der Leistung, formal universeller Anwendbarkeit auf alle Aufgaben, rein *technisch* zum Höchstmaß der Leistung vervollkommbare, in all diesen Bedeutungen: formal *rationalste* Form der Herrschaftsausübung. (Max Weber, 1980: 128)

Und an einer anderen Stelle, in dem Aufsatz „Parlament und Regierung im neugeordneten Deutschland" heißt es: „der Fortschritt zum bürokratischen (...) Beamtentum (ist) der (...) eindeutige Maßstab der Modernisierung des Staates" (Max Weber, 1971: 320).

Die Nähe, die der Idealtypus ‚bürokratischer Verwaltungsstab' zur Realität hat, entspricht dem persönlichen Interesse *Webers* an diesem Teil des Rationalisierungsprozesses, der zum Kapitalismus und zum modernen Staat geführt hat. Auch hier kann man sein zentrales Erkenntnisinteresse erkennen: die Frage nach den Entstehungsgründen westeuropäischer-amerikanischer kapitalistischer Gesellschaften. Er hat zum einen den Idealtypus ‚bürokratischer Verwaltungsstab' dem preußischen Beamtentum nachempfunden. Zum anderen erkennt er die Doppelgesichtigkeit dieses Teils der Entwicklung zur Moderne. Er sieht nämlich, daß die Bürokratie, je besser, je erfolgreicher sie ist, Teil des „stahlharten Gehäuses" wird, das er am Ende der Studie *„Die protestantische Ethik und der Geist des Kapitalismus"* beklagt hatte. Die Bürokratie führe u.a. zur Nivellierung, zu unpersönlicher Herrschaft, zum Formalismus, zur Verlängerung der Fachausbildung bis hin zum 30. Lebensjahr und schließlich auch zu einem Eigenleben der Verwaltung, wenn das Fachwissen zu Dienstwissen werde. Aber wie auch in den anderen Fällen, wenn *Weber* die Folgen des Rationalisierungsprozesses diskutiert, so sind sie auch hier unausweichlich. Denn zum Rationalisierungsprozeß und so auch zur Bürokratie gibt es keine Alternative.

6. Die Forderung nach Wertfreiheit der Wissenschaft

Zum Schluß dieser Lektion wollen wir uns noch kurz einem Thema zuwenden, das aufs engste mit dem Namen *Max Weber* verbunden ist: dem Postulat der Wertfreiheit. Am Anfang dieser Lektion war berichtet worden, daß *Weber* dem Vorstand der *Deutschen Gesellschaft für Soziologie* den Rücken gekehrt hatte, da er die subjektiven Wertungen der anderen Herren nicht länger ertragen könne. Sein Vorwurf war, daß objektive Tatsachen und subjektive Wertungen ständig vermischt würden. *Weber* dagegen war für eine strikte Trennung von Tatsachen und Wertungen.

Der Werturteilsstreit   Nun war 1912 diese Diskussion nicht neu. Sie hatte in den 1890er Jahren bereits zu heftigen Kontroversen im *Verein für Socialpolitik* geführt. Es ging bei den Auseinandersetzungen im Kern um die Frage, ob Wissenschaftler sich nur mit der Untersuchung empirischer Tatsachen befassen dürfen oder ob es ihnen erlaubt ist, bzw. geradezu ihre Pflicht ist, Urteile über soziale Zusammenhänge zu fällen, zu sozialpolitischen Fragen Stellung zu nehmen und auch praktisch-politisch zu wirken. *Weber* hatte in diesem Zwist eine klare Position bezogen. Wissenschaft und Politik müssen klar auseinander gehalten werden. Wenn das allerdings gewährleistet ist, dann können Wissenschaftler und Wissenschaftlerinnen durchaus auch Werturteile fällen.

Von jedem Wissenschaftler verlangt *Weber,* daß er empirische Tatsachen anerkennt und seine eigene Person zurücknimmt. Wertungen sind nicht verboten, aber strikt zu trennen von Tatsachen und ihrer Erforschung. Wissenschaft ist ein Beruf mit strengen Regeln, die jede(r) WissenschaftlerIn einzuhalten hat,

> (Wissenschaft ist) ein *fachlich* betriebener „Beruf" (...) im Dienst der Selbstbesinnung und der Erkenntnis tatsächlicher Zusammenhänge, und nicht eine Heilsgüter und Offenbarungen spendende Gnadengabe von Sehern und Propheten oder ein Bestandteil des Nachdenkens von Weisen und Philosophen über den Sinn der Welt. (Max Weber, 1973: 609)

Vorwand für Politikferne   Aus solchen und ähnlichen Zitaten speist sich seitdem das Mißverständnis, *Weber* habe gefordert, WissenschaftlerInnen hätten sich um Politik nicht zu kümmern. Die Forderung nach Wertfreiheit geriet einer ganzen Generation nach dem Zweiten Weltkrieg zur Maxime der Politikferne, zum Alibi für ein unpolitisches Verhalten. Wissenschaft und Politik seien zwei verschiedene Welten, eine Vorstellung, die auch von PolitikerInnen gerne gepflegt wurde. Wissenschaft, so hört man noch heute, habe Fakten zu liefern, die politische Wertung gehe sie nichts an. Erst mit den politischen Umbrüchen der 60er Jahre kamen diese Positionen ins Wanken, aber ganz verschwunden sind sie noch nicht, dazu sind sie zu praktisch und zu bequem für alle Beteiligten. Wenn z.B. der Studentenschaft an den Universitäten ein allgemein-politisches Mandat bestritten wird, dann auch mit der angeblichen Forderung des großen Sozialwissenschaftlers *Max Weber* nach der Trennung von Wissenschaft und Politik.

Kritische Selbstreflexion   So eindimensional war *Webers* Position aber überhaupt nicht. Er sah das Problem wesentlich differenzierter und sachgerechter. Er wußte, daß schon die Auswahl eines Forschungsthemas nicht rein objektiv sein kann, sondern daß Erkenntnis und Wertideen des Wissenschaftlers zusammen zu sehen sind. Aber wenn das so ist, dann muß dieser Zusammenhang ebenfalls Gegenstand der wissenschaftlichen (Selbst)Reflexion sein. Und dies schließt dann fast logisch ein, daß auch die Wertideen anderer Menschen auf ihre individuellen, sozialen und historischen Bedingtheiten untersucht werden müssen.

Die sozialwissenschaftliche Forschungsperspektive bedient sich durchaus der Bewertung, wenn es um die Auswahl einer bestimmten Forschungsfrage geht. Da die Wirklichkeit für *Weber* unendlich mannigfaltig ist, kann dies gar nicht anders sein. Das Vorgehen wird aber gerechtfertigt durch eine sich selbst reflektierende Methode. So, wie er soziales Handeln seinem Sinn nach ursächlich erklären will, so geht er auch bei der Untersuchung von Wertideen vor. Wissenschaftlich fruchtbar sind die Diskussionen von Werten und Wertungen, wenn sie vier Aufgaben erfüllen. Zunächst müssen die „innerlich konsequenten Wertaxiome" der unterschiedlichen Positionen herausgefunden und verstanden werden. Im zweiten Schritt wird idealtypisch untersucht, wie diese Wertaxiome allein die einzelnen Positionen bestimmen würden. Daran schließt sich im dritten Schritt die Feststellung der praktischen Folgen an, die eine so begründete Stellungnahme zu einem empirisch vorhandenen Problem haben würde. Hieraus können sich dann viertens Forderungen an eine Veränderung der untersuchten Wertaxiome anschließen. *(Werte und Wertungen)*

Weber bedient sich also derselben strengen Methode, die er der Soziologie allgemein zugrunde legt, wenn er darangeht, die unzweifelhaft vorhandene Beziehung zwischen Erkenntnisinteresse und Wertideen wissenschaftlich zu behandeln. Und damit ist auch klar, daß er einer simplen Trennung von Wissenschaft und Politik nicht das Wort geredet hat. Er besteht allerdings darauf, daß ein Wissenschaftler sich von seiner Wissenschaft nicht dispensieren, sich nicht davonschleichen kann, wenn es um Fragen und Probleme der Politik geht. In solchen Fällen ist er ebenfalls als Wissenschaftler gefordert und bleibt den strengen methodischen Regeln seines Faches unterworfen, und für Weber ist dies die idealtypisch-konstruierende Methode.

Eine Bemerkung zum Schluß. Wir haben schon darauf hingewiesen, daß vor allem in der Zeit nach dem Zweiten Weltkrieg *Webers* Verständnis des Verhältnisses von Wissenschaft und Politik mißverstanden wurde. Das weist darauf hin, daß die eigentliche Rezeption seines großen wissenschaftlichen Werkes erst in den 50er Jahren begann. Auf dem Umweg über Nordamerika, wo während der Zeit des Nationalsozialismus seine Arbeiten entweder von Exilanten oder Nordamerikanern, die in Deutschland studiert hatten, aufgenommen und genutzt wurden, kam dieser so deutsche Autor zurück nach Deutschland, genauer gesagt nach Westdeutschland. In Ostdeutschland wurden derartig „bürgerliche" Autoren nicht zur Kenntnis genommen. *(Weber-Rezeption)*

Die Nachkriegssoziologie konnte an eine deutsche Tradition im Umgang mit *Max Webers* Gesamtwerk nicht anknüpfen, denn in der Zeit nach seinem plötzlichen Tod bis zum Ende der Weimarer Zeit spielte seine Soziologie keine bedeutende Rolle in Deutschland. Wohl hatte er der Soziologie zu Ansehen und Anerkennung verholfen. Aber er hatte keine eigentlichen Schüler, die z.B. auf Professorenstellen lehrten. Das große Werk *„Wirtschaft und Gesellschaft"* erschien posthum, und ehe es in seiner Bedeutung erkannt werden konnte, war die Republik am Ende. Eine selbstbewußt-kritische Soziologie, wie *Max Weber* sie vertrat, war nicht mehr gefragt. So waren es andere Richtungen und andere Personen, die die Soziologie in der Weimarer Zeit bestimmten.

Literatur

Primärliteratur

Weber, Max: „Wirtschaft und Gesellschaft". „Taschenbuchausgabe" der Studienausgabe. 5. Auflage Tübingen 1980

Weber, Max: Schriften 1894-1922. Ausgewählt von Dirk Kaesler. Stuttgart 2002. (Auf 733 Seiten sind wichtige Texte zusammengestellt worden. Es folgen dann noch knapp 100 Seiten mit Anmerkungen und Erläuterungen, einem Publikationsverzeichnis, sowie Personen- und Sachregister.)

Weber, Max: Die protestantische Ethik und der Geist des Kapitalismus. Vollständige Ausgabe. Hrsg. und eingl. von Dirk Kaesler. München 2004

Sekundärliteratur

Aron, Raymond: Deutsche Soziologie der Gegenwart. Eine systematische Einführung in das soziologische Denken. Stuttgart 1953 (1965/69) (franz. Orig.: 1935)

Breuer, Stefan: Max Webers Herrschaftssoziologie, Frankfurt/Main/New York 1991

Kaesler, Dirk: Max Weber. Eine Einführung in Leben, Werk und Wirkung. 3. Auflage, Frankfurt/Main 2003

Kalberg, Stephen: Einführung in die historisch-vergleichende Soziologie Max Webers. Wiesbaden 2001

Kocka, Jürgen: Karl Marx und Max Weber. Ein methodologischer Vergleich. In: Zeitschrift für die gesamte Staatswissenschaft 122, 1996

Lichtblau, Klaus (Hg.): Max Webers' Grundbegriffe. Kategorien der kultur- und sozialwissenschaftlichen Forschung. Wiesbaden 2006

Radkau, Joachim: Max Weber. Die Leidenschaft des Denkens. München 2005

Schluchter, Wolfgang: Aspekte bürokratischer Herrschaft. Studien zur Interpretation der fortschreitenden Industriegesellschaft. Frankfurt/Main 1985

Tyrell, Hartmann: Worum geht es in der protestantischen Ethik? Ein Versuch zum besseren Verständnis Max Webers. Bielefeld 1989

Weber, Marianne: Max Weber, Ein Lebensbild, Heidelberg 1950

Weiß, Johannes (Hg.): Max Weber heute. Erträge und Probleme der Forschung. Aufsatzsammlung, Frankfurt/Main 1990

Lektion VII
Deutsche Soziologie zwischen 1918 und 1933 in Köln,
Heidelberg und Leipzig

Inhalt

1. Zu Beginn eine Überlegung zum Stand der gesellschaftlichen Entwicklung in Deutschland nach dem 1. Weltkrieg
2. Von der Veränderung der Gesellschaft zur gesellschaftlichen Beziehungslehre: Leopold von Wiese
3. Kultursoziologie zwischen Philosophie und Geschichtswissenschaft Alfred Weber
4. Von der Kultursoziologie zur Wissenssoziologie: Karl Mannheim
5. Von der Gesellschaft zum Volk: Hans Freyer

Literatur

1. Zu Beginn eine Überlegung zum Stand der gesellschaftlichen Entwicklung in Deutschland nach dem 1. Weltkrieg

Als Kaiser Wilhelm II. am 10. November 1918 ins holländische Doorn ins Exil floh, wo er dann am 28.11.1918 offiziell als Deutscher Kaiser abdankte, beendete die Flucht dieses Symbols deutscher Machtgier und deutscher Selbstüberschätzung nicht nur das Deutsche Kaiserreich. Am Ende des Ersten Weltkriegs zerbrach auch die künstlich aufrecht erhaltene ständische Ordnung der Gesellschaft des Wilhelminischen Kaiserreiches. Der Weltkrieg, von dem sich die deutschen Eliten noch einmal Stärke nach außen und nach innen versprochen hatten, war verloren, und mit ihm verloren die bis dahin führenden Schichten in Deutschland, der Adel und das Militär sowie das sich an ihnen orientierende Bürgertum, ihre Machtpositionen. Die Republik wurde ausgerufen und neue Schichten kamen an die Regierung. In einem Spottlied auf Kaiser Wilhelm II. sangen die Berliner auf die Frage: „Wer hat ihm die Krone geklaut?": „Der Ebert, der Helle, der Sattlergeselle, der hat ihm die Krone geklaut".

Weimarer Republik

Zu dem traumatischen Schock des verlorenen Krieges kam für die bis dahin führenden Schichten die gesellschaftlich einschneidende Tatsache, daß der erste Präsident der neuen, der „Weimarer" Republik ein Mann aus der Arbeiterschaft war, der ehemalige Sattlergeselle und Sozialdemokrat *Friedrich Ebert*. Wir können diese gesellschaftlich wichtigen Vorgänge hier nicht weiter verfolgen. Wir können auch nicht der Frage nachgehen, ob das Ende des Ersten Weltkrieges wirklich schon das Ende der ständischen Gesellschaft in Deutschland war, oder ob sich Reste davon nicht bis in die Zeit nach dem Zweiten Weltkrieg erhalten haben. Ebensowenig können wir hier die Entwicklung der Weimarer Republik verfolgen. Nur ihr Ende wird uns, sowohl am Schluß dieser Lektion, wie zu Beginn der Lektion VIII beschäftigen müssen, denn dieses hatte Folgen für die Soziologie sowie für viele Soziologen.

Die **Soziologen** waren in der **Weimarer Republik,** wie *Dirk Käsler* in seiner Studie *„Die frühe deutsche Soziologie 1909 bis 1934 – Ihre Entstehungs-Milieus"* eindringlich beschrieben hat, eher mit sich selbst und der Etablierung ihres Faches an den Universitäten beschäftigt als mit einer Beteiligung am Aufbau der Weimarer Republik. Obwohl ihnen die Krise des Bürgertums sehr bewußt war, und obwohl sie seitens des Staates gefördert wurden, nahmen sie wenig Anteil an der Entwicklung dieser ersten deutschen demokratischen Republik.

Die preußische Kulturpolitik, vertreten durch die Person des preußischen Kultusministers **Carl-Heinrich Becker,** hatte große Hoffnungen auf die Soziologie gesetzt. *Becker* versprach sich von ihr eine Synthese verschiedener Disziplinen und eine Überwindung eines, wie er es verstand, „Partikularismus", der bis dahin die deutsche Wissenschaft bestimmt hatte. Soziologie habe bisher auch deshalb keine Chance gehabt, weil sie auf Synthese angelegt sei und der deutschen Wissenschaftsauffassung widerspreche. Deshalb müsse sie besonders gefördert werden, denn, so *Becker:*

> Durch soziologische Betrachtung allein kann auf intellektuellem Gebiet die geistige Gewöhnung geschaffen werden, die dann, auf das ethische Gebiet übertragen, zur politischen Überzeugung wird. So werde die Wissenschaft für uns der Weg vom Indivi-

dualismus und Partikularismus zum staatsbürgerlichen Charakter. (Carl-Heinrich Becker, 1919: 9)

Hier finden wir ein ähnliches Vertrauen in die gesellschaftlich heilende Kraft der Soziologie wie in Frankreich in der Zeit vor dem Ersten Weltkrieg. Damals war *Emile Durkheim* der Hoffnungsträger der Republikaner und auch eine dominierende Figur an der Sorbonne, vor allem in den Erziehungswissenschaften (siehe Lektion IV). Die aus der Soziologie entstandene neue Moral sollte vor allem die demokratischen Tugenden entwickeln und stärken und so helfen, die junge Republik gegen Monarchisten, Militaristen und die alten Establishments zu verteidigen.

Soziologie als Hoffnungsträger

Der Ansatz der preußisch-deutschen Kulturpolitik war ähnlich, allerdings fehlte es auf seiten der Soziologie an dem oder den entsprechenden Partnern. Eine engagierte, auf die Interessen der Republik ausgerichtete Figur mit einer „passenden" soziologischen Theorie wie *Durkheim* fehlte in Deutschland und war auch nicht in Sicht.

Die Förderungspolitik wurde von *Beckers* Nachfolger Adolf Grimme fortgesetzt. Sie hatte zumindest zum Ergebnis, daß tatsächlich die Zahl der soziologischen Professorenstellen zunahm. Das änderte aber wenig an dem klassischen Ordinarienprinzip, an der Führung der Soziologie durch wenige herausragende Personen, und es bedeutete auch nicht, daß sich Soziologen oder die Disziplin insgesamt der Aufgabe zuwandten, die Weimarer Republik mitzugestalten. Das vordringliche Ziel eines jeden Soziologen blieb, wie *Käsler* fast höhnisch angemerkt hat, zunächst einmal Professor zu werden, wenn möglich als Ordinarius. Diesem Ziel blieb alles andere nachgeordnet.

Die Soziologen sahen ihre Mitwirkung in erster Linie in der Untersuchung der ihnen durchaus bekannten gegenwärtigen Krise und – je nach Standpunkt – in der Erteilung von Ratschlägen, gewissermaßen als unbeteiligte Dritte. Der Kölner Soziologe *Leopold von Wiese,* den wir im nächsten Abschnitt mit seiner Beziehungslehre noch näher kennenlernen werden, hat die Ausgangslage sehr treffend charakterisiert, als er die Frage nach dem Nutzen der Fachwissenschaft Soziologie für die Praxis beantwortete:

Die Soziologie stellt fest, was der Mensch-Mensch-Zusammenhang als solcher bewirkt. Sie allein sondert deutlich die Sphäre des Zwischenmenschlichen vom Mensch-Ding-Verhältnissen. Damit wird sie die Grundlage von jeder Art Kunstlehre der Organisation. (Leopold von Wiese, 1954: 15)

Die gesellschaftliche Krise hat die Soziologen der Weimarer Zeit unterschiedlich beschäftigt, bzw. wurde von ihnen in sehr verschiedener Weise gesehen. Wir wollen im folgenden vier unterschiedliche Sichtweisen, die die Soziologie in den 20er Jahren mitbestimmt haben, vorstellen. Dies ist gewiß nur ein Ausschnitt, aber einer, von dem wir annehmen, daß er wichtige Ansätze wiedergibt. Sie sind mit Universitätsinstituten verbunden gewesen, die vorher und hinterher eine zum Teil wichtige Rolle in der deutschen Soziologie gespielt haben.

Es sind dies *Leopold von Wiese* in Köln mit seiner Beziehungslehre, *Alfred Weber* in Heidelberg mit seiner Kultursoziologie, sowie ebenfalls in Heidelberg *Karl Mannheim* mit seiner Wissenssoziologie und schließlich *Hans Freyer* in Leipzig. Der Beitrag des letzteren zur soziologischen Theorie war zwar nicht so bedeutend, aber als „Führer" der *Deutschen Gesellschaft für Soziologie* zu Beginn des Nationalsozialismus hat er eine wichtige und einflußreiche Rolle gespielt. Hinzu kommen müßten eigentlich Frankfurt mit *Franz Oppenheimer* und die *Frankfurter Schule*. Da diese aber ausführlich in der nächsten, der Lektion VIII, behandelt wird, haben wir die Soziologie in Frankfurt in der Zeit der Weimarer Republik in dieser Lektion ausgelassen.

2. Von der Veränderung der Gesellschaft zur gesellschaftlichen Beziehungslehre: Leopold von Wiese

Leopold von Wiese
(1876-1969)

Im Jahre 1919 wurde in Köln auf einen erstmals so bezeichneten Lehrstuhl für Staatswissenschaften und Soziologie **Leopold von Wiese** (2.12.1876-11.1.1969) berufen. Er entwickelte eine soziologische Theorie, die sich an der Grundfrage orientierte, ob und wie das soziale, das zwischenmenschliche Geschehen erklärt werden kann. Diese Grundfrage konstituierte für ihn die Soziologie und nicht etwa ein Gegenstand wie Gesellschaft oder eine bestimmte empirische Methode. Diese grundlegende Fragestellung war nach *von Wiese* auch erst in den 20er Jahren dieses Jahrhunderts zu beantworten. Erst nach 1918, als die preußische Kulturpolitik es ermöglichte, daß sich die Soziologie als eigenständiges Fach an den Universitäten etablierte, konnte es dazu kommen, daß die bisherige Vorgeschichte überwunden und nun die der Soziologie eigene Auffassung von Menschen und ihren Beziehungen zueinander neben die anderen, die naturwissenschaftlichen und kultur- und geisteswissenschaftlichen Untersuchungen des menschlichen Zusammenlebens treten konnte.

> Bis zum Jahre 1900 war Soziologie fast immer ein Stück Geistesgeschichte, Metaphysik, Ethik, Politik oder ein Stück Kosmologie, Biologie oder Psychologie. Diese Verbindung bescherte gewiß manche Bereicherung und wertvolle Erkenntnis; die Peripherie siegte dabei über das Zentrum ... auf eine soziologische Frage bekam man eine halb- oder ganzpsychologische, biologische, geschichtliche oder erkenntnistheoretische Antwort. (Leopold von Wiese, 1955: 7f)

Das mit- und gegenmenschliche Verhalten von Individuen oder auch – wie er es nannte – in und zwischen Menschen-Mehrschaften sind das Untersuchungsfeld der Soziologie und jene Prozesse, die Soziologie theoretisch zu erfassen hat. *Von Wiese* wollte in der Außenwelt der Gesellschaft seine Untersuchungen ansetzen, denn wahrnehmbar sind für ihn nur die Beziehungen zwischen den Menschen bzw. Menschen-Mehrschaften. Dies bedeutete gleichzeitig eine Verabschiedung aller bisherigen begrifflichen Gegensätze wie die zwischen Individualismus und Kollektivismus, zwischen Gemeinschaft und Gesellschaft oder Kultur und Zivilisation. Zwar gestand *von Wiese* zu, daß auch die Struktur der menschlichen Beziehungsprozesse interessant und wichtig ist, aber untersuchbar und empirisch überprüfbar für eine soziologische Theorie waren für ihn nur die von außen sichtbaren Beziehungen zwischen den Menschen. Deshalb bezeichnete er seine

Beziehungslehre **Soziologie als Beziehungslehre.**

Die Untersuchung der Beziehungen zwischen den Menschen erinnert an *Georg Simmels* Wechselwirkungsbegriff (siehe Lektion V). Diese Verbindung ist sicherlich auch vorhanden. *Von Wiese* sprach aber lieber von Wechselbeziehung und versuchte später den Einfluß von *Simmel* zu verneinen, da er diesen Begriff schon gebildet hätte, bevor er sich mit *Simmel* befaßt habe. Das mag sogar stimmen, denn die weiteren Kategorien *Simmels,* Form und Inhalt, die bei diesem zum Begriff der Wechselwirkung gehören, fallen bei der positivistischen Betrachtung *von Wieses* fort. Sie sind für ihn schlecht operationalisierbar und enthalten auch „geglaubte Wertungen", die bei der Untersuchung der Außensicht nicht erfaßbar sind. Deshalb fehlen bei *von Wiese* auch historische Untersuchungen, die Beschreibung der gegenwärtigen Wechselbeziehungen steht im Vordergrund.

Vier Grundkategorien des Sozialen stehen im Mittelpunkt der Beziehungslehre bei *von Wiese*: Abstand, Prozeß, Raum und Gebilde.

Der **soziale Abstand** ist der Distanz bei *Simmel* ähnlich. Er bezeichnet den Grad der seelisch-geistigen Nähe oder Ferne, der sich im Verhalten zwischen den Menschen ausdrückt und dadurch berechenbar wird.

<small>Grundkategorien des Sozialen</small>

Der **soziale Prozeß** bezeichnet Distanzveränderungen. Er besteht aus dem ständigen Binden und Lösen, den Veränderungen des Abstandes, den unterschiedlichen Ausprägungen von Nähe und Ferne. Die Prozesse der Distanzveränderungen bestimmen die Beziehungen. Sie finden in einem **sozialen Raum** statt, der jeweils angebbar ist und bestimmte Qualitäten haben kann.

Soziale Gebilde schließlich sind ‚Verdichtungen' der Beziehungen. Man kann darunter Organisationen, Körperschaften, Institutionen verstehen. Allerdings werden sie bei *von Wiese* nur in ihrer Wirkung, nicht in ihrer Struktur beachtet. Sie sind nur „Scheinsubstanzen", die als Vorstellung das Verhalten der beteiligten Menschen und Menschen-Mehrschaften bestimmen.

Aus diesen begrifflichen Festlegungen ergibt sich, daß die Distanzveränderung der eigentliche Kern der Beziehungslehre ist. Bei den sozialen Prozessen unterscheidet *von Wiese* sowohl zwischen den **Grundprozessen des Zueinander, Auseinander und Miteinander,** wobei diese Grundformen auch gemischt auftreten können, wie auch zwischen den Grundprozessen der Verdichtung der Beziehungen. Verdichtete Beziehungen können einmal zwischen Menschen und Menschen-Mehrschaften und dann in einer zweiten Ebene zwischen bereits entstandenen sozialen Gebilden auftreten. Ähnlich wie *Simmel* legt *von Wiese* großen Wert auf die Feststellung, daß Gesellschaften nur als Prozesse richtig verstanden werden können. Dabei müsse bedacht werden, daß die deutsche Sprache dazu tendiere, aus Prozessen statisches Verhalten zu machen:

<small>Soziale Prozesse</small>

<small>So machen wir aus dem Geschehen im Bereiche einer staatlichen Verbundenheit von Menschen „den Staat", obwohl es in Wirklichkeit eben nur staatliches Geschehen gibt, d.h. Prozesse, in denen die Menschen sich in bestimmten, nämlich politischen Distanzen, begegnen. (Leopold von Wiese, 1954: 14)</small>

Da *von Wieses* Forschung sich am Prinzip der Gegenseitigkeit des zwischenmenschlichen Geschehens orientiert, ist zu untersuchen, welchen Einfluß die sozialen Gebilde auf Distanzveränderungen haben. Bei den sozialen Gebilden wird unterschieden nach **Masse, Gruppe** und **Körperschaften** (Institutionen). Bei der Masse unterstellt *von Wiese,* daß sie empirisch ähnlich dem Einzelmenschen agiere, während Gruppen eine Organisationsstruktur haben, von der die Mitglieder eine Vorstellung haben, an der sie sich ausrichten und von der sie sich formen lassen. Körperschaften schließlich haben überpersonalen Charakter und sind ungeplant entstanden. Sie beherrschen den Menschen und ihr Distanzverhalten und wirken so auf soziale Prozesse und darüber wiederum auf soziale Gebilde ein.

Allgemeine und spezielle Soziologie

Diese Beziehungslehre verstand *von Wiese* als **allgemeine Soziologie.** Er mußte sich erst mit *Ferdinand Tönnies,* dem damaligen Vorsitzenden der „Deutschen Gesellschaft für Soziologie" (DGS) auf eine einheitliche Sprachregelung einigen, weil das, was *von Wiese* betrieb, in dessen Systematik als spezielle Soziologie bezeichnet wurde (siehe Lektion V). Aber damit sind wir auch schon bei einem zweiten Punkt, der uns hinsichtlich *von Wieses* zu interessieren hat, nämlich seinem Einfluß in der deutschen Soziologie. Er konnte im Fach durchsetzen, daß von nun an die theoretischen Arbeiten der Soziologen als allgemein und ihre Anwendungsarbeiten als speziell bezeichnet wurden. Spezielle Soziologie befaßt sich seitdem mit bestimmten Ausschnitten von sozialen Prozessen und Gebilden.

Von Wieses Einfluß

Von Wieses Einfluß in der *Deutschen Gesellschaft für Soziologie* und damit in der Soziologie allgemein in Deutschland während der Weimarer Republik war, zumindest was seinen Ehrgeiz anging, bedeutend. Er gründete 1921 die *„Kölner Vierteljahreshefte für Sozialwissenschaften",* die später zur *„Kölner Zeitschrift für Soziologie und Sozialpsychologie"* wurden, und versuchte über diese Einfluß zu nehmen, ähnlich wie *Emile Durkheim* das seiner Zeit über die vom ihm gegründete Zeitschrift *„L' Annèe Sociologique"* in Frankreich versucht hatte (siehe Lektion IV). Zwar waren die Ergebnisse nicht so bedeutend wie sein Einsatz vermuten läßt, aber dieser erste organisierte Versuch, über längere Zeit die Entwicklung der Soziologie in Deutschland und die Karriere von Soziologen zu beeinflussen, ist bemerkenswert. Von hier ist auch zu verstehen, warum bis heute von einer *„Kölner Schule"* gesprochen wird, obgleich eine entsprechende „Schule" zumindest heute nicht mehr existiert.

Von Wieses Einfluß wurde in der Zeit des Nationalsozialismus minimiert. Nach dem Zweiten Weltkrieg hat er noch einige Jahre versucht, sich der neuen, nordamerikanisch orientierten Sozialforschung und der Systemtheorie, die seiner Beziehungslehre nur auf den ersten Blick ähnelt, entgegenzustellen. Nach seiner Emeritierung 1950 verlor sich sein Einfluß.

3. Kultursoziologie zwischen Philosophie und Geschichtswissenschaft: Alfred Weber

Mit seiner Beziehungslehre hatte *von Wiese* versucht, sich durch eine formale Soziologie von den historischen und philosophischen Wurzeln der deutschen Soziologie zu lösen. *Alfred Weber* (1868-1958) dagegen stand noch ganz in dieser Tradition und versuchte sie ausdrücklich mit soziologischen Erkenntnissen zu verbinden. Sein Ziel war die Erklärung von Veränderungen der Kultur im Verlauf der Gesellschaftsgeschichte.

Alfred Weber (1868-1958)

Alfred Weber wurde am 30.7.1868 in Erfurt geboren. Er war vier Jahre jünger als sein Bruder *Max Weber*. Wie dieser studierte er Nationalökonomie. Er habilitierte sich 1899 in Berlin für dieses Fach. Von 1904 bis 1907 lehrte er dann in Prag und war ab 1907 Professor für Nationalökonomie und Soziologie in Heidelberg. Dort unterrichtete er, bis ihn 1933 die Nationalsozialisten in eine vorzeitige Emeritierung zwangen.

Erste Vorlesungen über Kultursoziologie hielt *Alfred Weber* in den Jahren 1909 und 1910. Zu der Zeit war er aber noch hauptsächlich mit nationalökonomischen Fragestellungen beschäftigt und veröffentlichte u.a. 1909 ein klassisches ökonomisches Werk: *„Über den Standort der Industrien: Reine Theorie des Standortes"*, ein Buch, das in den Regionalwissenschaften auch heute noch zur Standardlektüre gehört. Die eigentliche Schwerpunktverlagerung von der Nationalökonomie zur Soziologie erfolgte erst nach Ende des Ersten Weltkrieges. Dieser Zeitpunkt der Zuwendung zur Soziologie ist kennzeichnend für das Erkenntnisinteresse *Alfred Webers*. Später wird er schreiben:

> Die Soziologie ist eine Tochter der Krise, der größten Lebenskrise, die das Abendland bis dahin durchgemacht hatte (Alfred Weber, 1982: 27).

Damit war die Identitätskrise der Menschen nach Ende des Ersten Weltkriegs, vor allem die des Bürgertums, angesprochen. Die alten Ordnungen und auch die bis dahin führenden Wissenschaften hatten ihre Überzeugungskraft verloren, aber neue Identitätsmuster waren noch nicht entstanden. Die These macht auch deutlich, daß die existierenden Wissenschaften nicht ausreichen, um soziale Phänomene zu begreifen, d.h., sie in Forschungsfragen zu erfassen und zu erklären. Hieraus entwickelte sich *Webers* Kultursoziologie, die sich auf die Frage konzentrierte: Wie gehen Menschen geistig mit dem um, was um sie herum, durch sie und für sie geschieht?

<small>Gesellschaftliche und individuelle Krisen als Anlaß der Kultursoziologie</small>

Die Antworten auf solche Fragen, das war *Alfred Webers* Überzeugung, kann nur eine **Kultursoziologie** geben, eine eigenständige Disziplin, die sich deshalb von der Geschichtswissenschaft unterscheidet, weil sie eine relativ autonome „Sphäre" des historischen Geschehens bearbeitet. Er unterschied zwischen **Gesellschaftsprozeß, Zivilisationsprozeß** und der **Kulturbewegung.** Mit Gesellschaftsprozeß bezeichnete er z.B. die Entstehung und Weiterentwicklung von Staaten, das, wie er es nannte, „Körperhafte der Entwicklung der verschiedenen Geschichtskörper". Dieser allgemeine Gesellschafsprozeß wird von zwei anderen „Sphären" begleitet, nämlich dem Zivilisationsprozeß und den kulturellen Äußerungen der Menschen.

Der Zivilisationsprozeß ist am ehesten mit dem Prozeß der Rationalisierung beschreibbar, der seinen Bruder Max so faszinierte und bei diesem im Mittelpunkt des wissenschaftlichen Interesses stand. Bei *Alfred Weber* wird der Zivilisationsprozeß eindeutiger als bei *Max Weber* zur eigentlichen Triebkraft der gesellschaftlichen Entwicklung. War bei dem älteren Bruder noch unklar, welche Bedeutung der Rationalisierungsprozeß in einer Theorie sozialer Veränderungen haben kann (s. Lektion VI), so hat er bei *Alfred Weber* eine Dynamik, die sich aus der Art und Weise ergibt, wie Menschen sich zusammen mit anderen Menschen Erkenntnisse und Erfindungen nutzbar machen. Hieraus ergeben sich jeweils neue Interessen und Möglichkeiten, und so entwickelt sich die Zivilisation von einfachen zu komplexen Formen. Bei *Alfred Weber* ist entscheidend, daß dies die Richtung des langfristigen Prozesses ist, die den einzelnen Menschen zwar nicht bewußt ist, von der Geschichtswissenschaft und der Soziologie aber als kontinuierliche Tendenz aufgezeigt werden kann.

<small>Zivilisationsprozeß</small>

Gesellschafts- und Zivilisationsprozeß bestimmen Form und Veränderung des Daseins des Menschen, die sich dann damit auseinandersetzen müssen. Kultur ist die Art und Weise, wie sie das tun. Es gibt einen wichtigen Unterschied zwischen Gesellschafts- und Zivilisationsprozessen und den Kulturbewegungen. Aus ihnen entwickelt *Alfred Weber* die Notwendigkeit einer eigenständigen Kultursoziologie: Während die ersten beiden die in der Welt präexistenten Möglichkeiten nach und nach realisieren, entsteht die Kulturbewegung aus geistigen Schöpfungen, die nicht schon vorhanden gewesen sind. Kultur ist „ausschließlich" und „einmalig" und keineswegs die Entfaltung von etwas „schon Vorhandenem".

> Ist der Gesellschaftsprozeß das „Körperhafte" der Entwicklung der verschiedenen Geschichtskörper, so bietet ihm der Zivilisationsprozeß die technischen Mittel, diese oder jene zweckmäßige oder nützliche Daseinsform aufzubauen. Für die Kulturbewegung aber ist das alles nur die Substanz, der Stoff, den sie seelisch zu verarbeiten, zum Ausdruck der in den verschiedenen Geschichtskörpern lebenden „Seele" umzubilden, als deren Wesensgestalt in Form zu bringen hat. Daraus folgt der Begriff der Kultur als der jeweiligen Ausdrucks- und Erlösungsform des Seelischen in der materiell und geistig gebotenen Daseinssubstanz. (Alfred Weber, 1951: 73f)

Die eigentliche Krise seiner Zeit bestand für *Alfred Weber* in der Verleugnung dieses Tatbestandes durch die materialistischen Theorien des 19. Jahrhunderts. *Karl Marx* z.B. habe nur die materiell-technische Seite der Entfaltung des Zivilisationskosmos gesehen, und ganz allgemein habe der Glaube an die Vernunft und die Entfaltung des Geistes dazu geführt, den präexistenten Zivilisationskosmos als den eigentlichen Inhalt, Zweck und Ziel der Weltgeschichte anzusehen.

> Die kulturelle Formung des Daseins dagegen hat mit Zweckmäßigkeit und Nützlichkeit *gar* nichts zu tun. Das was in Religionen und Ideensystemen auf das Dasein einwirkt und was in Kunstwerken und „Gestalten" sich widerspiegelt, quillt aus einem Bezirk ganz anderer Kategorien und Anschauungen, aus dem Seelischen. Es ist im Gegensatz zur zivilisatorischen, d.h. intellektuellen Verarbeitung des Daseinsstoffes seine *seelische* Verarbeitung und *Formung*. Es ist die große Schuld des 19. Jahrhunderts, daß es den seelischen Bezirk, die seelische Sphäre der Menschheit als ihre letzte und tiefste *Wesenssphäre* für die Erkenntnis und Anschauung des Geschichtsprozesses gewissermaßen verschüttet hat." (Alfred Weber, 1951: 72)

Liberalität Daß die Konzeption der Kultursoziologie, die *Alfred Weber* entwickelte, mittel- und langfristig nicht sehr wirkungsvoll gewesen ist, hängt nicht nur mit der – selbst für die damalige Zeit – eigentümlichen sprachlichen Gestaltung seiner Texte zusammen, sondern auch damit, daß seine Theorie mehr Konzeption blieb, als Detailerträge lieferte. *Alfred Weber* war aber in der Zeit von 1918 bis 1933 ein toleranter und menschlich zugänglicher Gesprächspartner für eine ganze Generation von Heidelberger Studenten. Er machte ihnen Mut, der Kraft des Geistes zu vertrauen und eigene Positionen zu entwickeln. Bei ihm studierten z.B. ein Schriftsteller wie *Carl Zuckmayer* und auch eine ganze Reihe von Soziologen, die wichtige Beiträge für die Weiterentwicklung der Soziologie geliefert haben. Zwei von ihnen, *Norbert Elias* (Lektion IX) und *Talcott Parsons* (Lektion X) werden wir noch behandeln.

Die Toleranz *Alfred Webers* zeigt sich auch daran, daß bei ihm viele Linke, sozialdemokratisch bis kommunistisch orientierte Studenten (und einige wenige Studentinnen) studierten, obgleich er den historischen Materialismus und den

Marxismus ablehnte. Die Liberalität dieses Mannes machte es möglich, daß in seinem Seminar deutsch-nationale Rechte wie auch Sozialisten saßen. *Weber* sorgte auch für die Habilitation *Karl Mannheims,* obgleich Mitte der 20er Jahre erkennbar war, daß dieser einer idealistisch geprägten kultursoziologischen Betrachtung der Geschichte eher skeptisch gegenüberstand und stattdessen den Marxismus in seinen Studien der Gesellschaft einbezog.

4. Von der Kultursoziologie zur Wissenssoziologie: Karl Mannheim

Karl Mannheim war 1920 nach Heidelberg gekommen. Aufgewachsen in Budapest, wo er am 27.3.1893 zur Welt kam, hatte er hauptsächlich an der dortigen Universität studiert, aber von 1913 bis 1915 auch in Berlin, wo er u.a. bei *Georg Simmel* hörte. 1918 wurde er zum Dr. phil promoviert, mit einer Arbeit über *„Strukturanalyse der Erkenntnistheorie".* Zu der Zeit verkehrte *Mannheim* in verschiedenen intellektuellen Kreisen in Budapest, die nicht nur das geistige, sondern auch das politische Leben und die Entwicklung Ungarns mitbestimmten. So gehörte er auch zu dem Kreis um **Georg Lukác** (1885-1971). Als dieser nach der Oktoberrevolution 1918 in die kommunistische Partei eintrat, folgte ihm *Mannheim* zwar nicht, blieb aber mit ihm verbunden und erhielt von der revolutionär-kommunistischen Regierung auch eine Dozentenstelle an der Hochschule für Erziehungswissenschaften in Budapest.

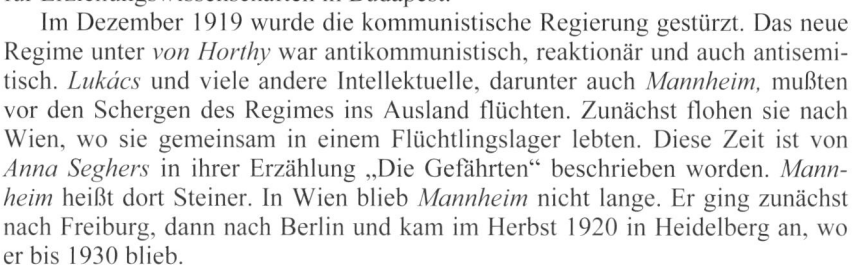

Karl Mannheim (1893-1947)

Im Dezember 1919 wurde die kommunistische Regierung gestürzt. Das neue Regime unter *von Horthy* war antikommunistisch, reaktionär und auch antisemitisch. *Lukács* und viele andere Intellektuelle, darunter auch *Mannheim,* mußten vor den Schergen des Regimes ins Ausland flüchten. Zunächst flohen sie nach Wien, wo sie gemeinsam in einem Flüchtlingslager lebten. Diese Zeit ist von *Anna Seghers* in ihrer Erzählung „Die Gefährten" beschrieben worden. *Mannheim* heißt dort Steiner. In Wien blieb *Mannheim* nicht lange. Er ging zunächst nach Freiburg, dann nach Berlin und kam im Herbst 1920 in Heidelberg an, wo er bis 1930 blieb.

Mannheim hatte sicherlich schon bei *Georg Simmel* kultursoziologische Vorlesungen gehört, aber nun, da er seine Studien bei *Alfred Weber* fortsetzte, arbeitete er sich in die Kultursoziologie ein und verband sie mit seinen bisherigen wissenschaftlichen Interessen, die im Schwerpunkt noch historisch-materialistisch orientiert waren. Zunächst war der Versuch der Kultursoziologie, bestimmte kulturelle Tatbestände als außerhalb der ökonomischen Sphäre vorhanden zu definieren, der marxistischen Basis-Überbau-These diametral entgegengesetzt. Gleichwohl gab es über den Ideologiebegriff eine Verbindung zwischen diesen beiden Richtungen, und diese war es, die Mannheim aufgriff.

Ideologiebegriff

Die Kultursoziologie befaßte sich zu der damaligen Zeit mit der Untersuchung von Denken, Wissen und Wissenschaft. Daneben gab es später übrigens auch bei *Mannheim* Soziologie als Gesellschaftslehre, aber das war dann eher zweitrangig. Aus der Kultursoziologie als der Untersuchung von Denken und Wissen machte *Mannheim,* wie er es sah, die eigentliche soziologische Disziplin, die Wissenssoziologie. *Mannheim* erhob den Zusammenhang von Sein und Bewußtsein zur zentralen Frage. Während die Ideologiekritik von *Marx* sich nur an den ökonomischen Verhältnissen als den Determinanten der Beziehung von Sein und Bewußtsein orientierte, weitete Mannheim die Fragestellung aus. Bei ihm wird jegliches Denken in sozialen Zusammenhängen jeglicher Art zum Thema der Wissenssoziologie.

Mannheim geht vom Denken selbst aus, welches er auf soziale **und** ökonomische Verhältnisse zurückführt. Basis sind deshalb bei *Mannheim* nicht materiell-ökonomische Umstände, sondern die geistige Erfassung und Bewußtwerdung dieser Erscheinungen. Diese prägen die geistigen Elemente des Überbaus und damit die sich unterscheidenden Auslegungen des Seins, die **Ideologien.** *Mannheim* konzentriert die Ideologie – auch hier in deutlicher Unterscheidung von *Marx* – nicht auf die Existenz eines durch Klasseninteressen bestimmten falschen Bewußtseins. Es gibt nicht nur Klassen, sondern nach *Mannheim* auch übergreifende geistige Schichten. Die Ablehnung der Existenz des falschen Bewußtseins impliziert aber die Absage an ein richtiges, d.h. es existiert nur ein relatives Bewußtsein. Anders als *Marx* interpretiert *Mannheim* Geschichte nicht auf ein Ziel hin, sondern er sieht in den geschichtlichen Entwicklungen einen Prozeß, in dem allerdings die Differenzen letztlich nicht aufgelöst werden können.

Relativismus Um sich dem Vorwurf des Relativismus zu entziehen, der nahe liegt, wenn jegliches Denken und Wissen von den jeweiligen sozialen Lagen abhängt, definierte *Mannheim* soziale Seinslagen auch als **Erlebenslagen.** Dies war der Ausweg, denn in Erlebenslagen gibt es auch die Möglichkeit der geistigen Distanzierung und so dann auch die Möglichkeit einer gezielten Einflußnahme auf die soziale Lage. Allerdings ist nicht jedes Gesellschaftsmitglied dafür geeignet, sondern dies sind im wesentlichen Intellektuelle, die sich, da sie nicht absolut in die Seinslagen eingebunden sind, ihrer Seinsgebundenheit bewußt werden können und so – und hier verwendet *Mannheim* dann einen Begriff *Alfred Webers* – als **„freischwebende Intelligenz"** in der Lage sind, Zusammenhänge richtig zu erkennen. Es ist also eine Elitetheorie, die es *Mannheim* möglich macht, das Postulat der Seinsverbundenheit aufrecht zu erhalten und sich des Vorwurfs des Relativismus zu erwehren. Die Ähnlichkeit zu *Marx* Avantgardetheorie – wer auf der Seite des Proletariats ist, hat die richtige Theorie – ist unübersehbar. Der Unterschied zu *Marx* ist, daß dieser alle anderen in Ideologien verstrickt sah. *Mannheim* schließt auch die eigene Position in den Ideologieverdacht ein. Er kann sich auch nicht ganz, sondern nur teilweise der Ideologie entziehen. Er führte statt-

Relationismus dessen den Begriff des Relationismus ein.

Bei seinen Studien konzentrierte sich *Mannheim* eher auf ‚Denken', und nicht so sehr auf ‚Gesellschaft'. Ihm ging es zunächst um Denkkonzeptionen, nicht um Gesellschaftskonzeptionen. Zwar sieht er die geistige und politische Entwicklung in den 20er und 30er Jahren in einer Krise, aber dies ist nicht Gegenstand seiner Analyse. Diese Frage wird übersprungen, und er steigt gleich in die Frage der Verbesserung der gesellschaftlichen Verhältnisse ein. Ansatzpunkt für *Mannheim* ist dabei seine Erkenntnis, daß das Denken, die Ideologien und all die Interpretationen, die das Selbstverständnis des Menschen bestimmen, vom Sein abhängig sind. Wenn das so ist, dann müssen die Menschen auch durch das Sein formbar sein. Wenn es also gelingt, durch die freischwebende Intelligenz eine demokratische Planung für die Menschen zu entwickeln, dann müßte es möglich sein, sie so umzuformen, daß sie eine demokratische Gesellschaft bilden.

> Auf einer bestimmten Stufe der gesellschaftlichen Entwicklung genügt es nicht mehr, die äußeren Tendenzen sich selbst zu überlassen. Wir brauchen einen neuen Menschentyp, der sieht, was getan werden muß und neue politische Gruppen, die es dann auch tun. (Karl Mannheim, 1967: 16)

Während *Mannheim* sich in dem 1929 erschienenen Buch *„Ideologie und Utopie"* mit Lösungsvorschlägen noch zurückhielt, legte er dann in *„Mensch und Gesellschaft im Zeitalter des Umbaues"* (1935) ein Programm vor, das klare Handlungskonzepte und Lösungen aufzeichnete. Planung wird zum entscheidenden Faktor, und *Mannheim,* der sich selbst als Teil der freischwebenden Intelligenz verstand, empfahl sich selber als Mahner und Lenker.

Auch wenn diese programmatische Position erst Anfang der 30er Jahre deutlich wurde, so war sein wissenssoziologischer Ansatz schon Mitte der 20er Jahre erkennbar, und es war auch deutlich, daß er sich in seiner Position von *Alfred Webers* kultursoziologischen Überlegungen unterschied. Das hinderte *Alfred Weber* aber nicht, sich an der Habilitation von *Mannheim* 1926 zu beteiligen. Die Habilitationsschrift, die später als *„Das Konservative Denken"* veröffentlicht wurde (1972), wurde hauptsächlich von dem Nationalökonomen *Emil Lederer* betreut, der neben *Weber* ein weiterer Gutachter war. *Mannheim* arbeitete seitdem als Privatdozent, unterstützt u.a. von *Norbert Elias,* den wir in der Lektion IX noch näher kennenlernen werden. Er war zu der Zeit der „aufstrebende junge" Mann, ein brillanter Analytiker jeglicher Ideologie. Nichts entging seiner scharfsinnigen **Ideologiekritik,** kein Gegenstand war vor seinen niveaureichen Analysen sicher.

„Das konservative Denken"

Das änderte aber nichts daran, daß *Alfred Weber* als der langjährige Ordinarius im Universitätssystem der mächtigere, institutionell kaum angreifbar war. Erst auf dem Soziologentag 1928 in Zürich wurden die Differenzen von *Mannheim* offengelegt, was zu einer heftigen Kontroverse führte. *Mannheims* frühe Prominenz läßt sich leicht erahnen, wenn man sieht, daß er der einzige Privatdozent war, der zu einem Hauptvortrag in einer der Plenarsitzungen aufgefordert war. Gemeinsam mit *Leopold von Wiese* sprach er über das Thema ‚Konkurrenz'. Während der erste das Thema vorwiegend in „soziologisch-systematischer Betrachtung" behandelte und seine beziehungs-soziologische Untersuchung etwas trocken geriet, brannte *Mannheim* ein intellektuelles Feuerwerk ab. Sein Vortrag *„Die Bedeutung der Konkurrenz im Gebiete des Geistigen"* zeigte ihn auf einem ersten Höhepunkt seiner wissenschaftlichen Entwicklung. Der Vortrag ist im übrigen ein Stück Geschichte der Soziologie, denn hier wurde die Grundlegung der Wissenssoziologie öffentlich gemacht.

> (...) philosophisch betrachtet, mögen die Dinge anders liegen, vom Standpunkte der Gesellschaftswissenschaft ist jedes historische, weltanschauliche, soziologische Wissen – auch wenn es die absolute Richtigkeit und Wahrheit selbst sein sollte – eingebettet und getragen von Macht- und Geltungstrieb bestimmter Gruppen, die ihre Weltauslegung zur öffentlichen Weltauslegung machen wollen. (Karl Mannheim, 1929: 45)

Hier erkennt man sein zentrales Argument: Solange die Seinsverbundenheit vom Wissenschaftler nicht reflektiert wird und er seine Untersuchungsergebnisse nicht als Teilergebnisse einer Totalität begreift, erliegt er einer totalideologischen Anschauung.

Wissenssoziologie als zentrale Disziplin der Soziologie

Mannheim ging aber noch einen Schritt weiter: Er erklärte die Wissenssoziologie zur zentralen Disziplin der Soziologie. Ihre Aufgabe sei es, die Zeit- und Standortgebundenheit des Denkens aufzudecken. Sie sei die neue, die moderne Wissenschaft, entstanden aus dem sich ausdifferenzierenden Gegensatz von idealistischen und materialistischen Positionen und dem sie verbindenden Konkurrenzkampf. Wissenssoziologie verbessere nicht nur die Formen und Inhalte des Denkens, sondern auch die wissenschaftlichen Konzepte von Geschichtswissenschaft und Soziologie. Die verschiedenen Formen der geistigen Konkurrenz prägten jeweils die zu ihnen gehörige Denkstruktur:

> die soziale Struktur hat sicherlich eine mitkonstitutive Bedeutung für die konkrete Gestalt des seinsverbundenen Denkens. (Karl Mannheim, 1929: 82)

Die damit einhergehende zeitgenössische, in Verzweiflung treibende Denklage sei nur durch eine soziologische, und das ist für *Mannheim* eine wissenssoziologische Fragestellung, befriedigend zu überwinden.

Allein die neue Fragestellung war diskussionswürdig genug. *Mannheim* hatte aber für zusätzlichen Zündstoff gesorgt, weil er *Alfred Weber,* seinen Heidelberger Seniorpartner, direkt angegriffen hatte. Um die verschiedenen, von unterschiedlichen sozialen Strukturen beeinflußten Denklagen innerhalb der Wissenschaft zu belegen, hatte er als Beispiel die unterschiedlichen Stellungnahmen zu dem Problem der Wertfreiheit gewählt. Während der Sozialismus beim Gegner Irrationalität ausmache, der Konservatismus auf dem Primat des Irrationalen geradezu beharre, glaube der Liberalismus, das Rationale vom Irrationalen reinlich trennen zu können. *Mannheim* zitierte dann *Alfred Weber* als einen Vertreter des Liberalismus und griff ihn frontal an:

Disput zwischen A.Weber und Mannheim

> Auch sofern Liberalismus und Demokratie Parteien der Mitte sind, haben sie aus dieser Lagerung heraus einen Antrieb in sich, eine vermittelnde Diskussionsbasis zwischen den Parteien zu schaffen. Der Wille zur Diskussionsbasis kann es nicht zulassen, daß man an Unschlichtbarkeiten existentieller Art glaube, also an Konflikte, die mit Hilfe des reinen Intellekts nicht zu lösen wären. Im Zeichen der prinzipiellen Abtrennbarkeit der Wertung von der Theorie leugnet diese Richtung ursprünglich auch das Phänomen des seinsverbundenen Denkens, also eines Denkens, das per definitionem das Irrationale unablösbar, in die Textur verwoben, enthielte. (Karl Mannheim, 1929: 69)

Alfred Weber attackierte in seiner Erwiderung das, was er den „sublimierten Intellektualismus" *Mannheims* nannte. Dieser geriere sich zwar in außerordentlicher Grazie und Feinheit, müsse aber doch „ganz genau denselben Affekt haben und ganz genau zu demselben Resultat führen, wie der vergröberte Intellektualismus, den die alte materialistische Geschichtsauffassung vertritt" (Alfred Weber, 1929: 92).

Mannheim sei unfähig, das Geistig-Schöpferische als Grundlage des Handelns zu verstehen, und seine wissenssoziologische Grundüberlegung, daß es auf die jeweilige Position ankomme, was über einen Gegenstand gewußt, wie über ihn gedacht werde, sei falsch. Es gäbe nur ein Objekt und ein vollständiges Wissen:

> Der Kapitalismus ist ein ganz bestimmtes, einmaliges klares Objekt. Ich nehme hier einfach seine empirisch-positivistische Wirklichkeit. Meiner Ansicht nach kann es da überhaupt nur ein verschiedenes Herantreten und eine verschiedene Beleuchtung desselben Objekts geben, aber es kann unmöglich verschiedene Objekte und ein verschiedenes Wissen geben". (Alfred Weber, 1929: 91)

Zum beiderseitigen Glück mußten die beiden Konkurrenten es nach dem Züricher Soziologentag nicht mehr lange miteinander in Heidelberg aushalten. 1929 wurde *Mannheim* auf den Lehrstuhl für Soziologie an der Universität Frankfurt berufen und lehrte dort ab 1930. Nur leider blieb dieses Glück nicht von langer Dauer. Mit der Machtergreifung der Nationalsozialisten verloren beide ihre Professur. *Mannheim* war besonders gefährdet. Er galt den neuen Machthabern als links, und er war Jude. Er ging sofort nach England ins Exil und lehrte dort zunächst an der *London School of Economics*, später an der *University of London*. *Alfred Weber* wollte mit den Nazis nichts zu tun haben: Er verbot des Hissen der Hakenkreuzfahne auf seinem Institut und wurde prompt in eine vorzeitige Pensionierung gezwungen.

Allerdings mußten nicht alle Soziologen ins Exil gehen oder aus dem Dienst scheiden. Es gab unter den deutschen Soziologen durchaus auch solche, die die neuen Machthaber begrüßten und darauf hofften, daß der „linke Liberalismus" eines *Ferdinand Tönnies* ausgemerzt würde und die Soziologie so ihre „Aufgaben für Führer und Vaterland" ungehindert wahrnehmen könne.

5. Von der Gesellschaft zum Volk: Hans Freyer

Und es gab solche, die auf Kompromisse hofften. Zu ihnen gehörte **Hans Freyer** (geb. 31.7.1887), der seit 1925 als ordentlicher Professor für Soziologie an der Universität Leipzig lehrte. Er war sicher kein verbohrter Nazi, eher ambivalent gegenüber dem Dritten Reich. Jedenfalls war er kein Gegner wie *Tönnies,* der vom Vorsitz der *Deutschen Gesellschaft für Soziologie (DGS)* zurücktreten mußte und dessen Nachfolger *Freyer* wurde, allerdings nicht mehr als Vorsitzender, sondern nun als „Führer". Schon hieran kann man die Ambivalenz *Freyers* festmachen. Einerseits entsprach dies dem Sprachgebrauch der Nazis, andererseits paßte die Bezeichnung „Führer" aber auch in die wissenschaftliche Terminologie *Freyers*.

Die Soziologie war für *Freyer* ein Ergebnis der Krise, die mit den modernen Produktionsmethoden und mit dem Kapitalismus über die Menschen gekommen war. Sie war als Wissenschaft für ihn erst mit dem Aufbrechen der großen gesellschaftlichen Konflikte und den Machtkämpfen zwischen den sozialen Gruppen notwendig geworden. Soziologie war eine Wirklichkeitswissenschaft, die sich mit den gesellschaftlichen Veränderungen ebenfalls verändern muß. Das gilt auch für die wissenschaftlichen Begriffe. Auch sie müssen der jeweiligen gesellschaftlichen Realität angepaßt sein.

Freyers Soziologie, so wirklichkeitsbezogen sie sein wollte, war mit Skepsis und Kulturkritik durchsetzt. Er entwarf ein evolutionäres Modell, in dem auf das industrielle Zeitalter der gegenwärtigen Gesellschaft das Zeitalter der Gemeinschaft folgen wird. Dies ist dann eine Wiedergeburt der ehemals stabilen Zu-

Hans Freyer
(1887-1969)

stände vor dem Kapitalismus, die den Menschen Orientierung und inneren Halt gaben und wieder geben werden.

Das Zeitalter der Gemeinschaft ist aber nur die Übergangsphase zum Zeitalter des Volkes. In ihm verändert sich die Differenziertheit der Menschen hin zu einer Einheit, und es gibt keine Dominanz einzelner Gruppen über andere. Herrschaft wird von der Führerschaft abgelöst, die den kollektiven Volkswillen repräsentiert und umsetzt. Führer und Volk, das waren zwei Vokabeln, die den Nationalsozialisten bekannt und vertraut waren. Deshalb akzeptierten sie *Freyer* als den „Führer" der DGS.

Freyer war dem neuen Regime gegenüber nicht unkritisch. Er war eher ambivalent gegenüber der Macht des Staates, an der er als Führer der DGS einen kleinen Anteil hatte und die auch gut zu seiner damaligen theoretischen Vorstellung von den Voraussetzungen des notwendigen Umbaus der Gesellschaft paßte. Man darf gerade in diesem Zusammenhang nicht übersehen, daß Planungen für eine Gesellschaftsreform von oben, sei es durch eine Avantgarde, durch kleine Eliten oder durch *Mannheims* freischwebende Intellektuelle, durchaus zur Vorstellungswelt deutscher Soziologen der damaligen Zeit gehörten. Wenn wir uns an das *Mannheim*-Zitat von S. 127 erinnern, so können wir uns leicht vorstellen, daß auch er sich gern für eine Reform – wenn auch nicht eine faschistische – von oben zum Nutzen aller Menschen zur Verfügung gestellt hätte, hätte man ihn nur gelassen. Und es waren auch nicht nur Soziologen, die in den Nazis Bundesgenossen für einen Umbau der deutschen Gesellschaft sahen. Es sei in diesem Zusammenhang nur an den Philosophen *Martin Heidegger* (1889-1976) erinnert, der sich der neuen Bewegung zunächst nicht verweigerte und mit ihrer Unterstützung und Zustimmung Rektor der Universität Freiburg wurde.

Die Einheit des Volkes, repräsentiert und durchgesetzt durch den Führer *Adolf Hitler,* war vielen bildungsbürgerlichen Wissenschaftlern am Ende der Weimarer Republik ein Grund, die nationalsozialistische Bewegung und das Dritte Reich zu begrüßen. Es war eine gesellschaftliche Vision, die die Menschen blendete und sie hoffen ließ, daß nach der Schmach des verlorenen Weltkriegs und den wirtschaftlichen Krisen zu Anfang der zwanziger und der dreißiger Jahre die Deutschen zu Arbeit und Brot, zu Orientierung und gemeinsamer Sitte und schließlich zur Selbstachtung zurückfinden könnten.

bildungs-bürgerliche Wissenschaftler und die nationalsozialistische Gesellschaftsordnung

Hans Freyer war sicher kein glühender Verehrer des Nationalsozialismus, wie es sie unter den deutschen Soziologen durchaus gab und die sich den braunen Machthabern bedingungslos zur Verfügung stellten. *Freyer* blieb nicht in Leipzig. Er nahm 1938 eine Gastprofessur in Budapest an, wo er bis 1944 blieb. Trotzdem bleibt seine Rolle dubios, auch wenn diejenigen, die sich mit der Soziologie im Dritten Reich beschäftigen (siehe Literaturverzeichnis dieser Lektion), sich einig sind, daß er 1934 die DGS vor Auflösung oder Gleichschaltung bewahrt hat und damit manchem Soziologen den Verbleib in einer Lehr- oder Forschungsstelle ermöglichte.

Aber es gab nebem dem Exil auch andere Formen der Abstinenz vom Nationalsozialismus. *Leopold von Wiese* z.B. stellte seine *„Kölner Vierteljahresschrift für Soziologie"* ein. Er habe sich nicht gängeln lassen wollen, hat er später gesagt, Schweigen sei würdiger gewesen. *Freyer* hat das zu spät gemerkt.

Literatur

Primärliteratur

Freyer, Hans: Soziologie als Wirklichkeitswissenschaft. Logische Grundlegung des Systems der Soziologie. Darmstadt ²1964 (1930)

Freyer, Hans: Theorie des gegenwärtigen Zeitalters. Stuttgart 1955

Mannheim, Karl: Das konservative Denken, in: Archiv für Sozialpolitik 57, 1927

Mannheim, Karl: Ideologie und Utopie. Bonn ⁵1969 (1929)

Mannheim, Karl: Mensch und Gesellschaft im Zeitalter des Umbaus. Leiden ²1967 (1935)

Mannheim, Karl: Die Bedeutung der Konkurrenz im Gebiete des Geistigen, in: Verhandlungen des 6. Deutschen Soziologentages vom 17.-19.9.1928 in Zürich. Tübingen 1929, S. 35-83

Weber, Alfred: Haben wir Deutschen nach 1945 versagt? Politische Schriften. Ein Lesebuch. Ausgewählt und eingeleitet von Christa Dericum. Frankfurt/Main 1982

Weber, Alfred: Gesellschaftsprozeß, Zivilisationsprozeß und Kulturbewegung, in: ders.: Prinzipien der Geschichts- und Kultursoziologie. München 1951, S. 44-92 (Archiv für Sozialwissenschaft 1921)

Weber, Alfred: Beitrag zur Diskussion über „Die Konkurrenz", in: Verhandlungen des 6. Deutschen Soziologentages vom 17.-19.9.1928 in Zürich. Tübingen 1929, S. 88-92

Wiese, Leopold von: Soziologie. Geschichte und Hauptprobleme. Berlin ⁵1954

Wiese, Leopold von: System der allgemeinen Soziologie als Lehre von den sozialen Prozessen und den sozialen Gebilden der Menschen (Beziehungslehre). Berlin ³1955 (1924/1928)

Wiese, Leopold von: Erinnerungen. Köln/Opladen 1957

Sekundärliteratur

Becker, Carl-Heinrich: Gedanken zur Hochschulpolitik. Leipzig 1919

Blomert, Reinhard: Intellektuelle im Aufbrauch: Karl Mannheim, Alfred Weber, Norbert Elias und die Heidelberger Sozialwissenschaften in der Zwischenkriegszeit. München 1999

Demm, Eberhard: Alfred Weber als Politiker und Gelehrter. Stuttgart 1986

Grimminger, Michael: Revolution und Resignation. Sozialphilosophie und die geschichtliche Krise im 20. Jahrhundert bei Max Horkheimer und Hans Freyer. Berlin 1997

Hofmann, Wilhelm: Karl Mannheim zur Einführung. Hamburg 1996

Käsler, Dirk: Die frühe deutsche Soziologie 1909 bis 1934 – Ihre Enstehungsmilieus. Opladen 1984

Kettler, David/Meja, Volker/Stehr, Nico: Politisches Wissen. Studien zu Karl Mannheim. Frankfurt/Main 1989

Klingemann, Carsten: Vergangenheitsbewältigung oder Geschichtsschreibung? Unerwünschte Traditionsbestände deutscher Soziologie zwischen 1933 und 1945, in: Sven Papcke (Hg.): Ordnung und Theorie. Beiträge zur Geschichte der Soziologie in Deutschland. Darmstadt 1986, S. 223-279

Lepsius, Rainer M. (Hg.): Soziologie in Deutschland und Österreich 1918-1945. Opladen 1981 (Kölner Zeitschrift für Soziologie und Sozialpsychologie, Sonderheft 23)

Rammstedt, Otthein: Deutsche Soziologie 1933-1945. Die Normalität einer Anpassung. Frankfurt/Main 1986

Remmling, G. W.: Wissenssoziologie und Gesellschaftsplanung. Berlin 1968

Woldring, Henk E. S.: Karl Mannheim. The Development of his Thought. Philosophy, Sociology and Social Ethics, With a Detailed Biography. Assen/Maastricht 1986

Sieferle, Rolf Peter: Die konservative Revolution. Fünf biographische Skizzen (Paul Lensch, Werner Sombart, Oswald Spengler, Ernst Jünger, Hans Freyer). Frankfurt/Main 1995

Üner, Elfriede: Soziologie als geistige Bewegung. Hans Freyers System der Soziologie und die Leipziger Schule, Weinheim 1992

Lektion VIII
"Unsere Aufgabe im Leben ist theoretische Arbeit": Die Kritische Theorie der Frankfurter Schule (Soziologie im Exil 1)

Inhalt

1. Am Anfang eine Überlegung über die geringe politische Weitsicht der Soziologen am Ende der Weimarer Republik
2. Die Gründung des „Institut für Sozialforschung" in Frankfurt am Main
3. Max Horkheimer, der zweite Direktor des Frankfurter Instituts für Sozialforschung, und die Begründung einer marxistischen Sozialphilosophie
4. Von der „traditionellen" zur „kritischen" Theorie
5. Zum Verhältnis von autoritären Familienformen und kapitalistischer Produktion
6. Faschistische Denkmuster und autoritärer Charakter
7. Nirgendwo ein Ort

Literatur

1. Am Anfang eine Überlegung über die geringe politische Weitsicht der Soziologen am Ende der Weimarer Republik

Die Machtübernahme im Deutschen Reich durch die Nationalsozialisten am 30.1.1933 beendete den Versuch einer parlamentarischen Demokratie in Deutschland. Die Weimarer Republik war zu Ende. Die neuen Herren des Dritten Reiches hatten mit Demokratie ebenso wenig im Sinn wie mit den Menschenrechten. Die Juden und die kritische Intelligenz, vor allem die des linken Spektrums, wurden von ihnen verfolgt und bald für vogelfrei erklärt. Daß von dieser Entwicklung die Menschen an den Universitäten überrascht wurde, mutet heute denen, die die Bilder von Auschwitz im Kopf haben, kaum glaubhaft an.

Wissenschaft im Elfenbeinturm — Je mehr Berichte und Quellen man liest und studiert, um so deutlicher aber wird das Bild einer arglosen Gesellschaft im universitären Elfenbeinturm. Am Himmel der politischen Szene waren zwar seit Ende der 1920er Jahre dunkle Wolken aufgezogen, die man zwar zur Kenntnis nahm und ablehnend diskutierte, aber man war doch von einer heute kaum noch nachvollziehbaren Blindheit gegenüber den Zielen und der Dynamik der nationalsozialistischen Bewegung geschlagen. Gelegentlich schreckte man auf, wenn Berichte von Straßenkämpfen und Brutalitäten bekannt wurden. Dann steckte man in den Intellektuellen-Zirkeln empört und angewidert die Köpfe zusammen. Aber es war eigentlich nur der Schlachtenlärm, den man im Literaten-Cafè vernahm.

Auch in den universitären Lehrveranstaltungen war, wie *Sven Papcke* in seinem Aufsatz *„Weltferne Wissenschaft"* nachgewiesen hat, der aufkommende Faschismus kein Thema – sei es, weil man sich nicht zuständig fühlte, sei es, weil man die Dynamik der aufkommenden Bewegung unterschätzte. *Papcke* zitiert als Beleg u.a. einen Brief von *Norbert Elias* an ihn vom 15.2.1982.

> Man diskutierte schon gelegentlich den italienischen Faschismus, aber den Nationalsozialismus unter Hitler nahm man in den akademischen Kreisen, die ich kannte, als politische Bewegung nicht ganz ernst. Weil er vulgär, barbarisch und mit seinen schrillen Stimmen, seiner Philosophie für Halbgebildete, seinen schreienden Symbolen auf Menschen der alten Bildungstradition eigentlich recht fremdartig wirkte, ... fiel es, soweit ich mich entsinnen kann, niemandem ein, ihn zum Thema soziologischer Veranstaltungen oder Untersuchungen zu machen. (Sven Papcke, 1986: 188, Anm. 89)

Die „akademischen Kreise", die *Elias* kannte, waren Frankfurter Sozialwissenschaftler, Historiker und Sozialphilosophen. Er kannte sie, weil er als Assistent von *Karl Mannheim* seit 1930 im Hause des *Instituts für Sozialforschung* arbeitete. Dessen Direktor *Max Horkheimer* hatte dem Institut für Soziologie, das *Mannheim* leitete, einige Räume überlassen. *Mannheim* plante Anfang der 30er Jahre ein Buch über den Liberalismus. *Elias* arbeitete an seiner Habilitationsschrift über die Soziologie der höfischen Gesellschaft des Absolutismus. Der Rassismus der nationalsozialistischen Partei war ihnen kein Anlaß für wissenschaftliches Interesse, schon gar nicht zur Beunruhigung.

Die Mitglieder des *Instituts für Sozialforschung* verhielten sich ähnlich. Das Institut, das seine Gründung im Februar 1923 dem Interesse an marxistischen Studien verdankte, war nicht der Ort, an dem eine auf praktische Gegenwehr sinnende Wissenschaft zu Hause war. Gewiß, man war nicht unpolitisch, aber man hielt sich aus politischem Hader heraus. Bei eher praktisch denkenden Mitgliedern des Institutes wie *Friedrich Pollock,* die sich stärker um die Administration als um die Wissenschaft kümmerten, gab es allerdings böse Vorahnungen, und man begann rechtzeitig, Vermögenswerte ins Ausland zu verlagern, was dann nach 1933 die Fortführung des *Instituts für Sozialforschung* in New York möglich machte.

Die Ernennung *Adolf Hitlers* zum Reichskanzler und das Ermächtigungsgesetz vom 30.1.1933 setzten Aktivitäten in Gang, die die baldmögliche Gleichschaltung der Universitäten und ihre „Säuberung" von Juden und kritischen Wissenschaftlern – hauptsächlich von Marxisten, aber nicht nur von ihnen – zum Ziel hatten. Selbst zu diesem Zeitpunkt nahm man die Gefahr noch nicht in vollem Umfang wahr und ernst. Ein Schüler *Karl Mannheims* hat berichtet, daß er ihn Anfang Februar zufällig auf der Straße getroffen und ihn darauf angesprochen habe, daß man nun wohl aus Deutschland weggehen müsse. *Mannheim* habe dem widersprochen, denn *Hitler* sei derartig verrückt, daß er sich nicht länger als 6 Wochen halten könne. Dies war kein individueller Irrtum, sondern eine in akademischen Kreisen weit verbreitete Einstellung zum Nationalsozialismus und seinem Führer. Um noch ein Beispiel anzuschließen. *Theodor W. Adorno,* später einer der führenden Köpfe der *Frankfurter Schule,* ging keineswegs direkt ins Exil. Er versuchte, als Musikkritiker unbehelligt über die Runden zu kommen, paßte seine Kritiken auch ein wenig den neuen Sprachsitten an. Erst 1934 floh auch er. Zuerst nach England, 1938 dann in die USA, wo er endgültig zum Kreis von *Max Horkheimer* stieß und mit den Jahren zu dessen wichtigstem Mitarbeiter und schließlich zum Kollegen wurde. Die beiden hatten sich bereits 1922 in einem Seminar ihres gemeinsamen Doktorvaters *Hans Cornelius* in Frankfurt kennengelernt. *Adorno* hatte dann aber zunächst in Wien bei *Alban Berg* und *Arnold Schönberg* Kompositionslehre studiert und war erst 1928 nach Frankfurt zurückgekehrt. Dort stand er zwar in enger Verbindung zum *Institut für Sozialforschung,* aber richtiges Mitglied wurde er erst 1938.

Die sechs Wochen, von denen *Mannheim* gesprochen hatte, waren bald vorüber. Am 13. März, ziemlich genau sechs Wochen nach der Machtübernahme, wurde das *Frankfurter Institut für Sozialforschung* geschlossen. Drei Wochen später beschloß die Universität, die Verbindung zum *Institut für Sozialforschung* aufzulösen. Auch das Institut für Soziologie wurde geschlossen. Dessen Direktor *Karl Mannheim* ging ebenso ins Exil wie die Mitarbeiter des *Instituts für Sozialforschung.*

Ähnlich lief die Entwicklung an allen anderen deutschen Universitäten. Das *„Gesetz zur Wiederherstellung des Berufsbeamtentums"* erlaubte den Nazis Beamte aus „rassischen" und „politischen" Gründen vom Dienst zu suspendieren, vorzeitig zu pensionieren oder schlicht zu entlassen. Übrig blieben in der Soziologie nur diejenigen, die sich mit den braunen Machthabern arrangieren wollten oder konnten. Wir haben dies in Lektion VII am Beispiel der *Deutschen Gesellschaft für Soziologie* schon angesprochen. Es soll an dieser Stelle noch einmal festgehalten werden, daß nach 1933 nicht etwa alle Soziologen entlassen und jegliche Soziologie verboten wurde. Nach den „Säuberungen" blieben noch zahlreiche Soziologen über, die bereit waren, dem nationalsozialistischen Regime zur Hand zu gehen (siehe hierzu die Literaturangaben zu Lektion VII).

Verfolgung und Exilierung

Die geringe politische Weitsicht, um nicht zu sagen, die politische Ahnungslosigkeit der deutschen Soziologen vor 1933, war das Thema unserer Eingangsüberlegungen zu dieser Lektion. Dieses Verhalten haben wir auch deshalb thematisiert, weil sich diese Lektion mit einer Richtung der Soziologie befaßt, die sich im Exil ausführlich mit dem Faschismus beschäftigt hat. Auch die große Gruppe kritischer, sozialdemokratisch bis kommunistisch orientierter Wissenschaftler, die sich am Frankfurter Institut nach 1930 versammelt hatte, sah das Schreckliche nicht kommen. Daß dies an kleinen Provinz-Universitäten, wo vereinzelte bürgerliche Gelehrte dozierten, nicht geschah, mag im Nachhinein plausibel sein, aber eine große, dazu noch sehr gesellschaftskritische Gruppe im urbanen Frankfurt – gleichfalls ahnungslos im Elfenbeinturm? Und doch war es so.

1933 existierte das *Institut für Sozialforschung* schon fast 10 Jahre. Beginnen wir deshalb zunächst mit seiner Gründungsgeschichte und den frühen Jahren der *Frankfurter Schule*.

2. Die Gründung des „Institut für Sozialforschung" in Frankfurt am Main

Die Bezeichnung **Frankfurter Schule,** mit der heutzutage eine bestimmte Richtung der Sozialwissenschaft bezeichnet wird, ist eine späte und im übrigen nicht ganz zutreffende Etikettierung. In den frühen Jahren des Instituts wäre niemand der Beteiligten auf die Idee gekommen, die Wissenschaftlergruppe und ihre Forschungsarbeiten als *„Frankfurter Schule"* zu bezeichnen. Eher verstand man sich, vor allen in den Jahren des Exils, als *„Horkheimer Kreis".* Die Bezeichnung *Frankfurter Schule* hat sich erst in den 1960er Jahren eingebürgert zur Abgrenzung gegenüber der *Münsteraner Schule* um *Helmut Schelsky,* der *Kölner Schule* um *René König* und der *Marburger Schule* um *Wolfgang Abendroth.* Es ist sachlich richtiger, die Gründung des heute wieder existierenden **Instituts für Sozialforschung,** in Frankfurt/Main an den Anfang zu stellen.

Das Institut wurde Anfang der 1920er Jahre gegründet, also in einer Zeit, als in Köln *Leopold von Wiese* seine Beziehungslehre entwickelte, als *Alfred Weber* in Heidelberg die Grundlagen seiner Kultursoziologie entwarf, als *Hans Freyer* in Leipzig über Gesellschaft und Volk nachdachte und *Karl Mannheim* in Heidelberg daran arbeitete, die Ideologiekritik zum zentralen Gegenstand der Soziologie zu machen. Mit Ausnahme von *Karl Mannheim* hatte keiner der in Lektion VII behandelten Soziologen einen Zugang zum **wissenschaftlichen Marxismus.** Wir haben schon daraufhingewiesen, daß auch andere frühe deutsche Soziologen wie *Ferdinand Tönnies, Georg Simmel* und *Max Weber* dem Marxismus kritisch bis ablehnend gegenüberstanden. Die Oktober-Revolution in Rußland 1917 und die November-Revolution 1918 in Deutschland hatten diese Abneigung noch verstärkt.

Hingegen gab es in der jüngeren Generation Interesse an marxistischen Studien. Verschiedene kleine Gruppen versuchten, sich entsprechende Kenntnisse zu erarbeiten und den Marxismus zur Grundlage ihrer wissenschaftlichen Arbeit zu machen. So traf sich 1922 eine Gruppe junger Wissenschaftler, mit einer meist philosophischen Ausbildung, zu einer „*Ersten marxistischen Arbeitswoche*". Ziel dieses Zusammentreffens war es, verschiedene marxistische Strömungen in einer Diskussion zusammenzubringen und dabei zu versuchen, einen eigenen Weg zwischen der gemäßigten sozialdemokratischen Politik in Deutschland und der bolschewistischen Revolution in der UdSSR zu finden.

Während der Tagung wurde auch darüber diskutiert, wie für diese Art von Diskussionen und die sich aus ihnen ergebenden Forschungsarbeiten ein fester institutioneller Rahmen geschaffen werden könne. Es entstand der Plan der Gründung eines Instituts, der den marxistischen Studien, die an den deutschen Universitäten so gut wie keinen Platz hatten, entsprechende Absicherung bieten konnte. Denn so interessiert der preußische Kultusminister *Carl H. Becker* an der Soziologie auch war, die Unterstützung oder auch die Schaffung eines unabhängigen **Instituts für marxistische Studien** lag nicht in seinem politischen Interesse. Der Frankfurter Millionärssohn **Felix Weil** (1898-1975), der an der Realisierung dieses Plans großes Interesse hatte, konnte von seinem Vater 120.000 Reichsmark jährlich als Anfangsfinanzierung loseisen. (Das wären nach heutigem Geldwert etwa 1,5 Millionen DM jährlich.)

Marxistische Studien

Gemeinsam mit seinem Freund **Friedrich Pollock** (1894-1970), und unterstützt durch **Max Horkheimer** (1895-1973), der *Pollock* seit 1911 kannte, begann *Felix Weil* Verhandlungen mit der Universität Frankfurt. Das angestrebte Institut sollte zwar unabhängig sein, aber man wollte auf eine Anbindung an die Frankfurter Universität nicht verzichten. Daher einigte man sich auf den Namen „*Institut für Sozialforschung*", um so Hinweise auf den Marxismus oder sonstige politische Inhalte vom Namen des Institutes fernzuhalten. Dies machte es der Universität leichter, das Institut, das man heutzutage vielleicht als ein Institut „an der Universität" bezeichnen würde, zu akzeptieren. Und auch mit dem Kultusministerium konnte die Vereinbarung getroffen werden, daß der Leiter des Instituts auch immer Ordinarius an der Universität Frankfurt sein sollte. *Felix Weil,* der inzwischen den Vorsitz im Vorstand der Gesellschaft für Sozialforschung, dem Finanzierungs- und Verwaltungsgremium des Instituts, übernommen hatte, schlug der Universität **Karl Albrecht Gerlach** (1886-1922) als ersten Institutsdirektor und Ordinarius vor. *Gerlach* war ein Ökonom der Technischen Hochschule Aachen und ein parteiunabhängiger Sozialist, der sowohl von der Frankfurter Fakultät für Wirtschafts- und Sozialwissenschaften, als auch vom Kultusministerium akzeptiert werden konnte. Allerdings starb er unglücklicherweise bereits 1922 sehr plötzlich, so daß er die Leitung des Instituts nicht übernehmen konnte.

Sein Nachfolger wurde dann schließlich **Carl Grünberg** (1861-1940), Professor für Rechts- und Politikwissenschaft in Wien. *Grünberg* war im Gegensatz zu *Gerlach* ein erklärter Marxist. Er wird in den entsprechenden Lexika als Vater des Austro-Marxismus bezeichnet. Er war theoretisch nicht sonderlich interessiert, sondern eher historischen und empirischen Fragen zugewandt. Auch er wurde von der Universität akzeptiert und übernahm mit der Leitung des Instituts einen Lehrstuhl an der Wirtschafts- und Sozialwissenschaftlichen Fakultät der Universität Frankfurt. Es war das erste Mal, daß in Deutschland ein erklärter Marxist auf einen Lehrstuhl an einer Universität berufen wurde.

Als offizieller Gründungstag des Institutes gilt der 3. Februar 1923. Man errichtete ein Gebäude, welches im Juni 1924 eingeweiht wurde. Bei der Eröffnungsansprache hat *Grünberg* sich klar zum Marxismus als wissenschaftlicher

Methode bekannt. Diese erste Phase des Instituts unter *Grünberg* wird in den Berichten als „orthodox-marxistisch" bezeichnet. Ein Ausdruck dieser Orientierung war die enge Beziehung des *Instituts für Sozialforschung* in Frankfurt zum Marx-Engels-Institut in Moskau. Allerdings, das muß man hinzufügen, irgendwelche Kontakte zu Parteien und politischen Organisationen hat das Institut nie unterhalten, was nicht heißt, daß nicht der eine oder andere Mitglied in einer politischen Partei war. In der Anfangsphase, von 1923 bis 1930, arbeiteten am Institut u.a. *Max Horkheimer, Karl August Wittvogel, Friedrich Pollock, Hendrik Großmann, Franz Borkenau, Leo Löwenthal* und *Erich Fromm.*

Grünberg erlitt 1927 einen Schlaganfall und trat 1929 als Direktor des Instituts zurück. Die Wahl zum Nachfolger fiel auf *Max Horkheimer.* Von den drei wichtigsten Gründungsmitgliedern *Pollock, Weil* und *Horkheimer* war dieser alt genug für eine Professur. *Weil* war meistens geschäftlich im Ausland und *Pollock* war der administrative Kopf. Er hat später im Exil sehr erfolgreich die Administration des Instituts betrieben. So kam also nur Horkheimer als Nachfolger in Frage.

3. Max Horkheimer, der zweite Direktor des Frankfurter Instituts für Sozialforschung, und die Begründung einer marxistischen Sozialphilosophie

Die Notwendigkeit, wegen des Ausscheidens *Grünbergs* für das Institut einen neuen Direktor zu berufen, zog Probleme in der Zusammenarbeit mit der Wirtschafts- und Sozialwissenschaftlichen Fakultät nach sich. Das Kuratorium des Institutes und die Fakultät konnten sich nicht auf einen gemeinsamen Kandidaten bzw. auf eine beiden Seiten genehme Vorschlagsliste einigen. So kam es zu einer Kompromißlösung. Das Institut akzeptierte, daß auf den freigewordenen Lehrstuhl *Grünbergs* für Staatswissenschaft der Nationalökonom *Adolph Löwe* berufen wurde. Der Vorstand des Instituts hatte sich bereit erklärt, diesen Lehrstuhl so lange zu finanzieren, bis in der Wirtschafts- und Sozialwissenschaftlichen Fakultät einer frei würde. Außerdem stiftete der Vorstand einen neuen Lehrstuhl für Sozialphilosophie in der Philosophischen Fakultät, der nun mit der Leitung des *Instituts für Sozialforschung* verbunden sein sollte.

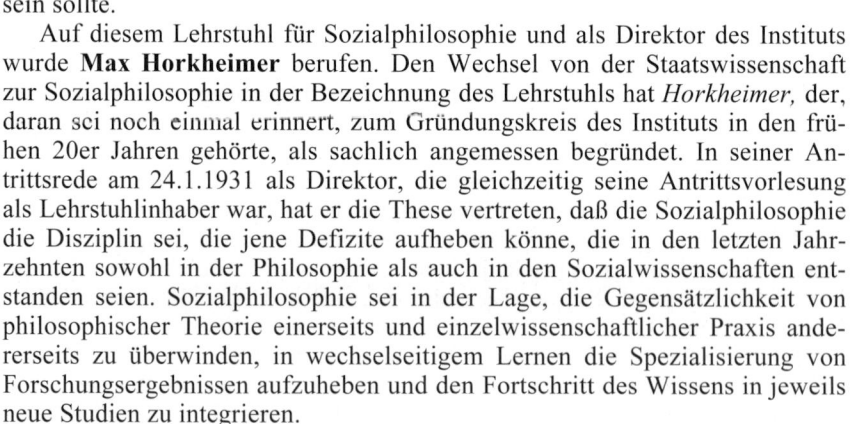

Max Horkheimer
(1895-1973)

Auf diesem Lehrstuhl für Sozialphilosophie und als Direktor des Instituts wurde **Max Horkheimer** berufen. Den Wechsel von der Staatswissenschaft zur Sozialphilosophie in der Bezeichnung des Lehrstuhls hat *Horkheimer,* der, daran sei noch einmal erinnert, zum Gründungskreis des Instituts in den frühen 20er Jahren gehörte, als sachlich angemessen begründet. In seiner Antrittsrede am 24.1.1931 als Direktor, die gleichzeitig seine Antrittsvorlesung als Lehrstuhlinhaber war, hat er die These vertreten, daß die Sozialphilosophie die Disziplin sei, die jene Defizite aufheben könne, die in den letzten Jahrzehnten sowohl in der Philosophie als auch in den Sozialwissenschaften entstanden seien. Sozialphilosophie sei in der Lage, die Gegensätzlichkeit von philosophischer Theorie einerseits und einzelwissenschaftlicher Praxis andererseits zu überwinden, in wechselseitigem Lernen die Spezialisierung von Forschungsergebnissen aufzuheben und den Fortschritt des Wissens in jeweils neue Studien zu integrieren.

Seine Ortsbestimmung der Sozialphilosophie begann *Horkheimer* mit einer Kritik an der Philosophie des Idealismus. Seit **Immanuel Kant** (1724-1804) war – so *Horkheimer* – der Ausgangspunkt jeglicher Philosophie die Individualität des bürgerlichen Denkens und als eine Leistung der Einzelpersönlichkeit verstanden worden. Ihr Medium ist seitdem die Selbstbesinnung. Die Philosophie *Kants* – so *Horkheimer* weiter – ist durch **Georg Wilhelm Friedrich Hegel** (1770-1831) zur Sozialphilosophie weitergedacht worden. Auch für die *Hegelsche* Philosophie stellt das Individuum den Ausgangspunkt dar, aber das Individuum ist nicht länger der Ort, in dem Wissenschaft und Gegenstände zusammenfallen, sondern der Sinn des Seins der Individuen liegt nun in der Vernunft des Ganzen. Ein Beispiel ist die Idee des Staates, die sich als Geist im Weltgeschehen durchsetzt. Das objektive Ideal des Ganzen ist der Staat, der dem Einzelnen Leid zufügt, ihn in seinen subjektiven Wünschen enttäuscht und gelegentlich unvermittelt und grausam in die Lebenspläne der Einzelnen eingreifen muß. Da aber im Ganzen die Vernunft waltet, bleibt dies stets vertretbar und – so hofft die idealistische Philosophie – für den einzelnen Menschen auch erträglich.

Ortsbestimmung der Sozialphilosophie

> Nur so weit das Individuum am Ganzen teil hat, in dem es lebt – oder vielmehr: nur soweit das Ganze im Individuum lebt, hat das Individuum Wirklichkeit; denn das Leben des Ganzen ist das Leben des Geistes. Das Ganze im ausgezeichneten Sinn ist der Staat. (Max Horkheimer, 1981: 36)

Mit *Hegel* trat also ein Perspektivenwechsel ein. Es ist nicht länger die Person allein, die den Sinn des Lebens aus allgemeinen Regeln ableiten muß, sondern das individuelle Streben nach Glück steht in einem dialektischen Verhältnis zum Ganzen. Damit werden die gesellschaftlichen Rahmenbedingungen zu einem Gegenstand philosophischer Reflexion. *Horkheimer* sieht hierin die Geburtsstunde einer Sozialphilosophie, deren Aufgabe die Verklärung des genannten Widerspruches ist. Es habe zeitweise so ausgesehen, als ob der technische Fortschritt und die Weiterentwicklung des menschlichen Wissens die Kluft zwischen der individuellen Glückserwartung und der Vernunft des Ganzen abbauen, vielleicht sogar aufheben könne. Dies habe sich als Irrtum herausgestellt, und die **Sozialphilosophie** sei in ihre alte Rolle als **Verklärungsinstanz** zurückgefallen. Dies ist aber nicht ihre eigentliche Aufgabe. Sie dürfe auch nicht den Fehler machen, sich der Spezialisierung einzelner Fachdisziplinen zu bedienen, sondern müsse die „chaotische Spezialisierung" zu überwinden suchen. Die Philosophie muß als theoretische Institution den „besonderen Forschungen beseelende Impulse geben". Und sie muß zugleich weltoffen genug sein, „um sich selbst von dem Fortgang der konkreten Studien beeindrucken und verändern zu lassen".

Was sollten nun die „besonderen Forschungen" sein, in denen „Philosophen, Soziologen, Nationalökonomen, Historiker, Psychologen in dauernder Arbeitsgemeinschaft sich vereinigen" sollten? *Horkheimer* gibt durchaus zu, daß es sich um alte Fragen handelt, etwa nach „dem Zusammenhang von besonderer Existenz und allgemeiner Vernunft, von Realität und Idee, von Leben und Geist". Aber diese alten und wichtigen philosophischen Probleme werden in eine aktuelle Fassung gebracht. Es geht jetzt

Forschungsaufgaben

> um die Frage nach dem Zusammenhang zwischen dem wirtschaftlichen Leben der Gesellschaft, der psychischen Entwicklung der Individuen und den Veränderungen auf den Kulturgebieten im engeren Sinn, zu denen nicht nur die sogenannten geistigen

Gehalte der Wissenschaft, Kunst und Religion gehören, sondern auch Recht, Sitte, Mode, öffentliche Meinung, Sport, Vergnügungsweisen, Lebensstil usf. (Max Horkheimer, 1981: 43)

An dieser **Ortsbestimmung einer modernen Sozialphilosophie** ist zweierlei bemerkenswert. Erstens ist sie ein Plädoyer für **Interdisziplinarität**. *Horkheimer* setzte Anfang der 30er Jahre noch auf die Zusammenarbeit mit den Einzeldisziplinen, was auch deutlich wird, wenn er die Forschungsarbeiten anspricht, die im *Institut für Sozialforschung* in Zukunft realisiert werden sollten. Wenn er etwa auf notwendige Untersuchungen über qualifizierte Arbeiter und Angestellte, zunächst in Deutschland, aber auch in anderen europäischen Ländern, hinweist, so wird deutlich, daß dies nicht nur eine ökonomische Analyse der Gesamtsituation sein darf, sondern stets begleitet werden muß von empirischen Arbeiten der verschiedensten Disziplinen.

Die ökonomische Gesamtsituation – und das ist die zweite Bemerkung bezüglich der künftigen **Aufgaben des Institutes** – ist zwar noch der Ausgangspunkt der wissenschaftlichen Analyse, aber anders als bei den marxistischen Analysen der ersten Jahre richtet sich nun das Interesse mehr auf die sogenannten Überbauprobleme, insbesondere auf die **Kultur.** Dies ist noch kein Paradigmawechsel, aber eine Verschiebung in den zentralen Fragestellungen des *Instituts für Sozialforschung* in den frühen 1930er Jahren. Diese Zwischenphase in den Jahren vor der Exilierung ist gekennzeichnet von interdisziplinären Untersuchungen kultureller Phänomene. Diese wissenschaftliche Orientierung wird dann im Exil in einer neuen Perspektive zum Teil aufgegeben, zum Teil verschärft.

4. Von der „traditionellen" zur „kritischen" Theorie

Die Grundlagen der neuen Forschungsperspektive formulierte *Max Horkheimer* 1937 in dem klassischen Aufsatz *„Traditionelle und Kritische Theorie"* in der *Zeitschrift für Sozialforschung,* dem Publikationsorgan des Horkheimer-Kreises. 70 Jahre zuvor war der erste Band von *„Das Kapital"* von *Karl Marx* erschienen. *Horkheimer* verstand seinen Aufsatz durchaus als eine Gedenkschrift. Das ist schon ein erster Hinweis darauf, daß die Bezeichnung **„Kritische Theorie"** eher verdeckte und verharmloste, daß *Horkheimers* Kritik der politisch-ökonomischen Verhältnisse die *Marxsche* historisch-materialistische Geschichtsauffassung zur Grundlage hatte. Die Aufgabe der Sozialphilosophie ist nunmehr die Formulierung theoretischer Gesamturteile über die Gesellschaft. Die 1931 propagierte interdisziplinäre Zusammenarbeit mit verschiedenen Einzeldisziplinen wird ebenso abgewiesen wie positivistische Forschungsmethoden. Das hängt damit zusammen, daß *Horkheimer* nun die Klassentheorie aus dem Hintergrund der seinerzeitigen Argumentation nach vorn holt. Es ist im übrigen nicht notwendig, diese Grundlage immer erneut in Frage zu stellen:

> Die kritische Theorie hat nicht heute den und morgen einen anderen Lehrgehalt. Ihre Änderungen bedingen keinen Umschlag in eine völlig neue Anschauung, solange die Epoche sich nicht ändert. Die Festigkeit der Theorie rührt daher, daß bei allem Wandel der Gesellschaft doch ihre ökonomisch grundlegende Struktur, das Klassenver-

hältnis in seiner einfachsten Gestalt, und damit auch die Idee seiner Aufhebung identisch bleibt. (Max Horkheimer, 1986: 49)

Die Konturen der Kritischen Theorie entwickelt *Horkheimer* ähnlich wie in der Direktoratsrede gegenüber der klassischen Philosophie an einem negativen Beispiel, nämlich der **traditionellen Theorie.** Hierunter versteht er alles, was der bürgerlichen Gesellschaft und dem bürgerlichen Wissenschaftsbetrieb lieb und wert war und ist. Die traditionelle Theorie wird als Instrument der Selbsterhaltung des gesellschaftlichen Apparates eingestuft. Die Vorstellung, daß es möglich sei, die Welt der Tatsachen und die Arbeit des Wissenschaftlers zu trennen; auf der einen Seite das gedanklich formulierte Wissen, auf der anderen einen Sachverhalt, der unter es gefaßt werden soll, sei typisch unter anderem auch für Soziologen wie *Emile Durkheim, Ferdinand Tönnies, Alfred* und *Max Weber.*

Traditionelle Theorie

Gedankliche Unterscheidungen zwischen Gemeinschaft und Gesellschaft (*Tönnies*), zwischen der mechanischen und der organischen Solidarität (*Durkheim*) oder zwischen Kultur und Zivilisation (*A. Weber*) als Grundformen menschlicher Vergesellschaftung würden sofort problematisch, wenn sie auf konkrete gesellschaftliche Verhältnisse angewendet werden sollten. Diese Begriffe wären eben nicht „von der Beschreibung gesellschaftlicher Phänomene zu eingehenden Vergleichen und von da erst zur Bildung allgemeiner Begriffe" vorangeschritten, sondern hätten der Gesellschaft eine abstrakte Theorie der Gesellschaft übergestülpt.

Im übrigen sei die Hoffnung der Soziologen, Objektivität zu wahren und gleichzeitig dem menschlichen Fortschritt dienen zu können, eine Illusion. So wie es mit der scheinbaren Selbständigkeit arbeitsteiliger Prozesse in der Industrie ist, so auch mit der scheinbaren Freiheit der Wissenschaft. Gesellschaftliche Prozesse seien weder aufzugliedern in Fachfragen, noch durch arbeitsteilige Spezialisierungen zu erfassen. Durch Spezialisierung, durch die Wahrnehmung intellektueller Teilaufgaben, wird vielmehr die Gesamtheit menschlicher Lebensprozesse verleugnet.

Die lobenswerte Absicht der traditionellen Wissenschaft, Mißständen und der Barbarei abzuhelfen, kann nur einem menschlichen Verhalten gelingen, „das die Gesellschaft selbst zu seinem Gegenstand hat". Es muß hier nachdrücklich darauf hingewiesen werden, daß es ein wesentliches Kennzeichen der Kritischen Theorie ist, daß sie sich nicht länger als eine akademische Übung, sondern als ein bestimmtes Verhalten des Menschen innerhalb der Gesellschaft versteht. Dieses menschliche Verhalten richtet sich, so *Horkheimer* an der Stelle in dem Aufsatz, an der er von der negativen Darstellung der traditionellen Theorie zur kritischen Theorie übergeht, nicht länger nur darauf, „irgendwelche Mißstände abzustellen", diese sind vielmehr „notwendig mit der ganzen Einrichtung des Gesellschaftsbaus verknüpft".

Von dieser allgemeinen Bestimmung der kritischen Theorie kann *Horkheimer* zu einem Begriff von **Klassenkampf** zurückfinden, der in der Frankfurter Direktoratsrede noch im Hintergrund verblieben war. Mit dem Rückgriff auf Kategorien von *Marx* will *Horkheimer* die Kritische Theorie davor bewahren, lediglich die Reproduktion der herrschenden, bürgerlichen Gesellschaftsordnung zu bewirken.

Kritische Theorie als kritisches Handeln

> Die Marxschen Kategorien Klasse, Ausbeutung, Mehrwert, Profit, Verelendung, Zusammenbruch sind Momente eines begrifflichen Ganzen, dessen Sinn nicht in der Reproduktion der gegenwärtigen Gesellschaft, sondern in ihrer Veränderung zum Richtigen zu suchen ist.(Max Horkheimer, 1986: 37)

Ziel der Veränderung ist eine Gesellschaft, in der, um die *Marxsche* Formulierung zu gebrauchen, die Menschen ihre Geschichte selber machen. Bei *Horkheimer* ist von der „Assoziation freier Menschen die Rede, bei der jeder die gleiche Möglichkeit hat, sich zu entfalten". Dies ist nicht irgendeine Idee, sondern ergibt sich aus dem erreichten Stand der Produktivkräfte, und es kommt daher darauf an, gemeinsam mit der klassenbewußten Arbeiterschaft die Transformation des gesellschaftlichen Ganzen zu betreiben.

<small>Kritik an der Forderung nach Werturteilsfreiheit</small>

Damit wird auch allen Versuchen traditioneller Soziologen eine Absage erteilt, die seit *Marx* versucht haben, sich mit Rückgriffen auf anthropologische, philosophische oder wissenschaftstheoretische Postulate in Distanz zu den Klassenkämpfen zu begeben. Auch *Karl Mannheims* freischwebende Intelligenz als ein Versuch, sich wenigstens teilweise dem politisch-ökonomischen Bedingungen der Klassengesellschaft zu entziehen, gehört verworfen. *Horkheimer* fordert die Repolitisierung der Soziologie und erteilt dem Postulat der Werturteilsfreiheit eine deutliche Absage:

> Es gibt keine Theorie der Gesellschaft, auch nicht die des generalisierenden Soziologen, die nicht politische Interessen mit einschlösse, über deren Wahrheit anstatt in scheinbar neutraler Reflexion nicht selbst wieder handelnd und denkend, eben in konkreter geschichtlicher Aktivität, entschieden werden müßte. ... Die Avantgarde bedarf der Klugheit im politischen Kampf, nicht der akademischen Belehrung über ihren sogenannten Standort. (Max Horkheimer, 1986: 40)

Mit der These, daß es darauf ankomme, das sich entfaltende Bild des Ganzen, „das in die Geschichte einbezogene Existentialurteil" zu konstruieren, wird allen Einzelwissenschaften und einem am naturwissenschaftlichen Denken orientierten Positivismus eine Absage erteilt. Das gilt auch für die Soziologie: „Die kritische Theorie der Gesellschaft in Soziologie zu verwandeln, ist überhaupt ein problematisches Unterfangen." Was sich schon in Frankfurt angedeutet hatte, nahm nun, nicht zuletzt unter den Erfahrungen des deutschen Faschismus und der Situation des Exils, schärfere Züge an. Die historisch- materialistische Geschichtsauffassung, welche ihren Kern aus der Lehre von *Karl Marx* nimmt, stellt einen deutlichen Trennungsstrich zur gesamten Soziologie seit *Marx* dar und verwirft die verschiedenen Versuche, Soziologie als relativ autonome Einzeldisziplin im Wissenschaftsbetrieb zu etablieren. Die wichtige Differenzierung im Vergleich zu *Marx* geschieht in der **Umorientierung von den ökonomischen Bedingungen hin zu Phänomenen des Überbaus.**

> Den ökonomischen Prozeß als bestimmende Grundlage des Geschehens aufzufassen, heißt alle übrigen Sphären des gesellschaftlichen Lebens in ihrem sich verändernden Zusammenhang mit ihm betrachten und ihn nicht in seiner isolierten mechanischen Form, sondern in Einheit mit den freilich durch ihn selbst entfalteten spezifischen Fähigkeiten und Dispositionen der Menschen begreifen. Die gesamte Kultur ist damit in die geschichtliche Dynamik einbezogen; ihre Gebiete, also die Gewohnheiten, Sitten, Kunst, Religion und Philosophie, bilden in ihrer Verflechtung jewels dynamische Faktoren beim Aufrechterhalten oder Sprengen einer bestimmten Gesellschaftsform.

> Die Kultur ist in jedem einzelnen Zeitpunkt selbst ein Inbegriff von Kräften im Wechsel der Kulturen (Max Horkheimer, 1986: 168).

Von anderen Wissenschaftsrichtungen wird in diesem Zusammenhang lediglich die Psychoanalyse akzeptiert. Sie ist der Schlüssel zur Bearbeitung der Überbauphänomene. Ein zentrales Thema für die schon im Exil lebenden Mitglieder der *Frankfurter Schule* war die nicht zu leugnende schnelle Anpassung der deutschen Arbeiterschaft an das nationalsozialistische Herrschaftssystem. Hier drängte sich eine Verbindung von sozioökonomischen Strukturen und sozialpsychologischen Dispositionen geradezu auf.

5. Zum Verhältnis von autoritären Familienformen und kapitalistischer Produktion

Ein Beispiel für die Vorgehensweise und die Interessen der Mitglieder des *Instituts für Sozialforschung* unter der neuen Fragestellung sind Studien über „*Autorität und Familie*". Mit ihnen wurde die Bedeutung der Kultur und aller anderen Überbauphänomene für die Konstruktion des Existentialurteils vorgeführt. Die Studien über „*Autorität und Familie*" waren die erste größere empirische Arbeit des Instituts in den USA. Die fast 1000 Seiten umfassende Veröffentlichung von 1936 bestand aus drei theoretischen Aufsätzen von *Max Horkheimer, Herbert Marcuse* (siehe Lektion XII) und *Erich Fromm* sowie aus Enqueten und Literaturberichten. Der Zusammenhang der theoretischen Aufsätze und dieser Materialien war ziemlich locker. Es waren eher Materialien und Dokumente, die die Reflexionen der drei Autoren begleitet und angeregt hatten, aber nicht die Thesen empirisch untermauernde Fakten. *Horkheimers* Aufsatz trug den Titel „*Allgemeiner Teil*" und war eine Anwendung seiner Thesen über traditionelle und kritische Theorie auf das Zusammenleben in der Familie und die Funktionen der Familie im bürgerlich-kapitalistischen Staat.

Familie und Autorität

Wenn kulturelle Faktoren eine besondere Bedeutung im gesamtgesellschaftlichen Prozeß haben, dann muß herausgefunden werden, welche dies sind und in welcher Form sie sich bei den Individuen auffinden lassen, wie also bestimmte Charakterzüge der jeweiligen Individuen mit den **kulturellen Faktoren** verbunden sind. *Horkheimer* vermutet, daß es ein System von Institutionen mit einer doppelten Aufgabe gibt. Das System muß einmal dafür sorgen, daß die herrschenden Faktoren der Kultur sich auch im Individuum wiederfinden, und es muß zweitens darüber wachen, daß diese kulturellen Faktoren reproduziert, gegebenenfalls verstärkt und unerwünschte Änderungstendenzen abgeblockt werden.

Das Vorhandensein dieses Systems ist für *Horkheimer* eine Voraussetzung für die **Herrschaft von Menschen über Menschen.** Er macht deutlich, daß es bislang immer Herrschaft von Menschen über Menschen gegeben hat, und er meint, daß es eine „notwendige" Herrschaft war, die die bisherige Geschichte bestimmt hat. Diese notwendige Herrschaft im Inneren der beteiligten Menschen nach und nach zu befestigen und zu erhalten, sei die Aufgabe des kulturellen Apparates. Dies ist eine These, die wir in einer anderen Weise auch bei **Norbert Elias** (1897-1990) finden, der nachweist, daß es im langfristigen Prozeß der

Entwicklung der Menschen nach und nach zu einer in die Menschen verlagerte Verfestigung der Herrschaftszwänge gekommen ist. (Siehe Lektion IX)

Funktionen von Autorität

Wenn man daran geht, diesen Zusammenhang zwischen Institutionen, kulturellen Faktoren und den Verhaltensstilen und Handlungsorientierungen der Menschen auch in psychoanalytischen Kategorien zu beschreiben, dann stößt man auf die zentrale Kategorie der **Autorität.** Deshalb finden sich *Horkheimers* Überlegungen auch als Grundsatzreferat am Anfang von *„Autorität und Familie"*. Autorität ist ambivalent. Sie kann einerseits bedeuten, daß eine fortschrittliche Abhängigkeit von bestimmten Zielen, also etwa im Sinne des Befreiungskampfes der Arbeiterklasse, akzeptiert wird. Autorität kann aber auch dazu benutzt werden, um in der kapitalistischen Gesellschaft längst überholte, unwahr gewordene Verhältnisse aufrechtzuerhalten und um den Prozeß der Entfremdung der Menschen von der Arbeit, von den Arbeitskollegen und von sich selbst zu verstärken.

> Ob die faktische Bejahung eines bestehenden Abhängigkeitsverhältnisses tatsächlich den verschiedenen entwickelten menschlichen Kräften in der betreffenden Periode entspricht und daher objektiv angemessen ist, ob die bedingungslose Unterordnung unter einem politischen Führer oder einer Partei historisch nach vorwärts oder rückwärts weist, vermag allein die Analyse der jeweiligen gesellschaftlichen Situation in ihrer Totalität zu beantworten. Es gibt kein allgemein gültiges Urteil in dieser Hinsicht. (Max Horkheimer, 1986: 182f)

Eine solche Analyse findet sich in dem *„Allgemeinen Teil"*. *Horkheimer* untersucht den Fall der modernen Gesellschaft des Kapitalismus. Dort sei die möglichst vollständige Anpassung des Objekts an die **verdinglichte Autorität der Ökonomie** die eigentliche Wirklichkeit. Die Arbeiterklasse hat sich den Bedingungen der Ökonomie unterworfen. Diese Feststellung ist das, was er in seinen sozial-philosophischen Kategorien als **Existentialurteil** bezeichnet hat.

> Indem der Arbeiter die Autorität der wirtschaftlichen Tatsachen anerkennt, erkennt er faktisch die Machtstellung und Autorität des Unternehmers an. (Max Horkheimer, 1986: 196)

Aber es ist nicht die Autorität des Unternehmers allein, die die Unterwerfung der Arbeiter hervorruft. *Horkheimer* weist nach, daß die Akzeptierung der Autorität, etwa im Betrieb, die Akzeptierung dessen, was er die Autorität der wirtschaftlichen Tatsache nennt, sich im gesellschaftlichen Entwicklungsprozeß herauskristallisiert hat und vor allem in der Familie begründet, entwickelt und gefestigt wird. Die Wege, die zur Macht führen, sind in der bürgerlichen Welt nicht durch die Verwirklichung moralischer Werturteile, sondern durch die geschichtliche Anpassung an die Verhältnisse vorgezeichnet. Die Familie leistet die notwendigen Vorarbeiten.

> Infolge der scheinbaren Natürlichkeit der väterlichen Macht, die aus der doppelten Wurzel seiner ökonomischen Position und seiner juristisch sekundierten psychischen Stärke hervorgeht, bildet die Erziehung in der Kleinfamilie eine ausgezeichnete Schule für das spezifisch autoritäre Verhalten in dieser Gesellschaft. (Max Horkheimer, 1986: 213)

Funktionswandel der Familie

Die Familie ist also die Produzentin von bestimmten autoritären Charaktertypen und hat innerhalb der kapitalistischen Gesellschaft eine unentbehrliche Aufgabe. Dieser These folgt bei *Horkheimer* eine interessante Interpretation des **Funkti-**

onswandels der Familie, die sich deutlich von dem unterscheidet, was in der Familiensoziologie etwa der amerikanischen Systemtheorie vertreten wird. *Horkheimer* zeigt, daß Kleinfamilie auch immer Intimität bedeutet. Je kleiner die Gruppe ist, um so eher kann auf das Glück der anderen eingegangen werden, können Emotionalität und Intimität in der Familie gelebt und erfahren werden. Es entsteht ein Gegensatz zwischen dieser Innerlichkeit, der emotionalen Orientierung der Familienmitglieder zueinander und der notwendigen bürgerlichen Autorität im Hinblick auf die ökonomischen Verhältnisse. Emotionalität und Intimität können die Produzierung und Reproduzierung der notwendigen Strukturen und der notwendigen Unterordnung beeinträchtigen. Und dies ist für *Horkheimer* der eigentliche Grund, warum der Staat immer mehr Funktionen von der Familie wegnimmt. Als Bewahrer der ökonomischen Interessen muß er dafür sorgen, daß in der Sozialisation der Kinder diese notwendige Autorität entwickelt und verfestigt wird.

Dies ist eine ganz andere Interpretation des Funktionsverlustes der Familie, als man es sonst in den historisierenden Darstellungen liest. Der Tatbestand, daß mit der Industriegesellschaft und dem Auseinanderfallen von Wohnort und Arbeitsplatz bestimmte Funktionen in den Familien nicht mehr wahrgenommen werden können, wird dort als selbstverständlich und angemessen angesehen. Der Staat übernimmt dann bestimmte Funktionen, die bisher bei der Familie waren. Aber warum er das tut, warum er ein Interesse daran hat, das muß der Gegenstand einer kritischen Analyse sein.

Es gibt eine Reihe von Beispielen, die *Horkheimers* These stützen. Es ist bekannt, daß die Volksschulpflicht in Preußen u.a. deshalb eingeführt wurde, weil das preußische Militär den niedrigen Bildungsgrad und die frühe körperliche Ausbeutung der Kinder in den Fabriken verhindern und einen höheren Bildungsgrad erreichen wollte. Es gibt also bestimmte Verhältnisse, die für entsprechende Entwicklungen verantwortlich sind, wenn man die gesellschaftliche Entwicklung in ihrer Totalität betrachtet. Wenn man das auf die Erziehung in der Familie überträgt, dann kann man sehen, daß die Erziehung in der Familie klassenspezifisch und damit auch herrschaftserhaltend ist. Die allgemeine Aussage, daß in der Familie die Autorität entwickelt wird, kann weitergeführt werden. In der klassenspezifischen Sozialisation werden spezifische Verhaltensformen eingeübt, die gleichzeitig auch eine Einordnung in das bestehende Herrschaftsgefüge bedeuten, und dazu gehört auch die Anerkennung von Autorität und autoritärem Verhalten.

Man kann die Tragweite der *Horkheimerschen* These nicht ganz verstehen, wenn man sie nicht mit **Erich Fromms** (1900-1980) Interpretation des psychoanalytischen Zusammenhangs von autoritärem Charakter und autoritärer Gesellschaft verbindet. *Fromm,* der sich 1939 vom Institut trennte, hatte in seinem Aufsatz „*Sozialpsychologischer Teil*" argumentiert, daß sich Autorität auf Angst gründet. Je mehr Angst der Erwachsene hat, umso mehr bestimmt Angst die ersten Jahre des Kindes. Da sich die unteren Schichten ihrer Angst mangels entsprechender Mittel kaum entledigen können, ist es unwahrscheinlich, daß sie Selbstvertrauen und Ich-Stärke entwickeln. So gerät die Sozialisation in den Arbeiterfamilien zu einer Rekonstruktion der ohnmächtigen Hilflosigkeit der Arbeiterklasse im Kapitalismus, in dem eine kleine Schicht von Kapitalisten es schafft, „massenhaft Ohnmachtsgefühle anonym" zu erzeugen. *Fromm* nennt diese Unterwerfung unter Macht und ihrer Akzeptierung „sado-masochistisch".

Erich Fromm
(1900-1980)

Theodor W. Adorno
(1903-1969)

> Wir haben zu zeigen versucht, dass die autoritäre Gesellschaftsstruktur jene Bedürfnisse schafft und befriedigt, die auf der Basis des Sado-Masochismus erwachsen.
> (Erich Fromm, 1936: 122)

Dies sei deshalb bisher nicht erkannt worden, da es entweder als Normalfall mißverstanden oder im Ausnahmefall als pathologisch interessante Abweichung von den Fachleuten eingeschätzt worden sei.

Mit *Max Horkheimer, Herbert Marcuse* und *Erich Fromm,* den Verfassern der grundlegenden Aufsätze in *„Autorität und Familie",* haben wir schon drei wichige Mitglieder des *Institut für Sozialforschung* im amerikanischen Exil genannt. Zu Horkheimers engsten Mitarbeitern zählten damals *Friedrich Pollock, Leo Löwenthal* und nach einigen Jahren auch *Theodor Wiesengrund-Adorno*. Da insbesondere der Name des letzteren heutzutage in besonderer Weise mit der *Frankfurter Schule* verbunden wird, wollen wir zum Schluß der Lektion noch auf eine im Exil entstandene Arbeit eingehen, die vor allem mit seinem Namen verbunden ist, nämlich die **„Studien zum autoritären Charakter"**.

6. Faschistische Denkmuster und autoritärer Charakter

In der zweiten Hälfte der 40er Jahre wurde im *Institut für Sozialforschung* noch umfangreich empirisch gearbeitet. Aber die Arbeit war schon stark beeinflußt von der Frage, was den **Holocaust** möglich gemacht hatte. Er war für die im Exil lebenden jüdischen Wissenschaftler das einschneidende Erlebnis. Der Holocaust hat von da an ihr Denken bestimmt und mit den Jahren sehr gravierende Auswirkungen auf ihre Produktivität und ihr Denken insgesamt gehabt.

In diesem Zusammenhang entstand am *Institut für Sozialforschung* in New York eine über viele Jahre durchgeführte, empirisch aufwendige und theoretisch gründliche Arbeit über die Frage, ob und unter welchen Bedingungen in den USA eine ähnliche politische Entwicklung wie in Deutschland möglich werden könne. Sie war vom *American Jewish Committee* angeregt und finanziert worden und wurde gemeinsam mit anderen sozialwissenschaftlichen Forschungsinstituten in den USA durchgeführt. Die Studie wurde 1949/50 in den USA veröffentlicht. Sie ist nie vollständig ins Deutsche übersetzt worden. Einige Teile erschienen erstmals 1973 im Suhrkamp Verlag Frankfurt.

Die Arbeit war von Anfang an nicht als eine Repräsentativerhebung angelegt, sondern es ging darum, mit anderen Mitteln der empirischen Sozialforschung herauszufinden, ob und wie man rassistische und antisemitische Einstellungen ermitteln kann. Die Frage war, ob es möglich ist, aus der Gesamtgesellschaft Individuen herauszufinden, die für antidemokratische Propaganda besonders empfänglich und die deshalb potentiell faschistisch orientiert sind. Die erste Hypothese der Untersuchung lautete deshalb, daß die politischen, wirtschaftlichen und gesellschaftlichen Überzeugungen eines Menschen ein kohärentes Denkmuster sind und durch eine umfassende Mentalität auf Kurs gehalten werden. Es kam also darauf an, Zugang zu diesen Denkmustern als dem eigentlichen Ausdruck der **faschistischen Veranlagung** zu bekommen.

Man begann zunächst mit Arbeiten über Antisemitismus, aber dann verschob sich der Schwerpunkt. Antisemitismus wurde schließlich nur noch als ein besonderes Vorurteil aufgefaßt. Es ging nun darum, Vorurteile allgemein zu analysieren und ihre ideologischen und charakterologischen Figurationen herauszuarbeiten. *Adorno* schreibt in der Einleitung dazu:

Charakterstruktur und Ideologie

> Diese Studie sucht herauszufinden, welche Zusammenhänge zwischen der Ideologie und den soziologischen Faktoren bestehen, die in der Entwicklung des Individuums wirksam waren, ob sie es auch in seinem gegenwärtigen Leben noch sind oder nicht. Versucht man diese Zusammenhänge zu erklären, kommt die Beziehung zwischen Charakterstruktur und Ideologie ins Bild. Dabei betrachten wir die Charakterstruktur als eine Agentur, die soziologische Einflüsse vermittelt. Wenn die Rolle der Charakterstruktur transparent gemacht werden kann, läßt sich besser begreifen, welche Faktoren die entscheidenden sind und wie sie wirkt. (Theodor W. Adorno, 1980: 7)

Zentral war die Frage nach der extremen Anfälligkeit bestimmter Menschen für faschistische Propaganda und warum solche Menschen so viele gemeinsame Charakteristika aufweisen. Die Forschungsergebnisse hatten nämlich die Hypothese bestätigt, daß Personen, die dem Fachismus stark ablehnen, sich von anderen Menschen in ihren Charakterstrukturen viel stärker unterscheiden als die Menschen mit einem faschistoiden Charakter.

Aber die Untersuchung blieb bei der Aufdeckung solcher Zusammenhänge nicht stehen, sondern fragte in einem zweiten Schritt auch, welche Funktionen diese Zusammenhänge haben. Dementsprechend heißt ein Abschnitt *„Der funktionale Charakter des Antisemitismus"*. In enger Anlehnung an die Psychoanalyse wird hier davon ausgegangen, daß Vorurteile, wie z.B. Antisemitismus, keinen rationalen Kern oder eine bestimmte Logik besitzen, sondern irrationalen oder subjektiven Funktionen entsprechen.

> Zunächst werden wir den „funktionalen" Charakter des Antisemitismus nachzuweisen versuchen, d.h., seine relative Unabhängigkeit vom Objekt. Dann werden wir das Problem des *cui bono* darlegen: Antisemitismus als Mittel, in einer kalten, entfremdeten und weithin unverständlichen Welt sich mühelos zu „orientieren". Wie schon bei der Analyse der politischen und ökonomischen Ideologie wird sich auch hier zeigen, daß diese „Orientierung" durch Stereotype erreicht wird. (Theodor W. Adorno, 1980: 109)

Die Zwecke, denen das antisemitische Denken im Leben eines Individuums dient, kann man nur herausfinden, wenn man die angesprochenen Stereotype bis hin zu ihrer Ursache, ihrer Entstehung und ihrer Verfestigung zurückverfolgt. Dabei gab es ein methodisches Problem zu lösen. Da den Menschen ihre Vorurteile nicht bewußt sind, können sie nicht direkt danach gefragt werden. Denn wenn es sich, und das ist der zweite Grund für dieses methodische Vorgehen, um geheimste Gedanken von Menschen handelt, dann werden sie diese bei einer direkten Befragung ebenfalls nicht offenbaren. Es kommt deshalb darauf an, die entsprechenden Fragen, Interviews, Analysen, Beobachtungen so anzulegen, daß die Befragten über die eigentlichen Absichten der Studie nichts erfahren.

Funktion antisemitischer Vorurteile

> (...) das Individuum kann „geheime" Gedanken haben, die es, wenn möglich, unter keinen Umständen offenbaren wird; es kann Gedanken haben, die es sich selbst nicht eingestehen mag, und es kann Gedanken haben, die es nicht ausspricht, weil sie so vag und ungeordnet sind, daß es sie nicht in Worte zu kleiden vermag. Zu diesen ver-

borgenen Tendenzen Zugang zu gewinnen ist besonders wichtig, denn genau hier dürfte im Individuum das Potential für demokratische oder antidemokratische Ideen und Handlungen in entscheidenden Situationen liegen. (Theodor W. Adorno, 1980: 5)

Auf diesen Zusammenhang konzentrierte sich dann die weitere Untersuchung, bei der auch neue Befragungs- und Beobachtungsmethoden entwickelt wurden. Die Ergebnisse dieser spezifischen empirischen Erhebungen wurden dann in Einstellungsskalen zusammengefaßt.

> Alle Skalen bestanden aus einer Reihe von Aussagen, von denen jede einzelne mit Angaben von Zustimmungs- oder Ablehnungsgrad zu beantworten war. Jede Aussage bezog sich auf eine relativ spezifische Meinung, Attitüde oder Wertvorstellung und ihre Annahme in eine bestimmte Skala basierte auf der Hypothese, daß alle zusammen einen einzigen allgemeinen Trend ausdrückten. (Theodor W. Adorno, 1980: 18f)

Die Skalen, die die verborgenen Tendenzen zusammenfassen, waren von dem Forscherteam selbst entwickelt worden. Am wichtigsten sind die A- (Antisemitismus-Skala), die E- (Ethnozentrismus-Skala), die PEC- (politisch-ökonomische-Skala) und schließlich die F- (Faschismus-Skala).

Einstellungsskalen

Adorno hat in der Einleitung sehr deutlich gemacht, daß im Unterschied zu der üblichen Umfrageforschung es in diesem Fall nicht darauf ankam, Meinungen zu speziellen Problemen zu erfahren, sondern „die Existenz breiter ideologischer Trends zu bestimmen". Deswegen bestanden die einzelnen Skalen auch aus einer ganzen Reihe von Merkmalen. Als Beispiel seien hier die Merkmale des autoritären Denkens aufgezählt, die sich in der F-Skala finden:

a) Konventionalismus: Starres Festhalten an konventionellen Wertvorstellungen des Mittelstandes.
b) Autoritäre Unterwürfigkeit: Unterwürfige, kritiklose Haltung gegenüber idealisierten moralischen Autoritäten der Eigengruppe.
c) Autoritäre Aggression: Tendenz, nach Menschen Ausschau zu halten, die konventionelle Normen verletzen, um sie zu verurteilen, zu verwerfen und zu bestrafen.
d) Anti-Intrazeption: Abwehr des Subjektiven, Phantasievollen, Sensiblen.
e) Aberglaube und Stereotypie: Der Glaube an die mystische Bestimmtheit des Schicksals; die Disposition, in rigiden Kategorien zu denken.
f) Macht und „Robustheit": Übertriebenes Denken in den Dimensionen Herrschaft/Unterwerfung, stark/schwach, Führer/Gefolgschaft; Identifizierung mit Machtfiguren, Überbetonung der konventionalisierten Attribute des Ich; übertriebene Zurschaustellung von Stärke und Robustheit.
g) Destruktivität und Zynismus: Generalisierende Feindseligkeit, Verleumdung des Menschlichen.
h) Projektivität: Die Disposition, an unsinnige und gefährliche Vorgänge in der Welt zu glauben; die Projektion unbewußter emotionaler Impulse nach außen.
i) Sexualität: Übertriebenes Interesse an sexuellen „Vorgängen". (Theodor W. Adorno, 1980: 71ff)

Die Untersuchungen und Studien zum autoritären Charakter hatten auch eine praktische Absicht. Jedenfalls hat *Horkheimer* vorgeschlagen, die Ergebnisse der Studie auch praktisch zu verwenden. Er dachte dabei vor allem an einen Zeitpunkt, zu dem wegen einer politisch-wirtschaftliche Krise die Gefahr entsteht, daß die latent vorhandenen faschistischen Potentiale in der amerikanischen Bevölkerung aktiviert werden. Er stellte sich vor, daß die „Studien" an Medien,

Schulen und andere pädagogische Instanzen verteilt werden sollten, um so der Gefahr einer faschistischen Gesellschaft vorzubeugen. Dies ist im übrigen eines der wenigen Male, daß bei den Arbeiten des *Horkheimer*-Kreises ein praktischer Verwendungszweck direkt erkennbar wird.

7. Nirgendwo ein Ort

Die Hoffnung, mit Hilfe öffentlicher Beeinflussung in den USA einem aufkommenden Faschismus wirkungsvoll entgegentreten zu können, mutet auf dem Hintergrund der anderen Analysen über den Zusammenhang von Kulturbetrieb und Charakter (siehe Abschnitt 4) vielleicht etwas merkwürdig an. Man könnte in Kenntnis der zehn Jahre vorher entstandenen Arbeiten sogar von Naivität sprechen. Bis Ende der 30er Jahre war das theoretische Arbeitsprogramm des *Horkheimer*-Kreises auf die Befreiung der Menschen gerichtet. Dabei wurde die polit-ökonomische Theorie des Marxismus allerdings nur in ihrer Analyse und Diagnose, nicht hinsichtlich der Aktion, die bei *Marx* auch für Intellektuelle dazugehörte, aufgegriffen und in ihren eigenen Arbeiten weiterentwickelt. Theorie und Praxis blieben, wie in den deutschen Geisteswissenschaften allgemein, so auch beim *Horkheimer*-Kreis schließlich voneinander getrennt.

Ab Ende der 1930er Jahre werden die Analysen skeptischer und schlagen schließlich in einen tiefen Pessimismus um, der von Ohnmachtsgefühlen begleitet ist. Es geht nicht länger um die Verbesserung der Lebenswelt, um die Befreiung der Menschen, sondern nur noch um die Verhinderung des Schlimmsten, nämlich eine Wiederholung des Holocaust in einer faschistischen Welt. *Max Horkheimer* und *Theodor Adorno* haben im Exil, durch das sie der Ermordung entgangen waren, am Holocaust existentiell gelitten. Die umfangreichen Arbeiten, die im Exil entstanden sind, können dabei nur auf einen ersten Blick verdekken, wie sehr diese Menschen von dem schlimmen Ende der Menschengesellschaft überzeugt waren. Sie waren seit Anfang der 40er Jahre voller Pessimismus über das Schicksal der Menschen und ihrer Welt und auch über die Rolle der Intellektuellen. In dem 1947 erschienenen Buch „*Dialektik der Aufklärung*" heißt es zu Anfang auf Seite eins: „Die rastlose Selbstzerstörung der Aufklärung zwingt Denken dazu, sich auch die letzte Arglosigkeit gegenüber den Gewohnheiten und Richtungen des Zeitgeistes zu verbieten". Aus *Max Webers* „stahlhartem Gehäuse" der Moderne war eine „Wirklichkeit als Hölle" geworden.

Nicht alle aus dem *Horkheimer*-Kreis sind nach Deutschland zurückgekehrt. Aber *Max Horkheimer* und *Theodor Adorno* gingen zurück in das Land, in dem ein Holocaust mit bürokratischer Gründlichkeit und Verläßlichkeit in der Abwicklung stattgefunden hatte. Der Pessimismus, die Angst vor einer neuen Katastrophe blieb ihnen und lähmte ihr Denken. *Helmut Dubiel* schreibt in seiner Einführung in die Kritische Theorie dazu:

<small>Rückkehr nach Deutschland</small>

> Horkheimer hat nach seiner Rückkehr nie mehr etwas geschrieben, was den Rang und die Radikalität seiner frühen Schriften auch nur gestreift hätte. Adorno veröffentlichte im ersten Jahrzehnt nach seiner Rückkehr im wesentlichen die Arbeiten, die er während des Exils verfaßt hatte. Sein dann später geschriebenes Buch „Negative Dialektik" ist nur eine so verschlungene wie kunstvolle Variation auf jene düstere Grund-

melodie, die er gemeinsam mit Horkheimer in der „Dialektik der Aufklärung" angeschlagen hatte... Sie waren Juden in einem Land, das Auschwitz hervorgebracht hat. Auch nach langen Jahren in den USA haben sie den Status der Emigranten nie abgestreift und als sie zurückkamen, waren sie nie mehr richtig da. (Helmut Dubiel, 1988: 14f)

Aber sie gehörten gleichwohl zu den führenden Intellektuellen der jungen Bundesrepublik. Ihre marxistischen Wurzeln wußten sie in der Phase des Adenauer-Konservatismus der 50er Jahre geschickt zu verbergen. Trotzdem waren sie, vor allem in den späten 50er und frühen 60er Jahren, die Mentoren einer akademischen Linken, die der Kern der Studentenbewegung der zweiten Hälfte der 60er Jahre war, mit der die Phase der Restauration in der Bundesrepublik zu Ende ging. Auch wenn es sachlich nicht richtig ist, werden *Horkheimer* und *Adorno* in der Öffentlichkeit immer wieder als „Väter der Studentenbewegung" bezeichnet. Warum dies nicht richtig ist, werden wir in Kapitel XII noch erläutern. Aber ihr Einfluß in den späten 50ern und frühen 60er Jahren war trotzdem sehr groß. Der Schriftsteller *Michael Rutschky* hat aus den frühen 60er Jahren berichtet:

> Das waren schöne Zeiten, damals. Da war die Welt noch in Ordnung, da lag man, 20 Jahre alt, halb nackt im Freibad, ließ sich von der Sonne bescheinen, rauchte Peter Stuyvesand, schaute die Mädchen an, las – und wußte ohne jede Anfechtung durch einen Zweifel, daß die Zeit vollkommen in Unordnung ist. (Michael Rutschky, 1984: 182)

Es war der Sommer 1963, an den sich *Rutschky* erinnert, und das Buch, das er las, war *Adornos „minima moralia"* (1951), ein Kultbuch der damaligen Zeit.

Das Buch eines anderen „Frankfurters" war zu der Zeit noch so gut wie unbekannt: *„Über den Prozeß der Zivilisation"* von *Norbert Elias* kannten zum damaligen Zeitpunkt nur wenige. Sein Autor lebte damals noch in England im Exil. Von 1930-1933 hatte er im Gebäude des *Instituts für Sozialforschung* in Frankfurt gearbeitet, allerdings als Assistent von *Karl Mannheim,* dessen Lehrstuhl im Hause des Instituts für Sozialforschung Gastrecht hatte. Der *Mannheim*-Kreis und der *Horkheimer*-Kreis standen sich distanziert gegenüber, zu unterschiedlich waren die Positionen, zu unterschiedlich wohl auch die Charaktere. Es gab im Exil und auch in der Nachkriegszeit kaum Kontakte.

Aber *Elias* arbeitete über dieselben wissenschaftlichen Probleme und gesellschaftlichen Konflikte wie die Mitglieder der *Frankfurter Schule,* und diese Übereinstimmung in den Fragen, nicht in den Antworten, führte dazu, daß ihm 1977 als erstem der *Theodor-W.-Adorno-Preis* der *Stadt Frankfurt* verliehen wurde. Zu der Zeit war aus dem unbekannten Werk *„Über den Prozeß der Zivilisation"* ein sozialwissenschaftlicher Bestseller geworden. Mit dem Inhalt dieses Buches und der Biographie seines Autors wollen wir uns in der nächsten Lektion beschäftigen.

Literatur

Primärliteratur

Adorno, Theodor W.: Studien zum autoritären Charakter. Frankfurt/Main 1980
Fromm, Erich: Sozialpsychologischer Teil, in: Horkheimer, Max: Autorität und Familie. Paris 1936, S. 77-135
Horkheimer, Max (Hg.): Studien über Autorität und Familie. Lüneburg 1987
Horkheimer, Max: Sozialphilosophische Studien. Aufsätze, Reden und Vorträge. Hg. von Werner Brede. Frankfurt/Main 281 (1972)
Horkheimer, Max: Traditionelle und kritische Theorie. Fünf Aufsätze. Frankfurt/Main 1992 (1986)
(im Suhrkamp Verlag sind Gesammelte Schriften von Theodor W. Adorno und Max Horkheimer erschienen)

Sekundärliteratur

Dubiel, Helmut: Kritische Theorie der Gesellschaft. Eine einführende Rekonstruktion von den Anfängen im Horkheimer-Kreis bis Habermas. Weinheim/München 1988, 2. erweiterte Auflage 1992
Herrschaft, Felicia/Lichtblau, Klaus (Hrsg.): Soziologie in Frankfurt. Eine Zwischenbilanz. Wiesbaden 2010
Honneth, Axel/Institut für Sozialforschung (Hrsg.): Schlüsseltexte der Kritischen Theorie. Wiesbaden 2006
Jay, Martin: Dialektische Phantasie. Die Geschichte der Frankfurter Schule und des Instituts für Sozialforschung 1923 – 1950. Frankfurt/Main 1991 (1987)
Papcke, Sven: „Weltferne Wissenschaft. Die deutsche Soziologie der Zwischenkriegszeit vor dem Problem des Faschismus/Nationalsozialismus", in: ders. (Hg.): Ordnung und Theorie: Beiträge zur Geschichte der Soziologie in Deutschland. Darmstadt 1986, S. 168-222
Rosen, Zvi: Max Horkheimer. München 1995
Rutschky, Michael: Erinnerungen an die Gesellschaftskritik, in: ders.: Zur Ethnographie des Inlandes. Frankfurt/Main 1984
Schivelbusch, Wolfgang: Intellektuellendämmerung. Zur Lage der Frankfurter Intelligenz in den zwanziger Jahren. Frankfurt/Main 1985
Schweppenhäuser, Gerhard: Theodor W. Adorno zur Einführung. Hamburg 1996
Wiggershaus, Rolf: Die Frankfurter Schule. Geschichte. Theoretische Entwicklung. Politische Bedeutung. München/Wien 1986 (1988 ist eine relativ preiswerte Taschenbuchausgabe erschienen)

Lektion IX
„Die Umstände, die sich ändern, sind die Beziehungen zwischen den Menschen selbst."
Norbert Elias und die Zivilisationstheorie
(Soziologie im Exil 2)

Inhalt

1. Am Anfang eine Überlegung, was es bedeutet, im Exil leben zu müssen
2. Jüdisches Elternhaus und preußisches Gymnasium
3. Vom Studium der Medizin zur Philosophie
4. Langfristige Entwicklungen als Lebensthema
5. Von der Philosophie zur Soziologie
6. Erster Auftritt beim Züricher Soziologentag 1928
7. Die Soziologie der Höfischen Gesellschaft
8. Die Zivilisierung der Sitten
9. Der Prozeß der Staatenbildung
10. Soziologie als Menschenwissenschaft

Literatur

1. Am Anfang eine Überlegung, was es bedeutet, im Exil leben zu müssen

Norbert Elias
(1897-1990)

Als **Norbert Elias** (1897-1990) am 2. Oktober 1977 in der Frankfurter Paulskirche den *Theodor-W. Adorno-Preis* aus der Hand des Oberbürgermeisters entgegennahm, war er schon 80 Jahre alt. Der Preis war für den lange Unbekannten und Übersehenen eine späte Genugtuung. Mehr als 40 Jahre hatte er auf Anerkennung gewartet, fern seiner deutschen Heimat, die er 1933 verlassen mußte. *Elias* war wie seine jüdischen und kritischen Frankfurter Kollegen im Frühjahr 1933 ins Exil gegangen, zuerst nach Frankreich und dann im Herbst 1935 nach England. Er mochte das Wort Emigration aus guten Gründen nicht. Exilierung ist zurecht angemessener als das andere Wort, das soviel eigenen Entschluß und manchmal sogar eine gewisse Behaglichkeit vermittelt.

Da saß er nun, der Fast-Privatdozent, im Lesesaal des Britischen Museums, jenem traditionsreichen Raum, in dem schon *Karl Marx „Das Kapital"* geschrieben hatte, inmitten einer Welt, deren Sprache er zunächst nicht sprechen konnte und dessen Sitten er nicht kannte, und versuchte, den Verdüsterungen des Exils durch wissenschaftliche Arbeit zu entkommen. Das ließ sich zunächst auch gut an. Schon 1936 war der erste Band seiner Zivilisationtheorie fertig, ein kleines Stipendium verhalf zum Leben und auch die Eltern im fernen Breslau konnten noch helfen; vor allem, als es darum ging, das deutsch geschriebene Werk zum Druck zu bringen. Die Eltern finanzierten den Vorabdruck des ersten Bandes, der 1937 bei einem kleinen Verlag in Gräfenhainichen, der Ort liegt zwischen Wittenberg und Bitterfeld, erschien. *Elias* verschickte diesen Band sehr gezielt an Freunde und mögliche Rezensenten. Man weiß aus vielerlei Berichten, aber auch aus einem Briefwechsel, der sich im Nachlaß von *Walter Benjamin* befindet, daß *Elias* die für 1938 in einem Prager Verlag vorgesehene Veröffentlichung des gesamten Werkes durch diese Marketingaktion vorbereitete.

Aus all dem spricht noch vielerlei Hoffnung. Doch dann, nach der Okkupation der Tschechoslowakei, konnte das Buch des jüdischen Autors in Prag nicht mehr erscheinen. Die Druckbögen wurden heimlich in die Schweiz geschafft. Dort erschien 1939 bei dem Verlag *„Haus zum Falken"*, den der ebenfalls exilierte *Fritz Karger* in Basel gegründet hatte, *„Über den Prozeß der Zivilisation. Soziogenetische und Psychogenetische Untersuchungen"* in zwei Bänden. Auch jetzt verschickte *Elias* sehr gezielt Belegexemplare. *Thomas Mann* z.B. erhielt im Sommer 1939 beide Bände während seiner Ferien im holländischen Seebad Nordwijk. Er erwähnte das Buch mehrfach in seinem Tagebuch und stellte, nun schon in Zürich, am 8. August fest: „Das Buch von Elias ist wertvoller als ich dachte. Namentlich die Bilder aus dem späten Mittelalter und der ausgehenden Ritterzeit".

Die Verdüsterungen des Exils hat der Schriftsteller *Günter Anders* einmal sehr treffend charakterisiert, als er nach 14 Jahren Exil feststellte: „Den 50 sich nähernd und nur ein einziges Stück zu entdecken, das in die Rubrik ‚Liebe' gehört, welchem Schriftsteller der letzten zwei Jahrhunderte hätte das wohl zustoßen können?" Soll heißen: der Exilant kann sich um sein Innenleben nicht kümmern. Er hat dafür keine Zeit. Er muß für den Broterwerb sorgen, und wenn es ein Innenleben gibt, dann jene unerfüllten Hoffnungen, daß eines Tages doch noch Kenntnis genommen wird von den Dingen, die man geleistet hat und sich doch noch eine Chance einstellt, daß sich alles zum Guten wendet.

Elias hat lange auf eine erste Chance warten müssen. Erst 1954 bekam er eine Dozentenstelle an der Universität Leicester; 1962, nach seiner Pensionierung, wurde er noch Professor für Soziologie an der Universität von Ghana, die damals noch britisch orientiert war. Aber immer noch nicht nahm man Notiz von seinem großen Buch, von dem er doch so genau wußte, daß es besser war als das meiste, was er als Soziologie zu lesen bekam. Er hat einmal von seinen Träumen in dieser Zeit berichtet, in denen immer wieder das Telefon klingelte, er erwartungsvoll den Hörer abnahm, aber immer nur eine sich entfernende Stimme vernahm, der er dann nachrief: „Hört mich denn keiner?"

Die Wünsche, Nöte, Hoffnungen von Menschen in einer fremden Gesellschaft, an die sie sich anzupassen haben, wollen sie überleben, kann man nur erahnen. Welcher Anstrengung bedurfte es *Norbert Elias,* zu wissen, daß er ein sehr gutes Buch geschrieben hatte, das unter normalen Umständen die Tür zu einer universitären Karriere endgültig aufgestoßen hätte, um nicht verrückt zu werden, in Verzweiflung und Depression zu versinken? Wie hält ein Exilant die Hoffnung aufrecht, daß eines Tages doch noch jemand von den eigenen Leistungen Notiz nimmt? Obwohl doch die Hoffnungslosigkeit stets gegenwärtig ist. Bei dem Lyriker *Max Hermann-Neiße* heißt es in einem seiner im Londoner Exil geschriebenen Gedichte: „Ein deutscher Dichter bin ich einst gewesen, jetzt ist mein Leben Spuk wie mein Gedicht".

2. Jüdisches Elternhaus und preußisches Gymnasium

Im Jahre 1906 betrat *Norbert Elias,* 9 Jahre alt, zum ersten Mal eine Schule. Bis dahin war das einzige Kind von *Hermann* und *Sophie Elias* von Gouvernanten und einem Hauslehrer erzogen und unterrichtet worden. Die Schule, die er betrat, war das Breslauer Johannes-Gymnasium. Es war eine städtische Schule, in der auch jüdische Lehrer unterrichteten. Es gab einen Rabbi, der jüdischen Religionsunterricht erteilte. Ansonsten spielte das Judentum am Johannes-Gymnasium keine Rolle. Es war eine preußische Bildungsanstalt, deren Wohltaten zu rühmen *Elias* niemals vergaß, wenn er auf seine Jugendzeit zu sprechen kam. Die starken Anregungen, die er dort erhalten habe, hätten seine Entwicklung entscheidend mitbestimmt. Er rühmte seine ausgezeichneten Lehrer, von denen einige später eine Universitätskarriere machten.

Preußisches Gymnasium

In der Oberstufe gab es eine philosophische Arbeitsgemeinschaft. Dort wurden vor allem die Werke *Immanuel Kants* gelesen. Unter den Schülern gab es eine Konkurrenz im Begreifen und Verstehen schwieriger Texte. Intellektuelle Neugier paarte sich so mit der Einsicht, daß es „harter, intellektueller Arbeit" bedarf, sich gegenüber der Sache und den Rivalen zu behaupten. Die Vertiefung im Fach Philosophie, so hat er in seinen „*Notizen zum Lebenslauf*" berichtet, war zugleich eine Vertiefung in das „klassische Bildungsideal des deutschen Bürgertums,... in ihrem Mittelpunkt standen noch immer die Klassiker der Schiller- und Goethe-Zeit". Ganz im Sinne dieses Bildungsideals wünschte sich der dreizehnjährige *Elias* zu seiner Bar-Mitzwah, dem jüdischen Gegenstück zur christlichen Konfirmation und Kommunion, deutsche Klassiker in der Ausgabe des Bibliographischen Instituts.

Die Faszination, die intellektuelle Herausforderung, die die Philosophie *Immanuel Kants* beim Gymnasiasten *Norbert Elias* hervorrief, hatte seine Entsprechung in der ihn umgebenden Gesellschaft. *Jürgen Habermas* hat für die Anziehung, die *Kant* auf deutsche Juden im 19. Jahrhundert ausübte, neben „vernunftsgläubiger Kritik und weltbürgerlicher Humanität", die Chancen genannt, die er für „eine Assimilation ohne Kränkung" eröffnete. Im Jahre 1890 bezeichnete sich die seit mehr als 50 Jahren erscheinende *„Allgemeine Zeitung des Judentums"* als ein „Deutsches Organ, das treu zu Kaiser und Reich steht". Das war eine Hinwendung zur deutschen Gesellschaft, die die „kränkende Zurückweisung als Relikt vergangener Zeiten erscheinen ließ". Die Juden hatten, wie *Walter Jens* in seiner Rede über *„Lessings Nathan aus der Sicht von Auschwitz"* gesagt hat, dem Gedanken der Gleichberechtigung ihre Identität geopfert, voller Vertrauen in den Humanismus der anderen Seite. Es ist die Geschichte eines Irrtums mit tödlichem Ausgang.

Humanismus und Antisemitismus

Kurz bevor seine Schulzeit zu Ende war, begann der Erste Weltkrieg, der den noch nicht 18-jährigen *Elias* aus seiner heilen Breslauer Welt riß. Die ganze Oberprima meldete sich im Frühjahr 1915 freiwillig, das war selbstverständlich. *Elias* wurde Telegraphist. Zunächst im Osten eingesetzt, machte er dann die Somme-Schlacht mit ihren ungeheuren Verlusten an Menschenleben mit. Der Schützengrabenkrieg ist ihm in schrecklicher Erinnerung geblieben. Die meisten seiner Klassenkameraden fielen auf dem sogenannten Feld der Ehre.

Erster Weltkrieg

Elias rettete sich nicht nur physisch unversehrt, sondern auch psychisch. Man kann sogar sagen, daß er gestärkt dem Inferno entkam. Den Schock des plötzlichen Übergangs von einer behüteten Jugend in die Militärdienstzeit verarbeitete der zarte, blasse junge Mensch, indem er eine besondere Fähigkeit zur Selbstdisziplin entwickelte. Mit den Umständen um sich herum, das war die frühe Erkenntnis, wird man nur fertig, wenn man lernt, sehr diszipliniert zu leben, Ansprüche zurückzuschrauben und sich körperlich wie psychisch auf Belastungen einzustellen. Eine Fähigkeit, die ihm in den langen Jahren des Exils ebenso zugute kam wie beim Verfolgen seiner wissenschaftlichen Ziele.

3. Vom Studium der Medizin zur Philosophie

Elias wurde verwundet, kam 1917 nach Breslau zurück in eine „Genesenden-Batterie" und begann auf Wunsch des Vaters, der selber Arzt hatte werden wollen, ein Studium der Medizin. Dieses Studium vermittelte ihm nicht unbeträchtliche Kenntnisse aus den Naturwissenschaften, die seine späteren Arbeiten stark beeinflußten. Vor allem das Studium der Anatomie – so sah er es später – hatte tiefgreifenden Einfluß auf seine Grundvorstellungen. Dabei steht im Mittelpunkt, daß der Mensch nicht von innen nach außen lebt, z.B. ein Gefühl eben nicht nur die Ursache für bestimmte Muskelbewegungen im Gesicht ist. Gesichtssignale und Empfindungen „sind ursprüngliche Aspekte ein und derselben Reaktion. Gefühl und Ausdruck gehören primär zusammen". Das Ich existiert nicht von anderen Menschen getrennt, gewissermaßen gefangen in einem Körper. Erst im

Studium der Medizin

Verlauf des Zivilisationsprozesses – von diesem zentralen Begriff bei *Elias* wird später noch die Rede sein – tritt hier eine künstliche Trennung ein, „schiebt sich je nach den Zivilisationsmustern eine Scheidewand zwischen Gefühlserregung und Gesten oder Gesichtsmuskelbewegungen". Für *Elias* war es zweifelhaft, ob er in der Lage gewesen wäre, ein neues Menschenbild zu erarbeiten, das die Vorstellungen eines in sich abgeschlossenen Menschen, den homo clausus, überwindet und das Menschenbild des homo non clausus dagegen stellt, ohne die Kenntnis, die er beim Medizinstudium erworben hatte.

Aber solche Gedanken waren es auch, die ihn dann doch von der Medizin zur Philosophie drängten, die er bei **Richard Hönigswald** (1875-1947) studierte, der eine spezifische Ausprägung der *Kantianischen* Philosophie vertrat. Es waren dann aber wohl auch die Erkenntnisse aus den Naturwissenschaften, die mit dazu beitrugen, kritisch zu werden gegenüber einer Philosophie, die Prozesse, die Vergängliches auf statische Zustände reduzieren, zeitlosen, von vornherein vorhandenen Kriterien unterwerfen will und so die Geltung ihrer Urteile begründet.

<small>Wechsel zur Philosophie</small>

Diese Zweifel endeten schließlich in einer grundsätzlichen Auseinandersetzung mit dem strengen Doktorvater. In der Doktorarbeit über das Thema *„Idee und Individuum. Ein Beitrag zur Philosophie der Geschichte"* hatte *Elias* grundsätzliche Zweifel angemeldet, daß die Sache mit dem a priori wohl nicht stimmen könne:

> Ich konnte nicht mehr übersehen, daß alles, was Kant als zeitlos und vor aller Erfahrung gegeben hinstellte, sei es die Vorstellung einer Kausalverknüpfung, die der Zeit oder die natürlicher und moralischer Gesetze, zusammen mit den entsprechenden Worten von anderen Menschen gelernt werden müssen, um im Bewußtsein des einzelnen Menschen vorhanden zu sein. Als gelerntes Wissensgut gehören sie also zum Erfahrungsschatz eines Menschen. (Norbert Elias, 2005: 21 (GS 17))

Das konnte *Hönigswald* so nicht akzeptieren. Entsprechend des damals herrschenden autoritären Doktorvater-Doktorand-Verhältnisses verlangte er kategorisch eine Änderung. Der Doktorand akzeptierte schließlich einige Änderungen, denn das Machtpotential *Hönigswalds* war eindeutig größer. Er ließ ein paar Seiten fort, was in dem Fakultätsexemplar vermerkt wurde und unterwarf sich am Schluß der Arbeit dem „ordnenden Prinzip der Geltung", womit der Doktorvater zufriedengestellt war.

4. Langfristige Entwicklungen als Lebensthema

Der Text der Dissertationsschrift aus dem Jahre 1922 ist in einer philosophisch-abstrakten Sprache geschrieben. Gleichwohl kann man schon an diesem Text jene Themen entdecken, denen sich *Elias* später als Soziologe widmete. Viel deutlicher lassen sich aber diese Anfänge einer wissenschaftlichen Orientierung in einem zwölfseitigen Beitrag ablesen, den er Mitte 1921 in der „Führerzeitung" des jüdischen Wanderbundes Blau-Weiß, dem damals bedeutendsten jüdischen Jugendverband, veröffentlichte. Der dort abgedruckte Artikel *„Vom Sehen in der Natur"* ist in ganz erstaunlicher Weise ein erstes Dokument der wissenschaftlichen Entwicklung von *Norbert Elias*. Viele seiner später auf einem entwickelteren Niveau vorgetragenen Thesen und Positionen finden sich hier in ersten Ausprägungen.

Besonders deutlich wird das dort, wo er Probleme der historischen Entwicklung anspricht. Hier wird auch der Unterschied zu der neukantianischen Position *Hönigswalds* deutlich. Mit der sachorientierten Fragestellung nach der Geschichtlichkeit des Sehens in der Natur setzt er sich vom philosophischen a priori-Denken ab. Seine Feststellung, daß die Griechen ein anderes Naturverständnis besaßen und man von der Renaissance bis zur Gegenwart eine strukturierte Entwicklung des Naturverständnisses nachweisen kann, steht dem ahistorischen Denken seines Philosophielehrers diametral entgegen.

Langfristige Entwicklungen als Lebensthema

Mit dem Hinweis auf die langfristigen Entwicklungen bestimmter Wahrnehmungs-, Verhaltens- und Bewertungsmuster hat *Elias* auch sein **Lebensthema** gefunden. Es ist gewiß zunächst noch eine fragmentarische Betrachtungsweise, die er dort erstmals formulierte, aber spätere Fragestellungen, einschließlich die nach den Entwicklungen des Bewußtseins, sind bereits angelegt. Seine grundlegende Einstellung, die ihn von der abstrakten Methaphysik ebenso wegführte wie von relativistischer und personifizierender Geschichtsschreibung, ist schon erkennbar. Im Text heißt es:

> Es liegt nun aber die Gefahr der geschichtlichen Untersuchung stets darin, daß entweder der Forschende am unrechten Ort sich selbst und seine Welt der früheren zugrunde legt oder daß er ins Gegenteil umschlagend dort, wo sich ihm Fremdheiten und Ungewohntes in den Weg stellen, eilfertig die Brücken abbricht und erklärt, da sei kein Weg des Verständnisses mehr, indes doch vielleicht eine sorgsam abwägende Arbeit gerade aus dem Ungewohnten viel Förderliches an den Tag bringen könnte. (Norbert Elias, 2002: 14 (GS 1))

Wir werden diesen Umgang mit der Geschichte immer wieder antreffen: Beim Züricher Soziologentag 1928, in der Habilitationsschrift von 1933 und dann im zentralen Werk über den Prozeß der Zivilisation. Bei seinem ersten Versuch, im Jahre 1921, fehlten ihm noch Wissen und Mittel. Im Verlauf des Prozesses der Entstehung seiner **Prozeßtheorie** erarbeitete er sich dann die historischen, soziologischen und psychologischen Kenntnisse und Instrumentarien, mit denen er die Gründe für längerfristige Veränderungen und die Gründe für abgrenzbare Schübe der gesellschaftlichen Entwicklung herausarbeiten konnte.

Elias hatte von den notwendigen Voraussetzungen schon damals klare Vorstellungen. Nur derjenige kann richtigere Antworten auf Fragen finden, der sich auch um den Fortschritt in den angrenzenden Wissenschaften bemüht, „der sich mit den Wissenschaftsgrundlagen und den fortschreitenden Resultaten, dem Wissenschaftsverlaufe also in sorgsamer Arbeit vertraut macht" (Norbert Elias, 1921: 139f).

Lebensmotto

Der Artikel von 1921 endet mit einem griechischen Zitat, das zu Deutsch übersetzt lautet: „Einander die Lampen übergeben". Dieses Motto, es ist in unserer Sicht das **Lebensmotto** der wissenschaftlichen Tätigkeit von *Norbert Elias,* enthält auch das Bild der Kette, in der die Lampe weitergereicht wird. Diesem Motto und diesem Bild blieb *Elias* treu. Auch ihm begegnet man immer wieder, wenn man sein wissenschaftliches Leben verfolgt. Am klarsten kommt es dann 65 Jahre später bei seiner Dankesrede nach Erhalt des *Adorno-Preises* in der Frankfurter Paulskirche zum Ausdruck:

> Die Arbeit in den Menschenwissenschaften, wie in anderen Wissenschaften, ist ein Fackellauf: man nimmt die Fackel von den vorangehenden Generationen, trägt sie ein Stück weiter und gibt sie ab in die Hände der nächstfolgenden Generation, damit auch sie über einen selbst hinausgehe. Die Arbeit der vorangehenden Generation wird dadurch nicht vernichtet, sie ist die Voraussetzung dafür, daß die späteren Generationen über sie hinauskommen können. (Norbert Elias, 2006: 506 (GS 14))

So machte der junge *Elias* seine Erfahrungen. Das jüdische Elternhaus, die humanistische Bildung, die Notwendigkeit harter intellektueller Arbeit und Selbstdisziplin: zu ihnen tritt die Erfahrung, daß man wegen der Sache Streit mit einem Mächtigeren aushalten muß, daß die Redlichkeit des Denkens zum Erfolg führen kann.

5. Von der Philosophie zur Soziologie

Aber noch waren die Lehrjahre nicht abgeschlossen. Nach der Doktorprüfung im Jahre 1922 konnte *Elias* nicht länger auf finanzielle Unterstützung durch seine Eltern rechnen. Die Inflation der Wirtschaftskrise zehrte die Renten auf, die der Vater auf sein erspartes Vermögen erhielt. So war der Sohn gezwungen, sich seinen Lebensunterhalt selbst zu verdienen. Durch Vermittlung erhielt er in einer Fabrik, die Kleineisenteile (Ofenklappen, Ventile etc.) herstellte, eine Anstellung. Der Direktor, ein Herr Mehrländer, suchte einen Juniorchef, der ein Akademiker sein sollte, nach Möglichkeit mit Doktortitel. *Elias* war so einer.

Er begann seine Tätigkeit mit einer Orientierung in allen Abteilungen dieses mittelständischen Betriebes, der nach *Elias'* Erinnerung ca. 800 Arbeiter beschäftigte. Danach wurde er Leiter der Export-Abteilung. In dieser Eigenschaft unternahm er u.a. eine ausgedehnte Skandinavienreise, um Vertreter und Verkäufer für die Firma zu gewinnen bzw. zu rekrutieren. Die Tätigkeit für die Fabrik war für ihn eine sehr wichtige Erfahrung, half sie ihm doch, die Wand des akademischen Elfenbeinturmes, die durch die Soldatenzeit und seine innerakademischen Auseinandersetzungen mit dem Philosophielehrer bereits kräftige Risse bekommen hatte, zu durchbrechen. Neben die Erfahrung der Schrecken des Krieges – so sah er es später – tritt die des Elends der Arbeiterschaft während der Wirtschaftskrise 1922/23.

Als Juniorchef in der Fabrik

Mit der Tätigkeit in der Industrie war für *Elias* die Position eines Universitätslehrers, die er seit frühen Schülertagen anstrebte, in weite Ferne gerückt. Zum ersten Mal machte er die Erfahrung des Wartens. Das Lebensziel, eine Professur, hatte er noch nicht aufgegeben – wie konnte er auch –, sah er hierin doch seine eigentliche Bestimmung. Jetzt mußte er herumreisen, Vertreter anwerben, Verkaufsstellen eröffnen und sich mit Dingen beschäftigen, deren Nutzen für die Laufbahn eines Universitätsprofessors nur schwer zu vermitteln war. Aber er gab die Hoffnung nicht auf. Er schulte seinen Kopf u.a. dadurch, indem er während der langen Reisen griechische Anekdoten und Witze ins Deutsche übersetzte und nacherzählte. Eine kleine Auswahl schickte er an die *Berliner Illustrierte*, die zu seiner großen Überraschung im Juli des Jahres 1924 fünf dieser witzigen Geschichtchen abdruckte und auch ein kleines Honorar schickte.

Rückkehr an die Universität

Das war für den homme de lettres das Signal zum Aufbruch. Er kündigte seine Stellung in der Eisenwarenfabrik, der Reiz des Neuen war inzwischen auch verflogen, und machte sich auf nach Heidelberg. Er tat dies in der Gewißheit, daß man mit Schreiben Geld verdienen kann (die wirtschaftlichen Verhältnisse hatten sich inzwischen so gebessert, daß der Vater notfalls auch wieder einspringen konnte) und mit der Hoffnung auf eine Universitätskarriere. Intellektuell und charakterlich wohl gerüstet und – wie er berichtete – „gewappnet gegen fragwürdige Denkweisen", kam er gegen Ende des Jahres 1924 in der schönen alten Universitätsstadt an. Kindheit, Jugend, Reifezeit lagen hinter ihm. Ein neuer Lebensabschnitt begann.

In Heidelberg wandte *Elias* sich nun endgültig der Soziologie zu, die dort vor allem von zwei Personen bestimmt wurde, dem Kultursoziologen *Alfred Weber* (siehe Lektion VII) und dem jungen Privatdozenten *Karl Mannheim* (siehe Lektion VII). Mit beiden hatte *Elias* zu tun. Mit dem fast gleichaltrigen *Mannheim* hatte er sich bald angefreundet, diente ihm auch als eine Art Assistent, als Vermittler zu den Studenten. Überhaupt war der schon promovierte und auch einige Jahre ältere *Elias* bald der Mittelpunkt einer Studentengruppe, in der sich Namen wie *Hans Gerth, Richard Löwenthal, Heinrich Taut, Svend Riemer* finden. Andererseits war *Alfred Weber* der ortsansässige Ordinarius, dessen Zustimmung zur Habilitation *Elias* benötigte, und so ergab es sich, daß er bei beiden im Oberseminar saß.

6. Erster Auftritt beim Züricher Soziologentag 1928

In soziologischer Hinsicht gab es eindeutige Gegensätze zwischen der idealistischen Position *Alfred Webers* und der materialistischen *Karl Mannheims*. Im Heidelberger Alltag kam das alles nicht an die Oberfläche. *Webers* Position war institutionell zu überlegen, aber es gehörte auch nicht zu dem gediegenen Stil der Heidelberger Verhältnisse, sich unterschwellig zu bekämpfen. Zum Ausbruch kamen die Gegensätze erst auf dem VI. Deutschen Soziologentag, der 1928 in Zürich abgehalten wurde.

Über die Kontroverse zwischen *Alfred Weber* und *Karl Mannheim* auf dem Züricher Soziologentag 1928 haben wir in Lektion VII ausführlich berichtet. In seinem Vortrag „*Die Bedeutung der Konkurrenz im Gebiete des Geistigen*" hatte *Mannheim* die Wissenssoziologie mit der bei ihm zentralen Ideologiekritik in den Mittelpunkt der Soziologie gerückt. Für zusätzlichen Zündstoff hatte er gesorgt, indem er den Liberalismus *Alfred Webers* direkt angegriffen hatte. In der darauffolgenden Debatte ging es ganz der hierarchischen Reihenfolge nach. Zuerst sprachen die Geheimräte, als erster der Präsident der Deutschen Gesellschaft für Soziologie, *Ferdinand Tönnies,* dann *Alfred Weber* und *Werner Sombart*. Danach kamen die Professoren und schließlich einige Doktoren, unter ihnen auch *Elias,* dessen Wortbeitrag bei dieser Debatte die erste gedruckte soziologische Äußerung von ihm ist.

Er trat einerseits der ebenso individualistischen wie idealistischen Sichtweise *Alfred Webers* entgegen, machte gleichzeitig aber auch deutlich, daß die ideologiekritische, relativistische Auffassung *Mannheims* wegen ihrer einseitigen Betonung der Sphäre des Wissens und der Orientierung an einzelnen schöpferischen Menschen ebenfalls einer Überwindung bedürfe. *Elias* sagte:

> Wer ins Zentrum seiner Betrachtung den ‚schöpferischen Menschen' rückt, der hat im Grunde noch das Gefühl, für sich *allein* da zu sein, selbst gewissermaßen einen Anfang und ein Ende zu bilden. Wer ins Zentrum die historischen Bewegungen der menschlichen Gesellschaften rückt, der muß auch wissen, daß er selbst weder Anfang noch Ende ist, sondern, wenn man es einmal so ausdrücken darf, ein Glied in der Kette, und es ist klar, daß dieses Bewußtsein seinem Träger eine ganze andere Bedeutung auferlegt, als jene. (Norbert Elias, 2002: 109 (GS 1))

Neben dieser Stellungnahme findet sich in den Dokumentationen des Züricher Soziologentages noch ein Diskussionsbeitrag zu einem Referat *Richard Thurnwalds* über *„Anfänge der Kunst"*, wo *Elias* im Hinblick auf die Kunst der „Primitiven" die Frage stellte:

Erste Konturen eines soziologischen Programms

> Wie erlebt der Primitive selbst die Welt? Warum ist er *gezwungen,* die Welt so und nicht anders zu erleben, und warum sind wir *gezwungen* – wir können nicht anders – die Welt so und nicht anders zu erleben, obwohl wir beide Menschen – wahrscheinlich – von derselben Natur sind? Woher kommt diese Zwangsläufigkeit, diese innere Notwendigkeit, aus der der Primitive einen Baum so und nicht anders – als Geist! – erleben muß und wir ihn nicht mehr als Geist erleben können? (Norbert Elias, 2002: 114 (GS 1))

Auch wenn diese Wortbeiträge noch keine eindeutigen Konturen haben, so scheint hier doch erstmals ein soziologisches Programm auf, dem *Elias* verpflichtet blieb und an dem er seither arbeitete, sehr lange Zeit unter sehr schwierigen Bedingungen.

In den zwei Beiträgen auf dem Züricher Soziologentag deutete sich seine spätere Meisterschaft an. Er konnte zuversichtlich in die Zukunft schauen und hoffen, trotz des Handicaps der jüdischen Herkunft eines Tages an einer deutschen Universität eine Professur zu erhalten. Hatte er doch gezeigt, daß er im Disput der Bekannten und Einflußreichen mithalten konnte. Er hatte sein erstes Gesellenstück abgeliefert, knappe vier Jahre nachdem er begonnen hatte, sich der Soziologie als akademischer Disziplin und Karriereweg zuzuwenden. Aber noch war der Weg weit zur Professur, denn bei *Alfred Weber* stand er an vierter oder fünfter Stelle der Habilitanten, was eine Wartezeit von gut 10 Jahren bedeutete.

Doch dann wurde *Mannheim,* etwa ein Jahr nach dem Züricher Soziologentag, auf den Lehrstuhl für Soziologie nach Frankfurt berufen. Er bot *Elias* an, als sein Assistent mit nach Frankfurt zu gehen. *Elias,* dem nichts wichtiger war als seine Habilitation, sagte zu, nachdem *Mannheim* ihm versprochen hatte, ihn nach drei Jahren Assistentenzeit zur Habilitation zu führen. So glaubte *Elias* den Weg durch das Nadelöhr der akademischen Qualifikation abkürzen zu können und folgte *Mannheim* nach Frankfurt.

7. Die Soziologie der Höfischen Gesellschaft

Im Frühjahr des Jahres 1930 nahm *Elias* hoffnungsvoll und mit viel Energie seine Tätigkeit am Soziologischen Seminar, dessen Direktor *Karl Mannheim* war, in Frankfurt auf. Das Seminar war im Erdgeschoß des *Instituts für Sozialfor-*

schung untergebracht, dessen Direktor *Max Horkheimer* war. Das bedeutete nicht, daß man inhaltlich kooperierte. *Mannheim* hielt *Horkheimer* für zu links, und *Horkheimer* den anderen für zu rechts. Trotzdem gab es eine Reihe von Kooperationen im alltäglichen Geschäft der Lehre, die von den beiden Assistenten, hier *Leo Löwenthal,* dort *Norbert Elias,* wahrgenommen bzw. vermittelt wurden.

Es gibt eine Reihe von Berichten über *Elias'* Tätigkeit als Assistent. Schon in Heidelberg hatte er die Studenten von *Mannheim* abgeschirmt, zu beiderlei Nutzen, denn *Mannheim* wollte nicht nur seine Ruhe haben, er galt auch insgesamt als schwierig im Umgang mit Jüngeren. In der Autobiographie von *Margarete Freudenthal* findet sich dazu eine kennzeichnende Stelle. Dort heißt es:

> Professor Mannheim hatte aus Heidelberg einen Assistenten mitgebracht, der genau das hatte, was Mannheim nicht besaß. Dr. Elias war gründlich, methodisch und voll uneigennütziger Hilfsbereitschaft für uns alle. Was wir im Kolleg nicht verstanden, erklärte er uns. Wenn wir in unseren Arbeiten nicht weiterkamen, so beschäftigte er sich mit unseren Problemen, als ob es seine eigenen wären. Wir nahmen alle an, daß er Mannheims Privatdozent werde. (Margarete Sallis-Freudenthal, 1977 :109f)

So war es tatsächlich geplant. *Elias* begann bald mit der Arbeit an seiner Habilitationsschrift, die 1969 – mehr als 35 Jahre später – in erweiterter Form als *„Die Höfische Gesellschaft"* bei Luchterhand erschien. In diesem Buch beschreibt und erklärt *Elias* die Vorgänge, die die Höfische Gesellschaft zur Eliteformation des französischen absolutistischen Staates machten.

Aus Kriegern werden Höflinge

Die langsame Umwandlung eines ehemals primär naturalwirtschaftlich fundierten Krieger- und Gutsherrenadels als Spitzenschicht in eine primär geldwirtschaftlich fundierte Aristokratie ist nicht planvoll geschehen, sondern ergab sich aus den ambivalenten Machtbeziehungen zwischen König und Adel. Der Adel benötigte den König zum Erhalt seiner Privilegien und eines standesgemäßen Lebens, der König dagegen benötigte den Adel „vor allem auch als unentbehrliches Gewicht in der Spannungsbalance der Schichten, die er beherrschte". Begriffe wie Feudaladel und Aristokratie bekommen so eine empirisch-theoretische Bedeutung, d.h., ihre Beziehungen zueinander und die Strukturwandlungen der Gesamtgesellschaft kommen klarer zutage und erlauben gleichzeitig ein besseres Verständnis der berufsbürgerlich-städtisch-industriellen Gesellschaft, die auf diese vorerst letzte, nicht-bürgerliche Figuration folgte.

Zum soziologischen Gehalt dieser Theorie gehört auch der Hinweis, daß sich nicht nur die Organisationsformen, sondern auch die Beteiligten, die in dem langfristigen Prozeß miteinander verflochtenen Menschen ändern. Zwar stehen die Verhaltensänderungen der Menschen hier noch nicht im Mittelpunkt seiner Untersuchung, aber vorhanden ist dieser Teil des Entwicklungsprozesses menschlicher Gesellschaft bereits. *Elias* zeigt, wie sich das Gebaren, Sprechen, Leben und der Geschmack der beteiligten Menschen verändern, und wie dies alles schließlich zur höfischen Etikette wird, der die Beteiligten folgen mußten, obgleich sie sie manchmal als Last empfanden.

Indem *Elias* der immanenten Struktur einer zurückliegenden Epoche nachspürt, entfernt er sich ein wenig von den aktuellen politischen Auseinandersetzungen. Wenn er der berufsbürgerlichen Gesellschaft das zivilisatorische und kulturelle Gepräge der höfischen Gesellschaft gegenüberstellt, will er aber gleichzeitig einen Zugang schaffen zu einem besseren Verständnis gegenwärtig existierender Kulturen und zivilisatorischer Formen des Zusammenlebens. Hier besteht ein gewichtiger Unterschied zu manchen Publikationen Gleichaltriger, wie z.B. von *Herbert Marcuse,* der sich auch mit Problemen von Kultur und Gesellschaft, aber zentral im Kapitalismus, beschäftigte (siehe Lektion XII).

Obwohl *Elias* bis in die achtziger Jahre zeitgenössische Probleme umging, bedeutet dies keineswegs, daß seine empirisch-theoretischen Modelle nicht geeignet wären, diese zu erklären oder Lösungsmöglichkeiten aufzuzeigen. Mit seinen Büchern *„Humana Conditio"* und *„Studien über die Deutschen"* hat er gezeigt, daß er durchaus in der Lage ist, seine langfristigen Analysen aus vergangenen Epochen auf aktuelle Probleme der Weltpolitik anzuwenden. Auch die Untersuchung, die er seinerzeit in Leicester durchführte und die unter dem Titel *„The Established and The Outsiders"* veröffentlicht worden ist, zeigt deutlich, daß die ambivalenten Spannungsverhältnisse zwischen verschieden mächtigen Gruppen und Personen sich nicht nur am Hofe Ludwigs XIV., sondern auch zwischen mächtigeren (etablierten) und machtschwächeren Einwohnergruppen nachweisen lassen.

Die Arbeit war tatsächlich drei Jahre nach Ankunft in Frankfurt fertig. Das Habilitationsverfahren wurde eingeleitet, nahm einen positiven Verlauf, und nach der Zustimmung des Regierungspräsidenten zur venia legendi fehlte nur noch die Antrittsvorlesung. Aber dazu kam es nicht. Nach der Machtübernahme begannen die Nationalsozialisten im Frühjahr 1933 sofort damit, die Universitäten von Juden und kritischen Wissenschaftlern zu ‚säubern'. *Elias* wartete einige Wochen ab, unschlüssig, was er mit sich und der so hoffnungsvoll begonnenen Karriere anfangen würde. Aber schließlich war der Ernst der Lage nicht mehr zu übersehen, und im März 1933 floh er mit leichtem Gepäck und einer Reiseschreibmaschine nach Frankreich und reiste von dort im Herbst 1935 nach England, wo er bis Anfang der 1960er Jahre blieb.

<small>Flucht aus Deutschland</small>

Das war das vorläufige Ende seiner Universitätskarriere. Es dauerte dann bis 1954, bis er an der Universität von Leicester wieder eine akademische Position erlangte. Aber das ahnte er damals noch nicht. Nicht nur er, viele andere hofften darauf oder rechneten fest damit, daß die braunen Machthaber, die sie für unfähig hielten, den Staat längere Zeit zu regieren, wieder verschwinden würden. Die Hoffnung nahm zwar von Jahr zu Jahr ab, aber wohl erst 1937/38 war ganz klar, daß alle diese Hoffnungen wie Seifenblasen zerplatzt waren. So tat *Elias* im Exil das, was er gut konnte: er schrieb ein Buch. Es wurde ein Klassiker der sozialwissenschaftlichen Literatur.

8. Die Zivilisierung der Sitten

Elias hat gelegentlich erzählt, wie es dazu kam, daß er das zweibändige Buch *„Über den Prozeß der Zivilisation. Soziogenetische und psychogenetische Untersuchungen"* zu schreiben begann. Bei seinen Studien im Lesesaal des Britischen Museums sei er eher zufällig auf Benimmbücher gestoßen. Die verschiedenen Auflagen aus verschiedenen Epochen hätten sehr unterschiedliche Anforderungen an gesittetes Benehmen gestellt. Das habe ihn interessiert, und über den Zugriff auf die Regeln der Etikette und die nachweisbaren Veränderungen der Sitten habe er Zugang bekommen zu dem wissenschaftlichen Problem, wie man die ungeplanten und langfristigen Veränderungen der Gesellschaften, die die vielen Menschen miteinander bilden, besser erklären und verstehen kann.

Man muß aber hinzufügen, daß die Frage nach den Gründen für die Veränderungen gesellschaftlicher Verhältnisse seit Beginn der Soziologie, seit *Auguste Comte* und ganz besonders seit *Karl Marx* zentral für die Soziologie waren. *Elias* tat also das, was seine gleichaltrigen, älteren und jüngeren Kollegen auch taten, er versuchte zu erklären, warum in Europa bestimmte gesellschaftliche Veränderungen vor sich gegangen waren, ob diese etwas Zufälliges waren oder ob sich dahinter ein strukturierendes Prinzip finden läßt. Seit dem Beginn seiner Beschäftigung mit der Soziologie in Heidelberg kannte er die Fragenkreise, um die sich alles in der Soziologie dreht, er kannte die Materialien und die Quellen.

Elias machte daraus etwas Neues. Er entwich den Paradigmen und ihren Schulen und begründete eine eigene Position. Daß er dabei empirisches Material wie Tischsitten und Benimmregeln benutzt, verwundert beim Lesen nur kurz. Er versteht es nämlich, die Entwicklung verschiedener Vorschriften so aufzugreifen, daß die sozialen Gründe für die Veränderungen sichtbar werden. So wird durch die Gegenüberstellung des deutschen Begriffs der Kultur und des französischen der Zivilisation eine Argumentation entwickelt, die aufzeigt, wie aus unterscheidbaren sozialen Entstehungsgründen unterschiedliche nationale Konzepte wurden, die ihre Wirkung bis heute nicht verloren haben.

Tischsitten und Benimmregeln

Zivilisation am französischen Hof meinte feinen Lebensstil, eine zunehmende Verfeinerung der Sitten und Gefühle. *Elias* fragte wie diese Lebensweise entstehen konnte, wie es dazu kam, daß seit dem 13. Jahrhundert elementare Aktivitäten des Lebens mehr und mehr stilisiert wurden. Diese Entwicklung begann – in seinem Buch *„Die Höfische Gesellschaft"* hat er sie ebenfalls beschrieben – im höchsten Adel, breitete sich dann aber vor allem im 19. und auch noch im 20. Jahrhundert in die unteren Schichten aus. Die Suche nach einer wissenschaftlichen Erklärung dieser Entwicklung führt fort von einer amüsanten Sittengeschichte und hin zu einer umfassenden Untersuchung gesellschaftlicher Entwicklung, deren einer Aspekt die Verfeinerung der Verhaltensstandards ist.

9. Der Prozeß der Staatenbildung

Während im ersten Band Manierenbücher aus dem 13. bis zum 18. Jahrhundert im Mittelpunkt stehen, konzentriert sich der zweite Band auf den Prozeß der Staatenbildung. Ausgangsfrage ist dabei, wie es möglich war, daß ab dem 16. Jahrhundert flächenmäßig zum Teil sehr große absolutistische Staaten entstehen konnten, in denen eine Person, meistens ein Mann, so große Macht erringen konnte, daß alle Untertanen ohne Ausnahme, also auch die Aristokratie, gehorchten bzw. gehorchen mußten. Der Zivilisationsprozeß war eng mit dem Prozeß der Entstehung von Staaten verbunden, er war ein Jahrhunderte währender Prozeß, bei dem aus Rittern Höflinge wurden. Die aus Kriegern gebildete Aristokratie verwandelte sich in einen höfischen Adel. Dies läßt sich in allen Staaten Zentraleuropas zeigen, wenngleich dieser Prozeß sich weder gradlinig, noch in allen Regionen gleichmäßig vollzog.

Im 10. und 11. Jahrhundert war Europa in sehr viele kleine souveräne Gebiete aufgeteilt, deren Regenten ständig in kriegerische Auseinandersetzungen miteinander verwickelt waren. Ab dem 12. Jahrhundert gelingt es dann einer kleiner werdenden Zahl von Adelsgeschlechtern, Kontrolle auch über größere Territorien zu bekommen. Diese Kontrolle konnten die Regierenden nur dann wirksam ausüben, wenn zwei Monopole entstanden: das **Gewaltmonopol** und das **Steuermonopol**. Monopolbildung ist ein Prozeß, der zunächst in den einzelnen Regionen und dann zwischen den regionalen Machthabern stattfindet. Der Monopolmechanismus ist einer der zentralen Begriffe der Zivilisationstheorie und wird von *Elias* so beschrieben:

Monopol-
mechanismus

> Wenn in einer größeren, gesellschaftlichen Einheit – so etwa läßt es sich zusammenfassend ausdrücken – viele der kleineren, gesellschaftlichen Einheiten, die die größere durch ihre Interdependenz bilden, relativ gleiche, gesellschaftliche Stärke haben und dementsprechend frei – ungehindert durch schon vorhandene Monopole – miteinander um Chancen der gesellschaftlichen Stärke konkurrieren können, also vor allem um Subsistenz- und Produktionsmittel, dann besteht eine sehr große Wahrscheinlichkeit dafür, daß einige siegen, andere unterliegen und daß als Folge davon nach und nach immer weniger über immer mehr Chancen verfügen, daß immer mehr aus dem Konkurrenzkampf ausscheiden müssen und in indirekte oder direkte Abhängigkeiten von einer immer kleineren Anzahl geraten. (Norbert Elias, 1997: 153 (GS 3b))

Die damit verbundene stärkere Abhängigkeit vieler Menschen voneinander hat zwei Folgen: Erstens verändern sich Triebregulierungen und Affektleben, zweitens entsteht durch die Abhängigkeit vieler von wenigen und schließlich von einem ein kollektiver Zusammenhalt der Abhängigen, was bei entsprechender Ausdehnung des Territoriums dazu führt, daß auch der Zentralherr ohne die abhängigen Untertanen nicht mehr regieren kann.

> Je umfassender und je arbeitsteiliger mit anderen Worten ein Monopolbesitz wird, desto sicherer und desto ausgeprägter strebt es einem Punkt zu, bei dem der oder die Monopolherren zu Zentralfunktionären eines funktionsteiligen Apparates werden, mächtiger vielleicht als andere Funktionäre, aber kaum weniger abhängig und gebunden als sie. (Norbert Elias, 1997: 157 (GS 3b))

Bevor Gewalt- und Steuermonopole entstanden, führten die Ritter und Krieger ein relativ freies Leben, d.h. sie mußten nicht auf Gefühle anderer Rücksicht nehmen oder etwa ihre eigenen Gefühle im Zaum halten. Jeder Ritter war souverän in seinem kleinen Territorium, was aber nicht bedeutet, daß er ganz unabhängig und frei war. Seine Freiheit war nur relativ. Auch er unterlag Zwängen, die von den **Figurationen,** ein weiterer zentraler Begriff, ausgingen, die der einzelne Ritter mit den anderen Rittern bildete. Sie alle mußten ihre Bauern und ihre Handwerker beschützen, d.h. sie mußten beständig ihr eigenes Handwerk, das Handwerk des Kriegers, ausüben, wollten sie nicht ihre Macht und ihren Einfluß verlieren. *Elias* zeigt, daß die Ritter keine Alternative hatten, denn wer als Ritter nicht kämpfen konnte oder wollte, verlor alles: Ehre, Besitz und meistens auch das Leben. Der Druck einer wachsenden Bevölkerung zwang zum Kampf um größere Territorien.

Ein wichtiger Begriff:
Figuration

Dies alles war nicht in die individuelle Entscheidung des Einzelnen gestellt. Es waren auch nicht angeborene Aggressionen, die sie kämpfen hießen, sondern dies war die Folge von sozialen Zwängen, die von einem bestimmten Beziehungsgeflecht, einer figurationalen Spannung ausgingen. Das gleiche gilt für die prozeßhafte Entwicklung, denn die nachfolgende Verhöflichung, die fortschreitende Zivilisierung war auch nicht von Einzelnen geplant oder etwa Folge einer biologischen Reduzierung, sondern Ergebnis der veränderten Zwänge, die mit der Veränderung der immer in Umwandlung befindlichen Figurationen entstanden.

10. Soziologie als Menschenwissenschaft

Elias nutzt seine Untersuchung des Staatsbildungsprozesses zu einer Reihe verallgemeinernder Aussagen. Vor allem macht er deutlich, daß es darauf ankommt, soziologische Konzepte auf Menschen zu beziehen und auf die Figurationen, die diese Menschen miteinander bilden.

> Die ‚Umstände‘, die sich ändern, sind nichts, was gleichsam von ‚außen‘ an den Menschen herankommt; die ‚Umstände‘, die sich ändern, sind die Beziehungen zwischen den Menschen selbst. (Norbert Elias, 1997: 388 (GS 3b))

Elias hat Modelle erarbeitet, die der Tatsache besser gerecht werden, daß menschliche Figurationen sich verändern. Wenn man die Probleme der Menschen und der Figurationen, die diese Menschen miteinander bilden, verstehen will, braucht man ein theoretisches Modell, mit dem man die Entwicklung der Figurationen erklären kann. Die Theoriebildung in den Menschenwissenschaften muß deshalb anders aussehen als in den traditionellen physikalischen Wissenschaften. In den Menschenwissenschaften braucht man, das kann man in der Zivilisationstheorie von *Norbert Elias* belegt finden, Theorien, mit und in denen Schritt für Schritt versucht wird, immer besser die Abläufe in der Abfolge der Zeit in das Theoriemodell mit hineinzunehmen. Die Zivilisationstheorie ist deshalb auch nicht auf letztgültige Zustände oder einzelne Handlungen, sondern auf Prozesse, auf die Abfolge strukturierter Entwicklungsphasen ausgerichtet.

Kritik am einheitswissenschaftlichen Konzept

Elias formuliert eine von Naturwissenschaften wie von Philosophie und Nationalökonomie relativ unabhängige Wissenschaft. Sein Entwurf ist eine auf Menschen und nicht auf abstrakte Denkfiguren gerichtete Soziologie. Seine Soziologie macht es möglich, Strukturen der langfristigen Entwicklung ebenso zu erkennen, wie aktuelle gesellschaftliche Bedingungen zu analysieren. Soziologen sind in diesem Konzept ebenfalls interdependente Individuen, sie sind weder freischwebende Gestalter sozialer Realität noch schlichte Objekte gesellschaftlicher Kräfte. Erst durch die *Eliassche* Position wird jene Selbstdistanzierung möglich, die notwendig ist, um an der Tatsache, daß man der Gesellschaft selbst angehört, die man untersucht, weder persönlich noch wissenschaftlich zu scheitern.

Dies ist ein entspannterer Umgang mit dem Problem der Ideologie und der Forderung nach Wertfreiheit, als wir ihn bei den anderen Soziologen und ihren Positionen kennengelernt haben. *Elias* sieht, daß die Soziologie noch nicht jenen Reifegrad der Distanz zu den Objekten wie die Naturwissenschaft erreicht hat. Er hält aber daran fest, daß die Soziologie als Menschenwissenschaft nicht nur eine relativ autonome Theorie, sondern auch eigene Methoden benötigt. Bessere Theorien und Methoden lassen sich aber nur durch eine Steigerung der Selbstdistanzierung und nicht durch eine Anpassung an die Naturwissenschaften gewinnen. Soziologen, so hat er in *„Was ist Soziologie?"* geschrieben, sind Mythenjäger. Sie müssen auch ihre eigenen Mythen aufdecken, um nach und nach von engagierten zu distanzierten Wissenschaftlern werden zu können.

Die Hinwendung zur Praxis ist durch diese Prozeßorientierung bestimmt. Auch bei *Elias* findet sich, wie bei allen anderen Soziologen seit *Comte,* die Motivation, zur Verbesserung der gesellschaftlichen Verhältnisse beizutragen. Auch bei *Elias* finden sich Hinweise auf das bessere, dem Menschen angemessenere Leben – jedoch nicht im Sinne der politischen Vision. Das lag *Elias* immer fern. Er hat stets jede Anbindung an eine Partei oder eine politische Gruppierung abgelehnt. Er will,

> daß der einzelne Mensch jenes optimale Gleichgewicht seiner Seele findet, das wir so oft mit großen Worten, wie „Glück" und „Freiheit" beschwören: ein dauerhaftes Gleichgewicht oder gar den Einklang zwischen seinen gesellschaftlichen Aufgaben, zwischen den gesamten Anforderungen seiner sozialen Existenz auf der einen Seite und seinen persönlichen Neigungen und Bedürfnissen auf der anderen. (Norbert Elias, 1997: 464 (GS 3b))

Solange dieses Gleichgewicht nicht erreicht ist, ist der Prozeß der Zivilisation noch nicht zu Ende. Einmal hat *Elias* uns heute lebenden Menschen als „späte Barbaren" bezeichnet, um deutlich zu machen, daß die Zivilisierung der Menschengesellschaft erst im Werden ist. Seine Orientierung war eine real-humanistische. Ohne das Wissen um diese Wertorientierung ist die jahrzehntelange, ebenso entbehrungsvolle wie zielstrebig-konsistente Arbeit dieses Mannes, der so lange auf Beachtung und beflügelnde Rezeptionserfolge warten mußte, nicht verstehbar, verbleibt eine wichtige Prämisse seines Wissenschaftsprogramms im Dunkeln.

Literatur

Primärliteratur

Im Suhrkamp-Verlag, Frankfurt/Main sind „Gesammelte Schriften" (GS) von Norbert Elias in 18 Bänden und einem Gesamtregisterband erschienen. Es handelt sich dabei um die zu Lebzeiten publizierten Texte. Die GS wurden im Auftrag der Norbert Elias-Stiftung in Amsterdam herausgegeben von Reinhard Blomert, Heike Hammer, Johan Heilbronn, Annette Treibel und Nico Wilterdink. Die aufgeführte Primärliteratur ist mit ihren Bandnummern (GS ...) angegeben.

Elias, Norbert: Vom Sehen in der Natur. (Blau-Weiß-Blätter II, 1921), in: Frühschriften. Frankfurt/Main 2002, (GS 1)
Elias, Norbert: Beitrag zur Diskussion über „Die Konkurrenz", in: Verhandlungen des 6. Deutschen Soziologentages vom 17.-19.9.1928 in Zürich. Tübingen 1929a in: Frühschriften, S. 107-110 (GS 1)
Elias, Norbert: Beitrag zur Diskussion über „Anfänge der Kunst", in: Verhandlungen des 6. Deutschen Soziologentages vom 17.-19.9.1928 in Zürich. Tübingen 1929b. In: Frühschriften, S. 111-116 (GS, Bd. 1)
Elias, Norbert: Die höfische Gesellschaft. Untersuchungen zur Soziologie des Königtums und der höfischen Aristokratie. Mit einer Einleitung: Soziologie und Geschichtswissenschaft. Neuwied/Berlin 1969a, Frankfurt/Main 2002 (GS 2)

Elias, Norbert: Über den Prozeß der Zivilisation. Soziogenetische und psychogenetische Untersuchungen, 2 Bände (Bd.1: Wandlungen des Verhaltens in den weltlichen Oberschichten des Abendlandes., Bd.2: Wandlungen der Gesellschaft. Entwurf einer Theorie der Zivilisation). Frankfurt/Main 1997 (GS, 3a + 3b)
Elias, Norbert: Was ist Soziologie? (1970) Frankfurt/Main 2006 (GS 5)
Elias, Norbert: Adorno-Rede: Respekt und Kritik. In: Aufsätze und andere Schriften. Frankfurt/Main 2006, S. 491-508 (GS 14)
Elias, Norbert: Adorno-Rede. Respekt und Kritik. Rede anläßlich der Verleihung des Theodor W. Adorno-Preises am 2. Oktober 1977. Frankfurt/Main 2006, S. 491-509 (GS 14)
Elias, Norbert: Notizen zum Lebenslauf, in: Peter Gleichmann/Johan Goudsblom/Hermann Korte (Hg.): Macht und Zivilisation. Materialien zu Norbert Elias' Zivilisationstheorie II. Frankfurt/Main 1984. In: Autobiographisches und Interviews, S. 6-69 (GS 17)

Sekundärliteratur

Blomert, Reinhard/Kuzmics, Helmut/Treibel, Annette (Hg.). Transformationen des Wir-Gefühls. Studien zum nationalen Habitus. Frankfurt/Main 1993
Ernst, Stefanie: Machtbeziehungen zwischen den Geschlechtern. Wandlungen der Ehe im Prozess der Zivilisation". Opladen 1996
Goudsblom, Johan: Aufnahme und Kritik der Arbeiten von Norbert Elias in England, Deutschland, den Niederlanden und Frankreich, in: Peter Gleichmann/Johan Goudsblom/Hermann Korte (Hg.): Materialien zu Norbert Elias' Zivilisationstheorie. Frankfurt/Main 1977, S. 17-100
Goudsblom, Johan: Feuer und Zivilisation (Aus dem Englischen übersetzt von Heike Hammer und Elke Korte). Frankfurt/Main 1995
Klein, Gabriele/Liebsch, Katharina (Hg.): Zivilisierung des weiblichen Ich. Frankfurt/M 1997
Korte, Hermann: Über Norbert Elias. Vom Werden eines Menschenwissenschaftlers. Opladen 1997
Lepenies, Wolf: Ein Außenseiter, voll unbefangener Einsicht. Laudatio auf Norbert Elias anläßlich der Verleihung des Theodor W. Adorno_Preises am 2. Oktober 1700. In: Norbert Elias, Wolf Lepenies: Zwei Reden. Frankfurt/Main 1977, S. 9-33
Rehberg, Karl-Siegbert (Hg.): Norbert Elias und die Menschenwissenschaften. Studien zur Entstehung und Wirkungsgeschichte seines Werkes, Frankfurt/Main 1996
Sallis-Freudenthal: Ich habe mein Land gefunden. Autobiographischer Rückblick. Frankfurt 1977
Treibel, Annette: Die Soziologie um Norbert Elias. Eine Einführung in ihre Geschichte. Systematik und Perspektiven. Hagener Studientexte zur Soziologie. Wiesbaden 2008
Wouters, Cas: Informalisierung. Norbert Elias' Zivilisationstheorie und Zivilisationsprozesse im 20. Jahrhundert. Wiesbaden 1999

Lektion X
Eine Theorie für alle Fälle. Talcott Parsons, Robert K. Merton und der Strukturfunktionalismus

Inhalt

1. Am Anfang eine Überlegung zu den ersten Jahrzehnten nordamerikanischen Soziologie
2. Die Chicagoer Schule
3. Talcott Parsons: Wissenschaftliche Absichten und Grundlagen
4. Die Handlungstheorie
5. Die Systemtheorie
6. Die Rollentheorie
7. Die Anomietheorie

Literatur

1. Am Anfang eine Überlegung zu den ersten Jahrzehnten der nordamerikanischen Soziologie

Im Februar 1990 feierte das Department of Sociology der University of Kansas ein Jubiläum. Hundert Jahre zuvor hatte dort *Frank Wilson Blackmar* am 3. Februar 1890 um 17.00 Uhr das erste Mal seine Vorlesung zum Thema „Elements of Sociology" begonnen. Dieser frühe Beginn eines geregelten Unterrichts in Soziologie an einer nordamerikanischen Universität durch einen Professor für Soziologie (und Geschichte) war kein Einzelfall. An vielen Universitäten war Soziologie spätestens seit der Jahrhundertwende fester Bestandteil der Lehre.

Zu Anfang: Soziologie als ‚Social Gospel'

Sieht man das Internationale Soziologen-Lexikon Band I durch, dann findet man viele Soziologen, die schon vor dem Ersten Weltkrieg in den USA Soziologie unterrichtet haben. Nur die wenigsten von ihnen sind uns heute noch bekannt. Das hat auch damit zu tun, daß Soziologie bis in die zwanziger Jahre eher „Social Gospel" war, eine Mischung aus christlicher Gesinnung, Wissenschaft und Weltverbesserung. Im Vordergrund stand die Auswertung und Anwendung wissenschaftlicher Erkenntnisse zur Lösung sozialer Probleme. Die Masseneinwanderung aus allen Teilen der Welt, vor allem aus Europa, das rasche Wachstum der großen Städte, die Rassengegensätze sind hierzu Stichworte. Hinzu kam, daß in den USA jegliche sozialpolitische Absicherung und Regelung fehlte. Sozial- und Krankenversicherung gab es ebenso wenig wie Einrichtungen der Krankenversorgung und der Wohlfahrtspflege. So wurde alles zusammengetragen, was es an sozialwissenschaftlichen Kenntnissen gab, um durch Forschungsprojekte und direkte Beratung zur Linderung der Not und zur Lösung der sozialen Probleme beizutragen.

Dabei wurden vor allem europäische Soziologen herangezogen. *Herbert Spencer* (siehe Lektion IV) wurde ebenso gelesen wie französische und deutsche Autoren. *Ferdinand Tönnies* (siehe Lektion V) und *Max Weber* (siehe Lektion VI) besuchten z.B. 1904 auf Einladung nordamerikanischer Kollegen die Weltausstellung in St. Louis. Großen Einfluß hatte *Georg Simmel* (s. Lektion V). Von ihm gibt es direkte Verbindungen zur **Chicagoer Schule,** der ersten bedeutenden und einer bis heute bekannten Richtung der nordamerikanischen Soziologie.

Am Department of Sociology der University of Chicago war Soziologie zunächst noch als „Social Gospel" verstanden worden. Zwei wichtige Soziologieprofessoren nach der Jahrhundertwende, *Charles R. Henderson* und *Albion W. Small,* waren baptistische Pfarrer. Aber beide hatten auch in Deutschland studiert und bereiteten der Wissenschaft Soziologie an der Universtät Chicago den Weg. Die eigentliche Verwissenschaftlichung des Faches in Chicago begann mit *Robert E. Park* (1864-1944). Auch *Park* hatte in Deutschland u.a. bei *Georg Simmel* studiert und 1904 mit einer Arbeit über *„Masse und Publikum"* in Heidelberg promoviert.

2. Die Chicagoer Schule

Die Chicagoer Universität orientierte sich an deutschen Beispielen. Grundlagenforschung stand im Vordergrund. *Robert E. Park* und seine Kollegen, darunter *William I. Thomas* (1863-1947) und *Ernest W. Burgess* (1886-1966) begannen damit die überreichlichen Spekulationen von „Social Gospel" durch theoretisch abgesicherte Begriffe und daran entwickelten Arbeitsvorhaben abzulösen. Zentral war eine stärkere Orientierung der Soziologie an empirischen Methoden. Untersuchungsgegenstände waren vor allem die Immigration und die Entwicklung der großen Städte. Das Buch *„The City"* von *Park, Burgess* und *McKenzie* ist bis heute ein Klassiker der Stadtsoziologie und der Sozialökologie.

Die sich mit der Zeit verfestigende sozialökologische Theorie ging von folgenden Annahmen aus: Wesentliches Organisationsmerkmal innerhalb menschlicher Gesellschaften ist die **Konkurrenz.** In Anlehnung an *Charles Darwin* und *Herbert Spencer* wird der (evolutionäre) Geschichtsprozeß als das Produkt aufeinanderfolgender Gleichgewichtszustände im Rahmen des Kampfes ums Dasein verstanden. Diese von *Park* „biotisch" genannte Ebene menschlicher Sozialorganisation wird ergänzt durch eine spezifische, die menschliche Gesellschaft aus pflanzlichen und tierischen Populationen heraushebende Ebene, die er mit den Begriffen **Kommunikation** und **Kultur** beschreibt. Die Ebene der Konkurrenz und die der Kommunikation und Kultur werden von *Park* durch den Begriff **„competitive cooperation"** verknüpft. Die Herausbildung räumlicher Strukturen ist ein Reflex auf die biotischen Strukturen. Das Ergebnis bestimmter, auf den Wettbewerb zurückzuführender Prozesse sind in der Stadt einzelne Quartiere, Ghettos oder Siedlungsformen.

Konkurrenz

Kommunikation und Kultur

Die Chicagoer Schule hat zweierlei bewirkt. Sie hat erstens über die Untersuchungen von Formen und Problemen gesellschaftlicher Entwicklung die Soziologie in den USA verwissenschaftlicht und ihre empirische Orientierung begründet. Damit hat sie zweitens sehr zur Institutionalisierung der Soziologie als Universitätsfach und als Forschungsrichtung beigetragen. Auch wenn die Sozialökologie nach und nach immer mehr allgemein-abstrakt wurde, die Orientierung an sozialen Problemfeldern, die die frühe nordamerikanische Soziologie auszeichnete, wurde beibehalten. Ausgangspunkt blieben reale Tätigkeiten und gesellschaftliche Beziehungen.

Leistungen der Chicagoer Schule

Die Chicagoer Schule war eine sehr erfolgreiche Richtung der Soziologie und sicher bis zur Mitte der dreißiger Jahre auch die wichtigste und prominenteste in den USA. In Deutschland ist sie in den 1970er Jahren von *Bernd Hamm* und *Jürgen Friedrichs* wieder aufgegriffen und weiterentwickelt worden. Danach wechselte der Mittelpunkt der nordamerikanischen Soziologie an die *Universität Harvard*. Dort lehrte seit 1931 *Talcott Parsons* (1902-1979), mit dessen Namen eine der erfolgreichsten soziologischen Theorien verbunden ist. Er war der bedeutendste soziologische Autor der 30er und 40er Jahre, nicht nur in USA, sondern weltweit. Und er hat mit seiner Systemtheorie bis in die 60er Jahre hinein in dem westlich dominierten Teil der Welt die soziologischen Debatten bestimmt.

3. Talcott Parsons: Wissenschaftliche Absichten und Grundlagen

Talcott Parsons
(1902-1979)

Wie viele seiner älteren und gleichaltrigen nordamerikanischen Kollegen hatte der am 13.12.1902 geborene, aus Colorado Springs stammende **Talcott Parsons** auch in Europa studiert. Zunächst hatte er Arzt werden wollen und deshalb ein Studium der Naturwissenschaften begonnen. Bald wandte er sich aber den Wirtschaftswissenschaften zu. Nachdem er das amerikanische College absolviert hatte, ging er 1925 nach Europa, zunächst nach London an die *London School of Economics*. Hier hörte er Soziologie und Sozialphilosophie bei *Moris Ginrsberg* (1889-1970) und lernte die Kulturanthropologie *Bronislaw Malinowskis* (1884-1942) kennen. 1926 finden wir ihn dann in Heidelberg. Er begann bei *Alfred Weber* eine Doktorarbeit zum Thema *„Capitalism in Recent German Literature: Sombart and Weber".* 1927 promovierte er in Heidelberg und kehrt dann nach Amerika, und zwar an die *Harvard University,* zurück. Schon 1931 wurde ihm das an dieser renomierten Universität neu gegründete „Department of Sociology" übertragen.

Man kann schon an diesen kurzen biographischen Angaben sehen, daß sich *Parsons* mit den Entwicklungen in Europa ausführlich vertraut gemacht hatte. Sein eigener Versuch einer Systematisierung sollte nicht nur über frühere Positionen hinausgehen, wie es für die Weiterentwicklung von wissenschaftlichen Positionen normal ist. Ihm ging es bei der Überwindung der bisherigen Positionen vor allem darum, empirisch nicht belegte Hypothesen oder Datensammlungen ohne theoretische Grundlagen zu vermeiden. Seine Aufarbeitung und seine kritische Auseinandersetzung mit den bisherigen Phasen der Entwicklung der europäischen Soziologie führte ihn zu einer Abkehr von Prozeßtheorien. In einem späteren Buch wird er über Autoren wie *Comte, Spencer* und *Marx,* mit denen er sich inhaltlich auseinandergesetzt hat, schreiben:

Abkehr von
Prozeßtheorien

> Ihr Hauptanliegen war die Herausarbeitung allgemeinster Muster für die Veränderungsprozesse aller menschlichen Gesellschaften, sei es als lineare Entwicklung, als zyklischer oder dialektischer Prozeß, oder was immer.(...)
> Derartige Theorien sind dafür bekannt geworden, daß sie über die Tatsachen und über ihre eigenen analytischen Grundstützen hinwegzugehen neigen. Sie haben in dem von ihren Begründern ursprünglich gemeinten Sinn im Großen und Ganzen der kritischen Überprüfung nicht standgehalten. Kein kompetenter Soziologe kann heute in diesem Sinn noch ein Anhänger von Comte, Spencer oder selbst Marx sein. (Talcott Parsons in: Rüschemeyer (Hg.) 1973: 40 f.)

Das Zitat macht unmißverständlich deutlich, worauf es *Parsons* ankam. Er beschäftigte sich nicht mehr mit der Untersuchung des Rationalisierungs- oder Zivilisationsprozesses in den westeuropäischen Staaten im Zusammenhang mit den Staatengründungen, sondern ihm ging es um eine Theorie, die unabhängig von jeglicher Gesellschaft und unabhängig von jeglicher zeitgeschichtlicher Position gültig ist, die sich aber, das sei im Vorgriff auf eine Kritik (s. Abschnitt 5) festgehalten, dann doch nur mit der eigenen Gesellschaft befaßt. Er wollte eine allgemeine Theorie formulieren, die nicht nur eine Theorie über die amerikanische Gesellschaft war, sondern die zeitlich und räumlich so allgemein formuliert war, daß Zeit und Raum, z.B. historische Epochen in bestimmten Regionen, keine

Rolle mehr spielen. Es sollte nur noch eine theoretische Grundlage für alle sozialen Vorgänge in jeder Gesellschaft geben.

Auch *Parsons* verstand Soziologie als selbständiges Fach. Interessant ist, daß er die Soziologie in Konkurrenz zu Ökonomie und Psychologie sah. Die Probleme, die die deutschen Soziologen mit dem Vorrang der philosophischen und juristischen Fakultäten hatten, gab es in den USA in dieser Form nicht. Die wichtigen und einflußreichen Disziplinen waren die Ökonomie und die Psychologie. Neben diese wollte *Parsons* die Soziologie stellen. Und um das zu erreichen, war es notwendig, eine logisch konsistente und empirisch anwendbare, allgemeine soziologische Theorie zur Verfügung zu haben. Neben wissenschaftsinternen Überlegungen zur Systematisierung der bisherigen Ansätze der Soziologien in einer neuen allgemeinen Theorie gab es also auch externe Gründe, warum *Parsons* so sehr auf einer allgemeinen soziologischen Theorie bestand.

In Konkurrenz zu Ökonomie und Psychologie

Der eigentliche Paradigmawechsel, den *Parsons* vorschlug und dann auch durchsetzte, war eine Abkehr von allen bisherigen theoretischen Versuchen, die Veränderung von Gesellschaften auf den Begriff zu bringen. Sein Thema ist ausdrücklich **die Stabilität einzelner Systeme** in ahistorischen, apersonalen Zusammenhängen. Es ging also nicht mehr darum, wie *Durkheim* es in Frankreich versucht hatte, eine Soziologie aus den Zeitströmungen zu entwickeln. Es handelte sich nicht länger um Untersuchungen des Rationalisierungsprozesses in den Gesellschaften des Okzidentes, wie bei *Max Weber*. Er wollte auch nicht den Zivilisationsprozeß in den westeuropäischen Staaten im Zusammenhang mit der Gründung von Staaten untersuchen wie *Norbert Elias*. Es ging *Parsons* um eine Theorie, die unabhängig von jeglicher Gesellschaft theoretisch begründet, warum und wie eine bestimmte Handlung zur Erhaltung des jeweiligen gesellschaftlichen Systems beitragen kann, in dem diese Handlung stattfindet.

Paradigmenwechsel

Eine wichtige Grundlage für diesen Perspektivenwechsel lieferten *Parsons* die Arbeiten der **funktionalistischen Sozialanthropologen** *Bronislaw Malinowski* (1884-1942) und *Alfred R. Radcliffe-Brown* (1881-1955). Diese hatten sich bei der Interpretation des reichhaltigen ethnologischen Materials, das seit Mitte des 18. Jahrhunderts gesammelt worden war, von einer historisierenden Betrachtung abgewendet und dafür plädiert, die Kulturerscheinungen in ihrer alltäglichen Bedeutung für die jeweilige Gesellschaft zu untersuchen. Sie taten dies, weil sie davon überzeugt waren, daß die Gesellschaft eine Art Organismus ist, in dem die Einzelteile eine bestimmte und bestimmbare Funktion für die Erhaltung des Gesamtsystems haben. Alle Gesellschaften, so nahmen sie an, streben, ob groß oder klein, nach einem Gleichgewichtszustand. Deshalb müssen die funktionalen Leistungen der Bestandteile der Gesellschaft möglichst störungs- und konfliktfrei erfolgen.

Vor allem die Hypothese der funktionalistischen Sozialanthropologen, daß jede Gesellschaft nach einem harmonischen, d.h. störungs- und konfliktfreien Gleichgewicht strebt, hat *Parsons* als Prämisse in seine allgemeime Theorien der Gesellschaft übernommen. Damit tut er genau das, was er *Comte, Marx* oder *Spencer* vorwirft. Er entscheidet sich für eine bestimmte Perspektive und gibt diese Perspektive als die zentrale Sichtweise aus. Diese Perspektive ist zwar nachvollziehbar, aber nicht zwingend, nicht logisch konsistent. Aber wenn man diesen Punkt vernachlässigt, bzw. ihn in der Argumentation übergeht, dann trifft man auf ein sehr geschlossenes System von Überlegungen. Bei *Parsons* heißt

Die Prämisse: jede Gesellschaft strebt nach einem harmonischen Gleichgewicht

Soziologie nun „Systemtheorie". Sie wird in der Literatur wegen ihres Interesses an den funktionalen Beiträgen zur Erhaltung der Struktur der Systeme auch als **Strukturfunktionalismus** oder **strukturfunktionale Theorie** bezeichnet.

In den Mittelpunkt der soziologischen Theorie rückt der Bestand der Gesellschaft, das jeweilige System. Handlung findet immer in einem System statt, und Parsons interessiert, ob und wie die Handlung für das System wichtig ist, welchen Beitrag sie zu seiner Erhaltung leistet. Diese Sichtweise ist nachvollziehbar, aber nicht zwingend. Wie wir bei *Max Weber* (siehe Lektion VI) gesehen haben, gibt es auch andere Möglichkeiten, Handlung soziologisch zu definieren und zu untersuchen. *Parsons'* Frage nach dem Beitrag der einzelnen Handlung zur Systemerhaltung ist eine Hypothese, die aus den Forschungsergebnissen der Sozialanthropologen abgeleitet wurde.

4. Die Handlungstheorie

Das erste Mal in der Geschichte der Soziologie lernen wir also eine Theorie kennen, die ausdrücklich nicht zur Erklärung bestimmter historischer oder zeitgenössischer Bedingungen formuliert worden ist. *Parsons* wollte eine Theorie, die immer gültig ist. Das war sein Hauptinteresse, und das machte diesen Ansatz auch so anziehend. Endlich hatten die Soziologen eine Theorie, die es ihnen erlaubte, all die gesellschaftlichen Mißlichkeiten, den Feudalismus und den Kapitalismus, die Revolutionen und die Ausbeutung, und alles andere, was sie seit dem 18. Jahrhundert beschäftigt hatte, unbeachtet zu lassen. Was man für die Theorie brauchte, waren der Handelnde und sein Gegenüber, waren Ego und Alter: das war das Modell, mit dem man alles erklären konnte. Weil die Stabilität eines abstrakten Systems im Mittelpunkt der Theorie steht, müssen auch allgemeine abstrakte Bedingungen entwickelt werden, aus denen die Handelnden immer ihre Orientierung bekommen.

Jede Handlung kann nach *Parsons* durch drei Eckwerte beschrieben werden: 1. Durch die Beschaffenheit der Situation, 2. durch die Bedürfnisse des Handelnden und 3. durch die Bewertung der Situation durch den Handelnden, der stets versuchen muß, einen Ausgleich zwischen seinen individuellen Bedürfnissen und den gesellschaftlichen Anforderungen zu finden.

Individuelle Bedürfnisse und gesellschaftliche Orientierungsmuster

Parsons sieht zwar, daß zwischen den Bedürfnissen des Handelnden und den für die Erhaltung des Systems notwendigen Orientierungsmustern Konflikte entstehen können. Aber er nimmt an, daß die Handelnden stets bereit sind, Kompromisse in der Weise zu schließen, daß das System immer in einem Gleichgewicht gehalten werden kann. Daß Menschen eher den Anforderungen des Systems entsprechen als ihren individuellen Bedürfnissen, liegt nach *Parsons* daran, daß es bei ihnen eine Veranlagung gibt, nicht nur körperlichen Schmerz, sondern auch soziale Sanktionen zu vermeiden.

Indem die Notwendigkeit des Ausgleichs zwischen den persönlichen Bedürfnissen und den sozialen Interessen in die Natur des Menschen verlegt wird, begründet *Parsons* die für ihn notwendige These, daß soziales Handeln vornehmlich außen geleitetes Handeln ist. Damit entfernt sich *Parsons* auch von allen bisherigen Ansätzen, die den Individuen ein eigenes Wollen und ihren Bedürfnissen und Gefühlen handlungsleitende Funktionen zusprachen. Mit seiner Annahme einer „motivationalen Orientierung", die er aus der Natur des Menschen entwickelt, gelingt es *Parsons,* die Notwendigkeit und die Macht normativer Orientierungen in einer Gesellschaft zu begründen und gleichzeitig zu zeigen, daß die handelnden Menschen den Ausgleich zwischen allgemeinen und persönlichen Anforderungen stets zugunsten des Gleichgewichts des Systems durchführen.

So kommt *Parsons* von allgemeinen Bedürfnispositionen, wie der optimalen Anpassung an die physikalische Umwelt, über die motivationale Orientierung, die die anthropologische Grundlage für die Anpassung an die Systeme begründet, zu einer dritten Kategorie, den **Wertorientierungen.** Diese sind von den motivationalen Orientierungen allerdings nur analytisch zu trennen. Mit ihnen sind die in einer Gesellschaft gültigen Wertvorstellungen über das „richtige Verhalten" gemeint, die die Handelnden, nämlich Ego und Alter, jeweils in der Wahl ihrer Ziele und ihrer Mittel beeinflussen. Auch die Wertorientierungen dienen der Begrenzung von individuellen Bedürfnissen zugunsten der allgemeinen Interessen des jeweiligen Systems. Sie sind die kulturellen Wertmuster, die den Handelnden die entsprechenden Orientierungen geben.

Wertorientierungen

Die Kategorien, an denen sich die Handelnden orientieren, hat *Parsons* in Begriffspaaren beschrieben, die er in *„Toward a General Theory of Action"* als **Pattern Variables** bezeichnet.

Die fünf von ihm ausgearbeiteten Pattern Variables beschreiben mögliche Orientierungen individuellen Handelns:

Affektivität – affektive Neutralität
Selbstorientierung – Kollektivorientierung
Universalismus – Partikularismus
Zuweisung – Leistungsorientierung
diffuses Verhalten – spezifisches Verhalten

Parsons hat diese Begriffspaare in Anlehnung an das Begriffspaar Gemeinschaft und Gesellschaft von *Ferdinand Tönnies* (siehe Lektion V) und die Typen des Handelns bei *Max Weber* (siehe Lektion VI) entwickelt. Wie bei *Tönnies* in dessen späten Jahren bezeichnen auch bei *Parsons* die einzelnen Begriffe nicht absolute Gegensätze. Man darf sie nicht als ein „entweder-oder" verstehen, sondern nur als die zwei Endpunkte eines Kontinuums, auf dem sich bestimmte Grade abtragen lassen. Wenn man z.B. das Begriffspaar Affektivität – affektive Neutralität nimmt, so kann man sehen, daß **Affektivität,** wenn sie als Handlungsorientierung in einer Gesellschaft vorgesehen ist, emotionales Handeln erlaubt und die unmittelbare Bedürfnisbefriedigung vorsieht. Die Kommunikation zwischen Ego und Alter wird eher auf gefühlsmäßiger Basis geführt. Im Gegensatz dazu steht die **Affektneutralität,** und hier können wir uns z.B. eine Handlung zwischen einem Verkäufer und einem Kunden vorstellen, wobei diese Handlung und die Situation, in der sie stattfindet, nicht so sehr von emotionaler Unmittelbarkeit, sondern von bewertender Überlegung gelenkt werden.

Es liegt auf der Hand, daß zwischen diesen beiden absoluten Verhaltensformen Mischformen möglich sind. Das gilt auch für die anderen vier Begriffspaare. Die **Kollektivorientierung** z.B. verlangt die Unterordnung privater Interessen, wogegen die **Selbstorientierung** die Durchsetzung individueller Bedürfnisse ohne Rücksicht auf die Interessen der Gesamtheit möglich macht. **Universa-**

lismus verlangt eine Orientierung der Handlung an allgemeinen Standards, während **Partikularismus** als gegensätzlicher Begriff spezielle Orientierungen zuläßt, die aus besonderen Beziehungen zu anderen Handelnden resultierten. Und **Zuweisung** bedeutet z.B. ein Handeln auf Befehl und eine strikte Orientierung an vorgeschriebenen Lösungen, während die **Leistungsorientierung** z.B. beim Handeln des Unternehmers es möglich macht, daß der Handelnde die Situation differenziert betrachtet und spezifische Lösungen plant, bewertet und auswählt.

Das fünfte Begriffspaar, **diffuses – spezifisches Verhalten,** ist insofern interessant, als hier auch Handlungsbündel beschrieben werden und damit gleichzeitig ein Übergang zu der Beschreibung von Rollen und Rollenerwartung besteht, die in der Ausarbeitung der strukturfunktionalistischen Systemtheorie dann für die Anwendung in Forschungsprojekten große Bedeutung erlangte (s. Abschnitt 5). Spezifisches Verhalten zeichnet z.B. die Handlung zwischen Arzt und Patient aus. Hier werden nur spezielle Eigenschaften einer Rolle, nämlich die des Arztes und die des Patienten beschrieben, während diffuses Verhalten sich eher in Nachbarschaften, Freundschaften usw. findet, wo weniger eindeutige Rollenerwartungen dem Handelnden einen Spielraum lassen.

Da diese fünf Pattern Variables in jeder Gesellschaft in spezifischen Ausprägungen die Orientierungsmuster der Handlungen abgeben, kann man auch jede Gesellschaft danach beschreiben, wie die fünf verschiedenen Pattern Variables ausgeprägt sind. Man kann ein Profil entwickeln, in dem man z.B. beschreibt, wie die Gesellschaft A eher universalistisch, eher spezifisch, eher auf Zuschreibung bedacht, eher motivationsorientiert und eher kollektiv orientiert ist. Mit einem solchen Muster, mit Hilfe dieser Topographie einer Gesellschaft, kann abweichendes Verhalten festlegt bzw. erklärt werden, was in der Theorie des abweichenden Verhaltens durch *Robert K. Merton* (s. Abschnitt 7) auch tatsächlich geschah.

5. Die Systemtheorie

Die soziologische Theorie von *Parsons* war nicht nur eine Handlungstheorie, sondern auch eine Systemtheorie. Wir können dazu in den Arbeiten von *Parsons* eine Schwerpunktverlagerung feststellen. Zunächst war er vordringlich an einer theoretischen Beschreibung der Orientierungsmuster der Handlungen zwischen Ego und Alter interessiert. Aber schon bald verlagert sich sein Interesse auf die Frage, wie die Regelhaftigkeit der Handlungen sichergestellt werden kann, d.h. wie soziale Ordnung dauerhaft möglich ist.

> Soziale Systeme werden gebildet von Zuständen und Prozessen sozialer Interaktion zwischen handelnden Einheiten. Wenn Interaktionseigenschaften sich von Eigenschaften der handelnden Einheiten ableiten ließen, wären soziale Systeme bloß Begleiterscheinungen, wie es die individualistische Gesellschaftstheorie nicht selten behauptet hat. (Talcott Parsons, 1972: 15)

Im Mittelpunkt die Frage nach Systemerhaltung

Als soziales System bezeichnet *Parsons* also die Ordnung in den Interaktionen. Da diese Ordnung nicht aus der Handlung allein entsteht, sondern, wie wir bei den Wertorientierungen gesehen haben, auch in übergeordnete Normen und Konventionen verflochten ist, will *Parsons* die Frage klären, wie es zu einer dauerhaften Ordnung kommt. Er geht dabei von drei Festlegungen aus. Erstens bezeichnet er

Gesellschaft als ein relativ geschlossenes, mehr oder weniger komplexes System von Handlungen. Zweitens will sich das Gesamtsystem, so wie das Individuum selbst, erhalten und strebt dabei drittens nach einem Zustand des Gleichgewichts. Das System, so kann man folgern, bleibt erhalten, wenn seine Struktur erhalten bleibt:

> Der Fokus der Strukturerhaltung richtet sich folglich auf die Strukturkategorie der Werte. Die wesentliche Funktion liegt... in der Erhaltung der Stabilität. Von institutionalisierten Werten vermittels Prozessen, die Werte mit dem System von subjektiven Überzeugungen verknüpfen. (Talcott Parsons, 1976: 173)

An dieser Stelle ist ein grundlegender Unterschied zu den bisherigen soziologischen Theorien festzuhalten, die wir bisher kennengelernt haben. Während sich Autoren wie *Auguste Comte, Karl Marx, Max Weber* oder *Norbert Elias* im wesentlichen dafür interessiert haben, wie man die Veränderungen von Gesellschaften erklären kann, geht es *Parsons* eher um das Gegenteil. Wie kann man verhindern, daß sich Gesellschaften verändern, d.h., wie kann das System verhindern, daß sich seine **Struktur,** die doch für die Gesellschaft und die Individuen die Orientierung vorgibt, verändert? *Parsons* schreibt dazu:

> Natürlich sind Werte dem Wandel unterworfen, unabhängig jedoch, ob empirisch die Tendenz zur Stabilität geht oder nicht, sind die Möglichkeiten der Auflösung hier sehr groß und es ist wichtig, nach Mechanismen zu suchen, die ihrer Tendenz nach, solche Ordnung schützen (Talcott Parsons, 1976: 173).

Wir hatten weiter oben schon gesehen, daß soziale Systeme „von Zuständen und Prozessen sozialer Interaktionen zwischen handelnden Einheiten" gebildet werden. Allerdings wäre die Bezeichnung soziales System an dieser Stelle irreführend, denn die allgemeine Definition eines Systems bezieht sich nicht nur auf das Gesamtsystem, sondern auch auf vier Subsysteme menschlichen Handelns:

- den Organismus,   *vier Subsysteme*
- das personale System,
- das soziale System und
- das kulturelle System.

Wenn *Parsons* ein bestimmtes System untersucht, dann beschreibt er dessen spezifische Strukturen und Funktionen und untersucht, wie ein stabiler Zustand des Systems im Prozeß der Interaktion von zwei oder mehr Handelnden zustande kommt bzw. erhalten bleibt. Immer geht es darum, daß die Erwartungen des Handelnden (Ego) denen des an der Interaktion Beteiligten (Alter) soweit entsprechen, daß die Reaktion von Alter, also die Reaktion der anderen auf Ego-Handlungen, eine positive Sanktion darstellt. Dies dient dazu, die vorhandenen Bedürfnispositionen auf beiden Seiten zu verstärken und damit allen gegebenen Erwartungen nachzukommen.

Eine solche Interaktion zwischen zwei und mehreren Personen enthält die wesentlichen strukturellen Merkmale eines Systems. Dies gilt für alle vier genannten Subsysteme (Organismus, personales System, soziales System und kulturelles System), die allerdings unterschiedliche funktionale Leistungen für den Erhalt des jeweiligen Systems erbringen müssen. Es sind vier Funktionen, die *Parsons* in seinem AGIL-Schema nennt:

AGIL-Schema	Adaptation	(Adaption)
	Goal attainment	(Zielerreichung)
	Integration	(Integration)
	Latency – auch: Pattern Maintenance	(Strukturerhaltung)

Diese vier zentralen Funktionen sind schwerpunktmäßig den vier Subsystemen zugeordnet. Adaptation (Anpassung) wird von *Parsons* „als Subsystem der Anpassung, als der Ort der primären menschlichen Fähigkeiten, die den anderen Systemen zugrunde liegen", bezeichnet. Es geht z.B. um die Art und Weise, mit der die Menschen sich auf klimatische Verhältnisse einstellen, wie sie ihre Nahrung gewinnen und wie sie produzieren. Goal attainment (Zielerreichung) ist eine Aufgabe des personalen Systems, also der Persönlichkeit. Integration ist die wichtigste Aufgabe des sozialen Systems und latency (Strukturerhaltung) ist die Funktion des kulturellen Systems.

Anwendung des AGIL-Schemas

Wenn man das auf Institutionen der Gesellschaft überträgt, dann kann man sehen, daß die Funktion der **Anpassung,** also die Bewältigung der Anforderungen der Umwelt und die Aneignung von vorhandenen Naturressourcen sich in den institutionellen Formen von Arbeit und Wirtschaft niederschlägt. Zielerreichung ist die Funktion der Politik. Die Organisation von Interessen, Parteien und Verbänden, der Kompromiß von Einzelinteressen und die Formulierung von gemeinsamen Handlungsorientierungen, z.B. in Verfassungen und Gesetzen, wird in diesem Subsystem erreicht. Das soziale System, das wesentliche Aufgaben der **Integration** wahrnimmt, ist das gesellschaftliche Gemeinwesen, also das, was unterhalb der Verfassung und Gesetze im Leben einer Gemeinde, in einer Nachbarschaft, in Vereinen usw. sich abspielt. Und die Aufgaben der **Strukturerhaltung** übernehmen Systeme wie die Schule und die Kirche, aber auch die familiale Sozialisation wird bei *Parsons* genannt. Die Systematik geht bei *Parsons* dann weiter, denn auch für jedes Subsystem gelten abgestuft ebenfalls die vier Funktionen Anpassung, Zielerreichung, Integration und Strukturerhaltung.

Lernen und Verinnerlichung

Einen großen Stellenwert nimmt bei *Parsons* die Vermittlung zwischen den einzelnen Subsystemen ein. Wir wollen das an der Anpassung des personalen Systems an das kulturelle System untersuchen. Wie wird Ego deutscher Protestant, katholische Frau, Arbeiterkind usw.? Wie übernimmt der einzelne ganz bestimmte Kulturmuster der Gesellschaft? Die notwendige Umformung oder Anpassung des personalen Systems vollzieht sich nach *Parsons* auf drei verschiedenen Wegen: Erstens durch Lernen, zweitens durch Verinnerlichung und drittens durch Kontrolle. Dabei ist die Unterscheidung von **Lernen und Verinnerlichung** eher eine analytische. Denn *Parsons* versteht unter Lernen einen lebenslangen Prozeß, bei dem kulturelle Muster von den einzelnen Akteuren übernommen werden.

Es darf dabei nicht übersehen werden, daß es sich im wesentlichen um einen einseitigen Prozeß der Aneignung existierender kultureller Muster handelt. Diese Einseitigkeit ist auch typisch für den Vorgang der Verinnerlichung, bei dem die jeweils vorherrschenden kulturellen Orientierungen in dem Bewußtsein der Individuen verankert werden. Allerdings sieht *Parsons,* daß es sich nicht um eine einfache Adaption handeln darf, denn wenn die Wertmuster für die Individuen nicht in gewisser Weise akzeptabel, anwendbar und ihren eigenen Bedürfnissen angepaßt sind, dann werden sie nicht in der notwendigen Weise verinnerlicht, und die Stabilität der Normen würde gefährdet.

Es muß durch Lernprozesse die adäquate Motivation entwickelt und während des ganzen Lebens erhalten werden, an sozial positiv bewerteten und gesellschaftlich kontrollierten Interaktionszusammenhängen teilzunehmen. Anderseits müssen die Handlungszusammenhänge einer Gesellschaft ihren Mitgliedern hinreichende Befriedigung und Belohnung bieten, so daß die Gesellschaft für ihre Systemfunktionen kontinuierlich auf die Leistungen ihrer Mitglieder zurückgreifen kann. (Talcott Parsons, 1976: 131)

Für den Fall, daß dies nicht (automatisch) funktioniert, sieht *Parsons* als dritte Komponente die soziale **Kontrolle** vor, die über die Einhaltung der Regeln für konformes Verhalten sorgt, sowohl im Sozialisationsprozeß bei Kindern und Jugendlichen, als auch in den Interaktionsbeziehungen zwischen erwachsenen Mitglieder der Gesellschaft. Zur erfolgreichen Kontrolle gehören bestimmte Muster der Sanktionierung, mit denen die Mitglieder der Gesellschaft von abweichendem Verhalten abgehalten werden sollen. Kontrolle

Die Theorie der primären und sekundären Sozialisation, also umgangssprachlich ausgedrückt, der Erziehung der Kinder und der Aus- und Weiterbildung von Jugendlichen und jungen Erwachsenen, ist von diesen Vorstellungen lange Zeit sehr beeinflußt gewesen. Denn es liegt auf der Hand, daß sich die Vorgänge des Lernens, der Verinnerlichung und der Kontrolle am Beispiel der Erziehung von kleinen Kindern und von Jugendlichen besonders gut durchspielen lassen, weil dort der lebenslange Prozeß des Lernens beginnt und auch die Verinnerlichung der kulturellen Wertmuster beginnen muß, wenn sie dauerhaft wirksam sein soll. Die an *Parsons'* Systemtheorie orientierte Familiensoziologie hatte dafür in den 50er Jahren entsprechende Begriffe ausgebildet. So war die primäre Sozialisation in drei Phasen unterteilt, die sich auch mit den einzelnen Subsystemen und den vier Funktionen des AGIL-Schemas verbinden lassen. Die **Soziabilisierung** sorgt zunächst für das Überleben des Säuglings, d.h. in dieser Phase paßt sich der Organismus an die Umweltbedingungen an und der Säugling entwickelt erste zwischenmenschliche Basiskontakte. Die dann folgende **Enkulturation** begründet die kulturellen Wertmuster (z.B. katholisches Mädchen in Deutschland), und erst dann kann die **primäre Sozialisation** einsetzen, die die notwendigen Prozesse des Lernens und der Verinnerlichung der Funktionen des personalen und des sozialen Systems sicherstellt. Einfluß auf Familiensoziologie

Wenn wir uns noch einmal an die Untersuchung *Horkheimers* über autoritäre Familienformen erinnern (siehe Lektion VIII), dann wird der Unterschied dieser beiden Positionen schnell deutlich. Während bei *Parsons* die Anpassung an das gegebene gesellschaftliche Gesamtsystem über die Erziehung in der Familie als eine notwendige funktionale Leistung der Familie für die Erhaltung des Gesamtsystems interpretiert und für ganz selbstverständlich gehalten wird, ging es bei *Horkheimer* um die Frage, wie die Aufrechterhaltung von Klassenherrschaft durch die Institution Familie sichergestellt wird. Gefragt wurde danach, wie über die Weitergabe von autoritären Verhaltensformen und die Akzeptierung von Autorität in der Familie die Herrschaftsstruktur der Gesellschaft gelernt und verinnerlicht wird. Das war eine auf bestimmte gesellschaftliche Verhältnisse und ihre Veränderung abzielende These.

Bei *Parsons* ist der Bezug zu einer bestimmten gesellschaftlichen Situation aufgehoben. Es geht jetzt um eine abstrakte, von Zeit und Raum losgelöste Untersuchung, wie der Bestand des sozialen System gesichert werden kann. Dies geschieht in einer Form, die auf jegliche gesellschaftliche Situation anwendbar ist. In die Familiensoziologie ist deshalb der Begriff der „Kernfamilie" von den Anthropologen übernommen worden. Dieser Begriff beruht auf der Annahme, daß in jeder Gesellschaft zu allen Zeiten die Familie bestimmte Grundfunktionen für ihre Mitglieder und die Gesellschaft, in der sie leben, zu erfüllen hat. Hieraus haben von *Parsons* beeinflußte Familiensoziologen, wie z.B. **William J. Goode** das Modell der Kernfamilie mit Vater, Mutter, Sohn und Tochter entwickelt, mit dem man für jede Gesellschaft feststellen kann, welche Funktionen wie erfüllt werden. Aus diesen Arbeiten stammt die These eines Funktionsverlustes der Familie in industrialisierten Gesellschaften, in denen der Staat einige Funktionen, die eigentlich die Kernfamilie zu erfüllen hat, der Familie entzogen hat und selber sicherstellt. (Da die Kernfamilie der modernen „kleinen" zwei- Generationen-Familie, der heute oft anzutreffenden Form des Zusammenlebens von Eltern und wenigen Kindern ähnelt, werden die beiden Begriffe oft – und immer wieder falsch – gleichgesetzt.)

<small>Das Modell der Kernfamilie</small>

Das war das Interessante, um nicht zu sagen das Verführerische der strukturfunktionalen Systemtheorie von *Talcott Parsons* und seinen Schülern: Immer ging es um die Frage, welche Funktionen notwendig sind, um ein System zu erhalten. Wenn man diese Prämisse akzeptiert, kann man mit dem von *Parsons* zur Verfügung gestellten theoretischen Muster jede Gesellschaft untersuchen und auch in jeder Gesellschaft zu wissenschaftlichen Ergebnissen kommen. Und man konnte sich getrost auch nur mit der eigenen Gesellschaft beschäftigen, denn welche Gesellschaft man mit der Systemtheorie angeht, ist weitgehend beliebig. Nordamerikanische Soziologen schlugen in den 50er Jahren sogar vor, die Fachbezeichnung Soziologie in Systemtheorie abzuändern.

Da die *Parsons'sche* Systemtheorie auf die inneren Abläufe eines Systems und nicht so sehr auf seine Außenbeziehungen konzentriert war, erlaubte dieser theoretische Ansatz der Soziologie der 50er Jahre, sich ausschließlich mit der eigenen Gesellschaft zu beschäftigen und internationale Konflikte außer acht zu lassen. Das war beim Wiederaufbau der Bundesrepublik Deutschland nach 1948 und für die Wiedereinführung der Soziologie von großer Bedeutung. Sie konnte sich, wie wir in Lektion XI noch sehen werden, ganz auf die westdeutsche Gesellschaft konzentrieren und darüber nachdenken, wie es – unbeschadet der Zeit des Nationalsozialismus – zu einer stabilen Ordnung der Gesellschaft kommen kann.

6. Die Rollentheorie

Aber bleiben wir zunächst einen Moment bei der Sozialisation der Kinder in der Familie. Was das Kind von den Eltern lernt, sind nicht nur Orientierungsmuster, sondern auch Bedürfnisdispositionen, die mit bestimmten Motivationen übereinstimmen. Die Erziehung in einer kalvinistischen Familie, in der eine protestantische Berufsethik gelernt und verinnerlicht wird (s. Lektion VI, Abschnitt 3) ist ein solches Beispiel. Hier wird das Kind in der Sprache *Parsons* während der Sozialisation in der Familie auf eine später einzunehmende Rolle eingestimmt. Denn das, was das Kind lernt, sind – wiederum in der Sprache *Parsons* – Rollenmuster und Rollenerwartungen, die es z. B. bei den Eltern, den Lehrern oder anderen Kommunikationspartnern erfährt.

Zwischen der Persönlichkeitsgenese und der einzunehmenden sozialen Position besteht von vorneherein eine prästabilisierte Harmonie. Jede der zu verinnerlichenden Dispositionen vereinigt Bedürfnisse des personalen Systems und der Rollenerwartungen des Systems an das personale System. Man kann daraus den Schluß ziehen, daß es kein individuelles Bedürfnis gibt, das nicht mindestens in eine Rolle eingeht, und daß es für das Individuum keine Rolle gibt, die sich nicht auf bereits verinnerlichte Bedürfnisse stützt.

In seiner Handlungstheorie geht *Parsons* davon aus, daß in jeder Situation eine Fülle von Erwartungen an den jeweils Handelnden gerichtet werden. Der Handelnde kennt diese Erwartungen und orientiert sich an ihnen. Dieses Bündel **normativer Verhaltenserwartungen** belegt *Parsons* mit dem Begriff **Rolle**. Die Analogie zu Schauspielern ist nicht zufällig, denn auch dort ist der Text, den ein Schauspieler in einem bestimmten Stück an einer bestimmten Stelle zu sprechen hat, unabhängig von seinem personalen System, aber er kann seine Rolle trotzdem gestalten und ihr eine charakteristische Ausprägung geben. Auch dies wird von ihm in seiner Position erwartet. Rollenerwartungen

Rollen und Rollenerwartungen steuern das soziale Verhalten und schaffen eine wichtige Voraussetzung für die Regelmäßigkeit und Dauerhaftigkeit sozialen Handelns. Sie sind ein allgemeines Orientierungsmuster, das zwischen der Gesellschaft und den Individuen vermittelt, oder anders ausgedrückt: über Rollen vermitteln sich die Ansprüche des sozialen Systems an das personale System. Jede Rolle enthält die in einer bestimmten Gesellschaft für eine bestimmte Position maßgeblichen normativen Muster. Die Rollenerfüllung wird dabei durch eine Bezugsgruppe – das ist die Gruppe, in der das Rollenverhalten stattfindet – überwacht. Diese Gruppe, ob klein oder groß, hat auch die Möglichkeit, das Verhalten positiv oder negativ zu sanktionieren, d.h. den Handelnden zu beloben oder zu bestrafen. Dabei ist aber die direkte Kontrolle eher sekundär, die Erfüllung des Rollenverhaltens wird durch Lernen und Verinnerlichung vorbereitet und bedarf nur im Fall des abweichenden Verhaltens (s. Abschnitt 7) der negativen Sanktionierung. Rollenverhalten

In dieser Form wurde der Rollenbegriff in die nordamerikanische Soziologie durch *Parsons* eingeführt. Der eigentliche „Erfinder" des Rollenbegriffes war aber der Kulturanthropologe *Ralph Linton* (1893-1953), der bereits 1936 in *„Study of Man"* eine Definition des Rollenbegriffes vornahm. In einer später überarbeiteten Version (1945) heißt es dann:

> Den Platz, den ein Individuum zu einer bestimmten Zeit in einem bestimmten System einnimmt, wollen wir im Folgendem als seinen *Status* in diesem System bezeichnen. (...) Der zweite Terminus *Rolle* soll die Gesamtheit der kulturellen Muster bezeichnen, die mit einem bestimmten Status verbunden sind. So umfaßt dieser Begriff die Einstellungen, Wertvorstellungen und Verhaltensweisen, die einem jeden Inhaber dieses Status von der Gesellschaft zugeschrieben werden. (Ralph Linton, 1973: 311)

Bedeutung der Rollentheorie — Seit Ende der 40er Jahre bis in die frühen 60er Jahre spielte der Rollenbegriff in der Soziologie eine bedeutende Rolle. Es entstand ein ausdifferenziertes System von Begriffen, mit denen man Handlungen in ihre Einzelteile zerlegen, untersuchen und analysieren konnte. Zeitweise dominierte die Rollentheorie sogar die soziologische Forschung. Nach und nach wurden aber Schwächen dieses Konzepts deutlich. Vor allem wurde diese analytische Kategorie zu oft verwechselt mit tatsächlichem Verhalten. Auch wurden die Grundlagen der Systemtheorie mit den Jahren in Frage gestellt, und je brüchiger die Prämissen wurden, die *Parsons* in die Soziologie eingeführt hatte, desto mehr nahm auch die Bedeutung der Rollentheorie wieder ab.

Kritik — Wichtigster Einwand gegen die Systemtheorie im allgemeinen und die Rollentheorie im speziellen war, daß sie zu sehr am Status quo und zu wenig an den ständigen Veränderungen der Gesellschaft orientiert sind. Zwar kennt auch *Parsons* die Veränderung einer Gesellschaft, aber sie wird nur in den Fällen als systemerhaltend eingeschätzt, wenn sie nach bestimmten Regeln in den Ordnungen, die das jeweilige System vorgesehen hat, erfolgt.

Genau genommen handelt es sich bei *Parsons* gar nicht um sozialen Wandel. Wenn er von Veränderung eines Systems spricht, dann meint er die Differenzierung eines existierenden Systems. Aber daß sich ganze Systeme auflösen oder grundlegend verändern, war in der klassischen Systemtheorie der 30er und 40er Jahre nicht vorgesehen. Von Anhängern der Systemtheorie wird immer wieder darauf hingewiesen, daß *Parsons* in seinen späten Jahren auch Probleme der gewaltsamen Veränderung von Systemen, wie z.B. durch Revolutionen, diskutiert hat. Das geschah aber zu einem Zeitpunkt, als die Grundlagen seiner Systemtheorie bereits als nicht adäquat genug für die Untersuchung und Erklärung gesellschaftlicher Prozesse erkannt worden waren.

7. Die Anomietheorie

Diese Feststellungen treffen auch auf jenen Teil der soziologischen Theorie zu, die sich mit abweichendem Verhalten unter den Vorgaben der strukturfunktionalistischen Systemtheorie befaßt hat. Allerdings hat die Anomietheorie von **Robert K. Merton** (geboren 1910 in Philadelphia) länger Bestand gehabt als die Rollentheorie. Die Anomietheorie wird auch heute zumindest im Ansatz herangezogen, wenn es um die Behandlung von abweichendem Verhalten geht. Das hat zweierlei Gründe. Erstens hatte *Merton* seine Bemühungen auf **Theorien mittlerer Reichweite** gerichtet. Dieser von ihm geprägte Begriff unterscheidet ihn von *Parsons,* dem es um eine allgemeine „große" Theorie ging, mit der alle gesellschaftlichen Vorgänge in allen Gesellschaften erklärt werden sollten. *Merton* war da vorsichtiger, was auch damit zu tun hatte, daß er sich mit der Geschichte der Soziologie intensiver auseinandergesetzt hatte als *Parsons*. Angesichts der vielen Vorarbeiten in Europa im 19. und im frühen 20. Jahrhundert, fand er es richtiger, sich zunächst mit Theorien mittlerer Reichweite zu befassen, dabei an die europäische Theorietradition anzuknüpfen und gleichzeitig die Auseinandersetzung mit der nordamerikanischen Gesellschaft voranzutreiben.

Ein weiterer wichtiger Unterschied zu *Parsons*, bei dem er Mitte der 30er Jahre in Harvard studierte, liegt bei *Merton* in den Möglichkeiten, die den Individuen gegeben sind, von den ihnen vorgegebenen Rollen abzuweichen. Zwar kann es auch bei *Parsons* vorkommen, daß einzelne Akteure den Rollenerwartungen nicht entsprechen und negativ sanktioniert werden, aber im wesentlichen ist der einzelne doch relativ konfliktfrei und auch umfassend in die Gesellschaft eingebunden.

Das ist bei *Merton* anders. Er sieht, daß Menschen in einem ständigen Konflikt zwischen einer Überanpassung an existierende Normen und der Abweichung von vorgegebenen Wertmustern befangen sind. Das Bild der Gesellschaft, das *Merton* unterstellt, ist weit weniger harmonisch als bei *Parsons*. Im Gegensatz zu diesem geht er von einem ständigen Kampf der gesellschaftlichen Subsysteme aus. Am deutlichsten kommen diese Unterschiede in seiner Anomietheorie zum Ausdruck. Im Unterschied zu *Parsons* beschäftigte sich *Merton* mit gesellschaftlichen Problemen in den USA. Er kehrte zur Realität der gesellschaftlichen Verhältnisse zurück und knüpfte auch damit an die Tradition der europäischen Soziologie, die er so ausführlich studiert hatte, an.

Ausgangspunkt der Untersuchungen zum abweichenden Verhalten war der empirisch feststellbare Tatbestand, daß sich nach der Weltwirtschaftskrise zu Beginn der 30er Jahre in den Vereinigten Staaten kein einheitliches Wertgefüge mehr feststellen ließ. Die sozial benachteiligten Schichten lehnten scheinbar die normativen Orientierungen, die bis dahin für alle gegolten hatten, ab. Und so kam es zu Unterschieden zwischen den sozialen und kulturellen Erwartungen der Gesellschaft und dem tatsächlichen Verhalten bestimmter Gruppen.

Gründe für abweichendes Verhalten

Zunächst wurde dieses abweichende Verhalten als Kriminalität begriffen und mit der *Freud'schen* Psychoanalyse zu erklären versucht. Danach soll kriminelles Verhalten insofern pathologisch sein, als Kriminelle nicht in der Lage sind, ihre Triebe in ausreichendem Maße zu bändigen. *Merton* versuchte nun, diesen pseudo-psychoanalytischen Ansatz durch einen soziologisch-wissenschaftlichen abzulösen:

> Unser Ansatz untersucht vielmehr, in welcher Weise die soziale und kulturelle Struktur auf Personen in unterschiedlichen Situationen in dieser Struktur einen Druck ausübt, sich sozial abweichend zu verhalten. (Robert K. Merton, 1968: 284)

Merton knüpft hier an die Anomietheorie *Emile Durkheims* und dessen Definition für anomisches Verhalten an. Aber anders als *Durkheim*, der mit der Arbeitsteilung das moralische Grundprinzip der anzustrebenen solidarischen Gesellschaftsform gefährdet sah (s. Lektion IV), versteht *Merton* abweichendes Verhalten als ein Symptom für „das Auseinanderklaffen von kulturell vorgegebenen Zielen und von sozialstrukturierten Wegen, auf denen diese Ziele zu erreichen sind". Und er entwickelt ein Schema, an dem man verschiede Formen der Anpassung bzw. Nichtanpassung einzelner Personen ablesen kann. So gibt es neben dem im *Parsons'schen* Sinne idealen Fall des Konformismus, in dem die Akteure mit den kulturellen Zielen und mit den institutionalisierten Mitteln zur Zielerreichung übereinstimmen, spezifische Formen der Abweichung.

Typologie der Arten individueller Anpassung

Arten der Anpassung	Kulturelle Ziele	Institutional. Mittel
Konformität	+	+
Innovation/Neuerung	+	-
Ritualismus	-	+
Apathie/Rückzug	-	-
Rebellion	(-/+)	(-/+)

Merton meint nun, daß es gerade in einer Gesellschaft, in der wie in der nordamerikanischen Gesellschaft das Erreichen von Zielen wie Reichtum und Karriere als besonders wichtiges Ziel gilt, in den unteren Schichten zu abweichendem Verhalten kommen kann. Die Menschen kennen zwar diese Ziele und wollen sie auch anstreben, es stehen ihnen aber die gesellschaftlich legitimierten Mittel zur Zielerreichung nicht zur Verfügung. Wenn dieses individuelle Verhalten zu einer allgemeinen Überbewertung der Ziele und einer Nicht-Beachtung der legitimierten Mittel führt, dann wird nicht nur der einzelne in seinem Verhalten anomisch, sondern die gesamte Gesellschaft gerät in einen Zustand der Normlosigkeit, der Anomie:

> Als Anomie wird schließlich der Zusammenbruch der kulturellen Struktur bezeichnet, der besonders dort erfolgt, wo eine scharfe Diskrepanz besteht, zwischen kulturellen Normen und Zielen einerseits und den sozialstrukturierten Möglichkeiten, in Übereinstimmung hiermit zu handeln, andererseits. (Robert K. Merton u.a., 1968: 292)

Damit gewinnt *Merton* auch einen Zugang zur Sozialstruktur der amerikanischen Gesellschaft. Die ungleiche Verteilung von Möglichkeiten, die in der nordamerikanischen Gesellschaft vorgesehenen Ziele zu erreichen und die unterschiedlichen Wege dahin machen eine genaue Untersuchung der Sozialstruktur der Gesellschaft notwendig. Dies war unzweifelhaft ein wichtiger Schritt zu einem besseren Verständnis der amerikanischen Gesellschaft und auch ein angemessenerer Ansatz, um in verschiedenen Gesellschaften abweichendes Verhalten zu untersuchen, als die von *Parsons* vorgegebene Orientierung an harmonischen Gleichgewichten in einer Gesellschaft.

Einer Vorgabe von *Parsons* blieb *Merton* treu. Er untersuchte nicht, ob die Normen und Ziele, die die nordamerikanische Gesellschaft hatte, angemessen für menschliche Gesellschaften ganz allgemein waren. Sie wurden als vorgegeben unterstellt, und so war auch dieser Ansatz im Prinzip darauf gerichtet, den Status quo zu befestigen, wenn auch mit etwas ausführlicheren und besser ausgearbeiteten Forschungsmethoden. *Merton* unterscheidet sich auch in diesem Punkt deutlich von *Emile Durkheim,* denn dieser hatte die veränderten Formen der Arbeitsteilung für bestimmte Strukturveränderungen in der Gesellschaft und für abweichendes Verhalten als Erklärung herangezogen und für eine neue Moral plädiert. So ist es kein Wunder, daß *Merton* ganz im Sinne *Parsons* argumentiert, daß nur diejenigen zu abweichendem Verhalten neigen, deren Sozialisation nicht vollständig gewesen ist. Das bedeutet, daß in solchen Fällen die Lern- und Verinnerlichungsprozesse nicht zu einem konformen Verhalten, das Ziele und Zielerreichungsmittel gleicherweise achtet, geführt haben. Wer den Ausweg über abweichendes Verhalten sucht, ist ungenügend sozialisiert worden.

Literatur

Primärliteratur

Linton, Ralph: Rolle und Status, in: Heinz Hartmann (Hg.): Moderne amerikanische Soziologie. Stuttgart ²1973 (1967), S. 308-315
Merton, Robert K: Sozialstruktur und Anomie, in: Fritz Sack/René König (Hg.): Kriminalsoziologie. Frankfurt/Main 1968, S. 283-313
Parsons, Talcott: Beiträge zur soziologischen Theorie. hg. von Dieter Rüschemeyer. Darmstadt/Neuwied ³1973 (1964)
Parsons, Talcott: Zur Theorie sozialer Systeme. Herausgegeben und eingeleitet von Stefan Jensen. Opladen 1976
Parsons, Talcott: Das System moderner Gesellschaften. München 1972 („Grundfragen der Soziologie", hg. von Dieter Claessens, Bd. 15)

Sekundärliteratur

Gerhardt, Uta: Talcott Parsons. An Intellectual Biography. Cambridge 2002
Jensen, Stefan: Talcott Parsons. Eine Einführung. Stuttgart 1983
Jensen, Stefan: Systemtheorie. Stuttgart u.a. 1983
Münch, Richard: Theorie sozialer Systeme. Eine Einführung in Grundbegriffe, Grundannahmen und logische Strukturen. Opladen 1976
Münch, Richard: Theorie des Handelns. Zur Rekonstruktion der Beiträge von Talcott Parsons, Emile Durkheim und Max Weber. Frankfurt/Main 1982
Opielka, Michael: Gemeinschaft in Gesellschaft. Soziologie nach Hegel und Parsons. Wiesbaden 2004
Wenzel, Harald: Die Ordnung des Handelns. Talcott Parsons' Theorie des allgemeinen Handlungssystems. Frankfurt/Main 1990
Wilke, Helmut: Systemtheorie. Eine Einführung in die Grundprobleme. Stuttgart/New York 1982

Lektion XI
Der Neubeginn der Soziologie in Deutschland nach 1945

Inhalt

1. Am Anfang eine Überlegung zur Rolle der Siegermächte beim Neubeginn der Soziologie im Nachkriegsdeutschland
2. Helmut Schelsky: Die skeptische Generation. Eine Soziologie der deutschen Jugend (1957)
3. Ralf Dahrendorf: Soziale Klassen und Klassenkonflikt in der industriellen Gesellschaft (1957)
4. Jürgen Habermas: Strukturwandel der Öffentlichkeit (1962)

Literatur

1. Am Anfang eine Überlegung zur Rolle der Siegermächte beim Neubeginn der Soziologie im Nachkriegsdeutschland

Schon während der letzten Jahre des Zweiten Weltkriegs hatten sich die Alliierten Gedanken darüber gemacht, wie man neue Aggressionen durch die Deutschen verhindern könne. Geplant war für die Zeit nach dem Krieg ein Umerziehungsprogramm, das über eine Änderung des Bewußtseins zu einem neuen politischen und sozialen Wertsystem auf demokratischer Basis führen sollte. Diese „Re-Education" schloß auch die Wissenschaften mit ihren Fragestellungen und ihren Organisationsformen ein.

Die deutschen Universitäten waren nach Kriegsende in einem desolaten Zustand. Die „Gleichschaltung" der Wissenschaft mit dem Nationalsozialismus, der Mangel an Außenkontakten und eine in ihrem Ruf beschädigte Führungselite machten einen Neuanfang ebenso notwendig wie schwierig. Auch die Soziologie mußte sich neu gründen. Sie war durch die Exilierung einer großen Zahl von Professoren und Nachwuchswissenschaftlern geschwächt, dazu belastet durch eine Reihe von Mitläufern des Nationalsozialismus, und es fehlte ihr durch die Isolierung der Kriegsjahre der Anschluß an die internationale Entwicklung des Faches.

Die US-Amerikaner hatten der Soziologie beim Wiederaufbau Deutschlands und der Universitäten eine besondere Rolle zugedacht. Ähnlich wie schon *Emile Durkheim* im Frankreich der Dritten Republik (siehe Lektion IV) und der preußische Kultusminister *Carl Heinrich Becker* in der Weimarer Republik (siehe Lektion VII) setzten die US-Amerikaner auf die helfende und heilende Kraft der Soziologie. Sie sollte die Re-Education fördern und durch die Erarbeitung empirischer Daten zur Klärung der sozialen Situation beitragen.

Re-Education und Soziologie

Die Soziologie war in den USA in den 30er und 40er Jahren von der strukturfunktionalistischen Systemtheorie (s. Lektion X) und einem großen Aufschwung der empirischen Sozialforschung bestimmt. Diese Entwicklung war den im nationalsozialistischen Deutschland verbliebenen Soziologen weitgehend unbekannt geblieben. Erste Reorganisationsversuche von *Alfred Weber* und *Leopold von Wiese* (zu beiden s. Lektion VII) blieben deshalb auch in theoretischen Vorüberlegungen stecken. So war die notwendige Unterweisung in den Methoden der empirischen Sozialforschung und Statistik ein Teil des Re-Education-Programms.

Methoden der empirischen Sozialforschung

Unter Anleitung US-amerikanischer Soziologen wurden deshalb große empirische Untersuchungen begonnen, die die deutschen Kollegen in die Techniken der empirischen Sozialforschung in Form eines Projektstudiums einführen sollten. Gleichzeitig sollten mit den Projekten für den Wiederaufbau dringend benötigte Daten über die Situation in Deutschland erarbeitet werden. Am bekanntesten ist die „Darmstadt-Studie" geworden, über die *Nels Anderson* und *Christian von Ferber* im Sonderheft 1 der Kölner Zeitschrift für Soziologie und Sozialpsychologie berichtet haben. Die „Darmstadt-Studie" war von Zivilbeamten der Militärregierung angeregt worden. Ausgangspunkt war die Frage nach sozialen Problemen der Arbeiterschaft, mit denen man junge Gewerkschaftssekretäre vertraut machen wollte. Noch in der Vorbereitungsphase kam ein Interesse am Wiederaufbau des zerstörten Darmstadt hinzu.

Es zeigte sich bald, daß die deutschen Mitglieder der Forschungsgruppe zunächst praktische Erfahrungen bei der Planung und der Durchführung von Interviews bei systematischer Feldforschung sammeln mußten. *Nels Anderson* berichtet:

> Unter den schließlich ausgewählten Mitgliedern des Forschungsstabes befand sich nicht ein einziger, der mit dieser Art empirischer Sozialforschung vertraut war. Dagegen waren allen Mitgliedern die theoretischen Aspekte der Sozialwissenschaft bekannt. (Nels Anderson, 1962:146)

Zusammen mit der Rezeption der Methoden der empirischen Sozialforschung kam es auch zu einem Kennenlernen der Forschungsthemen der nordamerikanischen Soziologie. Im Fall der „Darmstadt-Studie" führte dies zu einer gründlichen Rezeption der nordamerikanischen Gemeindestudien. Dies war der Ausgangspunkt einer eigenständigen und erfolgreichen Gemeinde- und Großstadtforschung in Westdeutschland, auch wenn dabei zunächst noch allgemein-soziologische Fragen im Vordergrund standen und der gesellschaftskritische Aspekt der nordamerikanischen Vorbilder erst in den 60er Jahren zum Zuge kam.

Die Zusammenarbeit mit den nordamerikanischen Kollegen im Rahmen des Re-Education-Programms war in Westdeutschland der Beginn einer eigenständigen und selbstbewußten empirischen Sozialforschung. Dabei gerieten die theoretischen Grundlagen gelegentlich in den Hintergrund, und die simple Gleichung „Planung mittels empirischer Sozialforschung sichert die Demokratie" gab manchen Anlaß zur Kritik, vor allem der Studentenbewegung ab Mitte der 60er Jahre (siehe Lektion XII).

Ab Mitte der 60er Jahre kam es dann zu einer kritischen Auseinandersetzung mit einer in Universität und Auftragsforschung fest etablierten Disziplin. Das war ein wesentlicher Unterschied zum Schicksal der Soziologie in der sowjetisch besetzten Zone, der späteren Deutschen Demokratischen Republik. Dort gab es nach Kriegsende zunächst Ansätze einer marxistisch orientierten Soziologie, die aber bald dem Dogmatismus der Sozialistischen Einheitspartei Deutschlands (SED) und ihrer stalinistischen Bürokratie zum Opfer fiel.

Soziologie in der DDR

So war z.B. **Leo Kofler** (1907-1995) mit großen Hoffnungen aus seinem Schweizer Exil nach Halle an der Saale gekommen. *Kofler* hatte Mitte der 20er Jahre in Wien mit Sozialdemokraten und Austro-Marxisten zusammengearbeitet. Nach dem „Anschluß" Österreichs ans großdeutsche Reich mußte der Jude und Marxist *Kofler* 1938 in die Schweiz flüchten. Hier im Exil schrieb er unter großen Mühen sein erstes Buch: *„Die Wissenschaft von der Gesellschaft"*. Es erschien 1944 unter dem Decknamen *Stanislaw Warnyski* und galt bald vielen, für die der Marxismus nicht in dogmatischer Enge ersticken sollte, als Standardwerk. Das führte auch dazu, daß er nach dem Krieg nach Halle empfohlen wurde. Dort erhielt er nach Promotion und Habilitation den Lehrstuhl für Geschichtsphilosophie und wurde Direktor des Instituts für Historischen Materialismus.

Leo Kofler 1907-1995)

Seine Habilitationsschrift *„Zur Geschichte der bürgerlichen Gesellschaft"* wurde von vielen gelesen. In ihr analysierte *Kofler* die Entwicklung der bürgerlichen Gesellschaft vom Mittelalter bis zum 20. Jahrhundert. Er tat dies in einer undogmatischen Weise, die den Parteibonzen der SED bald ein Dorn im Auge war. Und als *Kofler* in einem Vorwort die mechanistische Marx-Interpretation scharf kritisierte und die Folgen einer beinah allmächtigen stalinistischen Bürokratie benannte, fiel er in Ungnade. Er erhielt Lehrverbot und entzog sich 1950 der drohenden Verhaftung durch Flucht in die Bundesrepublik.

189

Dort wurde ihm, der seinen marxistischen Grundlagen treu blieb, kein freundlicher Empfang bereitet. Das politische Klima zur Zeit des Kalten Krieges verhinderte eine Universitätskarriere. So unterrichtete er an Volkshochschulen und führte Gewerkschaftsseminare durch. Erst 1966 erschien eine neue Auflage von *„Zur Geschichte der bürgerlichen Gesellschaft".* Das Buch erlebte viele Auflagen, wenn auch in gekürzter Form. 1992 brachte der Dietz-Verlag eine komplette Neuauflage in zwei Bänden auf den Markt. In ihr sind auch zeitgeschichtlich interessante Vorworte seit 1948 abgedruckt.

Während in dem sowjetisch besetzten Teil Deutschlands und später in der DDR bis zur Wende 1989 Soziologie ein kümmerliches Dasein fristen mußte, konnte sich in der Bundesrepublik Soziologie als relativ autonome wissenschaftliche Disziplin entfalten und auch zu einem festen, wenn auch nicht immer geliebten, Bestandteil des öffentlichen Lebens werden. In dieser Lektion wollen wir uns mit einigen ausgewählten Positionen befassen, deren Verfasser in der bundesrepublikanischen Gesellschaft der 50er und 60er Jahre über die Grenzen das Faches Soziologie hinaus eine wichtige Rolle spielten.

Aus der Vielzahl der theoretischen und empirischen Arbeiten, die vor allem in der zweiten Hälfte der 50er und zu Beginn der 60er Jahre erschienen, läßt sich allerdings kein eindeutiges Bild der westdeutschen Soziologie zu der damaligen Zeit gewinnen. Zu unterschiedlich waren die Ansätze, zu unterschiedlich die Erkenntnisinteressen und auch zu unterschiedlich die Anlage der einzelnen Untersuchungen. Wir wollen uns im folgenden mit drei Beispielen aus dieser Zeit befassen, nämlich mit der *„Skeptischen Generation"* Helmut Schelskys, mit *Ralf Dahrendorfs „Soziale Klassen und Klassenkonflikte in der industriellen Gesellschaft"* und schließlich mit *„Strukturwandel der Öffentlichkeit"* von *Jürgen Habermas.*

2. Helmut Schelsky: Die skeptische Generation. Eine Soziologie der deutschen Jugend (1957)

Helmut Schelsky
(1912-1984)

Beginnen wollen wir mit **Helmut Schelsky** (1912-1984). Dieser war insbesondere in den 60er Jahren sehr einflußreich in der westdeutschen Soziologie, z.B. als Leiter der Sozialforschungsstelle Dortmund, dem größten sozialwissenschaftlichen Forschungsinstitut zu der Zeit, sowie als engagierter Hochschulreformer, der seine Ideen in die Gründung der Universität Bielefeld einbrachte. Ende der 50er Jahre waren von *Schelsky* zwei Arbeiten in der Öffentlichkeit besonders gut bekannt. 1955 war von ihm als Band 2 in Rowohlts deutscher Enzyklopädie, der ersten und damals einzigen Taschenbuchreihe in Westdeutschland, *„Soziologie der Sexualität"* erschienen. Das Buch war eine Standardlektüre von Studenten und auch Oberschülern. Einen großen Erfolg erzielte *Schelsky* mit dem Buch über die Jugend der Nachkriegszeit, das 1957 mit dem Titel *„Die skeptische Generation"* erschien und bis heute eine der höchsten Auflagen erzielt hat, die je ein deutscher Soziologe mit einer Veröffentlichung erreichte.

Der Begriff *„skeptische Generation"* wurde zum Synonym für eine ganze Generation. Man täuscht sich allerdings, wenn man annimmt, es handele sich um eine ausschließlich jugendsoziologische Studie. Neben der Darstellung der Entwicklung des Jugendalters findet sich in dem Buch auch *Schelskys* These von der „nivellierten Mittelstandsgesellschaft", mit der er schon zuvor (1953) in der breiten Öffentlichkeit bekannt geworden war. *Schelsky* ging es keineswegs nur um eine Darstellung der Situation der Jugend in einer modernen industriellen Gesellschaft und speziell in der westdeutschen, sondern auch um eine Verbindung dieser Entwicklungen mit allgemeinen gesellschaftlichen Veränderungen.

Die Untersuchung beginnt mit einer Darstellung unterschiedlicher Lebensläufe von Jugendlichen in drei verschiedenen gesellschaftlichen Entwicklungsphasen. Als Fallbeispiele behandelt *Schelsky* die Jugendbewegung vor dem Ersten Weltkrieg, die politische Jugend in der Weimarer Zeit und schließlich die von ihm sogenannte „skeptische" Generation in der Zeit nach dem Zweiten Weltkrieg. In diesen Fallstudien beschreibt *Schelsky* drei unterschiedliche Formen des Übergangs von der Kindheit ins Erwachsenendasein.

In der vorindustriellen Zeit waren die Regeln der Tradition, der Sitte und der bewährten Gewohnheiten für Kinder, Jugendliche und Erwachsene gleichermaßen verbindlich. In der Moderne passen dann bestimmte, in der Familie erworbene und ausgeübte, emotionale und affektive Verhaltensweisen nicht mehr zusammen mit der Zweckrationalität und der Anonymität der industriellen Produktion. Im Prinzip greift *Schelsky* hier die gegensätzlichen Positionen von Gemeinschaft und Gesellschaft bei *Ferdinand Tönnies* wieder auf. Er zeigt, daß der Umbruch in der Gesellschaftsstruktur von einer traditionellen Gesellschaftsstruktur zur industriellen Gesellschaft zu neuen Formen der Anpassung an die Erfordernisse der Gesellschaft im Jugendalter geführt hat.

Am ersten Fallbeispiel, der Jugendbewegung, zeigt *Schelsky,* wie um die Jahrhundertwende bis etwa zum Beginn des Ersten Weltkriegs insbesondere Kinder aus bürgerlichen Familien versuchten, die kleingruppenhafte Intimität der Kindheit in autonomen Jugendgruppen zu verlängern und so einen eigenständigen Jugendbereich zu etablieren, der sich sowohl von der Kindheit als auch von der Erwachsenenwelt unterscheidet und typische Verhaltens- und Sozialformen entwickelt, die auch gegen die Welt der Erwachsenen gerichtet sind. *Jugendbewegung vor dem 1. Weltkrieg*

Im Zusammenhang mit der Politisierung des gesellschaftlichen Lebens in der Weimarer Zeit, dem zweiten Fallbeispiel, kommt es bei vielen Jugendlichen zu einer Identifikation mit den Zielen eines demokratischen Gemeinwesens. Bei ihnen wächst die Bereitschaft, die Veränderung der Gesellschaft in die Hand zu nehmen. Eine Koalition mit den Erwachsenen war aber nicht erwünscht, da diese den Jugendlichen zu zögerlich und zu wenig radikal waren. *Schelsky* kommt zu dem Ergebnis, daß die politische Jugend dieser Zeit mit revolutionären Ansprüchen und politischen Dogmen eine pseudo-religiöse Überbrückung der Kluft zwischen den gegensätzlichen Verhaltensstrukturen in der modernen Gesellschaft versuchte. *Politische Jugend in der Weimarer Zeit*

In seinem dritten Fallbeispiel stellt *Schelsky* für die Zeit nach dem Zweiten Weltkrieg eine Umorientierung der Jugendlichen fest. Nachdem sie gemerkt hatten, daß ihre politische Einsatzbereitschaft mißbraucht worden war, kehrten sie der Politik enttäuscht den Rücken. Zudem stand im zerstörten Nachkriegsdeutschland die Sicherung der alltäglichen Lebensgrundlage im Vordergrund. Die Jugendlichen wandten sich daher dem privaten Raum, insbesondere der Fa- *Die „skeptische" Generation" der Nachkriegszeit* milie, ihrem beruflichen Fortkommen und – soweit das möglich war – einer unpolitischen Freizeit zu. *Schelsky* stellt die These auf, daß es bis in die späten 50er Jahre keinen qualitativen Unterschied mehr zwischen den Jugendlichen dieser „skeptischen Generation" und den Erwachsenen gegeben habe.

Wenn man aber die Untersuchungen in der ganzen Länge liest, dann kommen Zweifel auf, ob die Bezeichnung „skeptisch" wirklich angebracht gewesen ist. Denn das, was *Schelsky* im einzelnen beschreibt, insbesondere die Mischung aus Familienkonformität einerseits und Verschlossenheit den Erwachsenen gegenüber andererseits, verdient eigentlich nicht den Begriff skeptisch. Das gleiche gilt für das Interesse an politischen Fragen. *Schelsky* stellt in seinen Befragungen eine Verschlossenheit bei den Jugendlichen fest, die sie jede Form der Aussprache vermeiden ließ. Dies sei ebenso auf persönliche Fragen wie auf den Bereich der Politik bezogen, gelte im übrigen nicht nur für den Umgang mit den Erwachsenen, sondern auch für den Kontakt mit Gleichaltrigen. Auch die Einstellung zur Politik ist weniger von Skepsis als von anpassender Konformität gekennzeichnet.

Schelsky stellt eine tiefempfundene Fremdheit der Jugendlichen der Politik gegenüber fest, ohne daß damit wie noch bei der politischen Jugend der 20er Jahre ein Interesse oder ein Drang einhergeht, sie zu verbessern und neu zu gestalten.

Politik und Beruf Politik ist in der Vorstellung der Jugendlichen mit Parteipolitik oder abstrakten Interessen von oben verbunden. Ihre unpolitische Zustimmung zur Demokratie, ihr Rückzug und ihre Abwehr von Politik ähnelt sehr der stark ausgeprägten „Ohne-uns"-Haltung der Erwachsenen, insbesondere des Bildungsbürgertums, die sich nach den schrecklichen Erfahrungen des Zweiten Weltkriegs und des Holocaust – u.a. unter Berufung auf *Max Webers* Kategorie der Werturteilsfreiheit – von allen politischen Aktivitäten zurückzogen (siehe Lektion VI, 7).

Nur in einem Punkt decken sich die Vorstellungen von Jugendlichen und Erwachsenen. Der zukünftige Beruf muß sicher sein und Möglichkeiten des Aufstiegs bieten. Der Beruf wird nicht länger als Selbstverwirklichung gesehen, sondern ist für die Jugendlichen ein begrenzter Teil ihres Lebens. Er muß weder sinnerfüllend sein, noch die Person als Ganzes ansprechen. Diese „skeptische" Generation ist sehr arbeitswillig, in hohem Maße mit ihrem Beruf zufrieden und besonders an neuen Technologien interessiert. Deshalb wird eine Lehre angestrebt und ungelernte Tätigkeiten werden gemieden. Da unter solchen Prämissen die Zahl der ungelernten Arbeiter abnimmt – bzw. nach *Schelskys* Vorstellungen abnehmen wird –, verschwindet für ihn auch die ideologische Selbstüberhöhung des Sozialbewußtseins ungelernter Arbeiter. Für ein proletarisches Klassenbewußtsein sieht er weder Anlaß noch Raum.

Überhaupt ist für *Schelsky* die Annäherung des Lebensstandards der verschiedenen Gruppen der Bevölkerung und eine zunehmende Gleichförmigkeit ihrer Lebensgewohnheiten ein zentrales Kennzeichen der industriellen Gesell-

Nivellierte Mittelstandsgesellschaft schaft. Er nennt deshalb diese Gesellschaft, in der sich die sozialen Schichten aneinander angleichen, eine **„nivellierte Mittelstandsgesellschaft"**. Sie ist das Ergebnis eines Prozesses, der seit dem Beginn der industriellen Gesellschaft zu beobachten ist. Nach *Schelskys* Interpretation setzt mit der Auflösung der ständischen, traditionellen Gesellschaftsformen in der vorindustriellen und dann der industriellen Gesellschaft eine soziale Unsicherheit ein, die die Menschen in einen massenhaften Wunsch nach ökonomischem Aufstieg umgesetzt haben.

Der Klassenkampf, wie er von *Karl Marx* beschrieben worden ist, ist in dieser Betrachtung die erste Form solcher Bestrebungen. Er wird von *Schelsky* umgedeutet in den Wunsch der Arbeiter nach Teilhabe am Lebensstandard und den Rechten der bürgerlichen Klasse. Im weiteren Verlauf der Industrialisierung kommt es dann zu massenhaften, kollektiven und individuellen, sozialen Auf- und Abstiegsprozessen. Während die industrielle Arbeiterschaft den Aufstieg langsam schafft, die Bildung einer Funktionärsschicht von Beamten und Angestellten einen neuen Mittelstand etabliert, kommt es auf der anderen Seite zu dem sozialen Abstieg des Besitz- und Bildungsbürgertums.

Bildung einer Funktionärsschicht

> Diese konvergierenden Vorgänge bewirkten einen relativen Abbau der Klassengegensätze, eine Entdifferenzierung der alten, noch ständisch geprägten Gruppen und führten zu einer sozialen Nivellierung in einer verhältnismäßig einheitlichen, kleinbürgerlich-mittelständisch lebenden Gesellschaft, deren nivellierender Konformität sich nur noch wenige und kleine Gruppen entziehen können. (Helmut Schelsky, 1957: 223).

Die These von der „nivellierten Mittelstandsgesellschaft" ist gleichzeitig die These von der relativ automatischen sozialen Angleichung der verschiedenen gesellschaftlichen Gruppen im Prozeß der Industrialisierung in westeuropäischen Staaten. Dieser Prozeß wurde, so *Schelsky,* unterstützt und beschleunigt durch eine sozialstaatliche Bürokratie, die auch im Bereich der wirtschaftlichen und sozialen Vorsorge nach normierten Vorgaben nivellierend arbeitet. Daß das Bewußtsein des Menschen sich an diese Entwicklung noch nicht vollständig angepaßt hat und u.a. noch Leitbilder des Berufsprestiges und der Rangfolge der beruflichen Schichtung lebendig hält, konserviert nach *Schelskys* Meinung die Vorstellungen von Klassenunterschieden, die in der nivellierten Mittelstandsgesellschaft keine reale Entsprechung mehr haben bzw. nach seiner Meinung auch nicht mehr haben sollen.

Schelsky hatte mit seiner These zur „Nivellierten Mittelstandsgesellschaft" eine Debatte fortgeführt, die seit *Marx* die Soziologie beschäftigte. Schon *Max Weber* hatte vermutet, daß eine Zuspitzung sozialer Ungleichheiten und sozialer Konflikte in der Klassenfrage weder theoretisch sinnvoll noch empirisch belegbar sei. Er unterschied bereits zwischen ökonomischer Lage (Klassen), sozialer Gemeinschaft (Stände) und politischer Vergesellschaftung (Parteien). Mit der Untersuchung zur Bedeutung der protestantischen Ethik für die Entstehung des westlichen Kapitalismus hatte er der *Marx'schen* These widersprochen, daß das Sein das Bewußtsein bestimme. Er hatte demgegenüber festgestellt, daß es offensichtlich auch andere als ökonomische Gründe für gesellschaftliche Entwicklungen gibt (siehe Lektion VI.3.).

In den 20er Jahren hat dann **Theodor Geiger** (1891-1952) der Debatte um Klasse und Schicht durch umfangreiche Arbeiten neuen Schwung und Inhalt gegeben. *Geiger,* von der Ausbildung her Jurist, war ab 1920 an der Volkshochschule Groß-Berlin tätig. 1928 übernahm er eine Professur an der TH Braunschweig für Soziologie mit dem Schwerpunkt Soziologie der Erziehung. 1933 floh er vor den Nationalsozialisten zunächst nach Dänemark; 1943 weiter nach Schweden, wo er an der Universität Uppsala lehrte. Nach dem Ende des Krieges kehrte er nach Dänemark, aber nicht nach Deutschland zurück.

Theodor Geiger (1891-1952)

In seiner Berliner Zeit wurde er in vielfältiger Weise mit den Problemen der Handwerker und kleinen Gewerbetreibenden konfrontiert, die schon nicht mehr dem Bürgertum angehörten, aber auch (noch) nicht Proletarier waren. Angeregt durch vielfältige empirische Erfahrungen zur Umschichtung der Gesellschaft angeregt, wertete er die Daten der Volkszählung von 1925 für seine Studie „Die soziale Schichtung des deutschen Volkes" aus, die schließlich 1932 erschien. Aus dieser klassischen Schrift der soziologischen Ungleichheitsforschung müssen zwei Ergebnisse besonders hervorgehoben werden:

Soziale Lagen

Erstens konnte er mit dem statistischen Material zeigen, daß es – wie er es nannte – drei verschiedene soziale Lagen gab: die kapitalistische Lage, die mittlere Lage und die proletarische Lage. Diese drei Lagen sind durch ihr jeweiliges Verhältnis zu den Produktionsmitteln, der Stellung im Produktionsprozeß und der sich daraus ergebenden wirtschaftlichen Lage definiert.

Geigers zweites wichtiges Ergebnis war, daß diese drei Lagen zur Beschreibung und Erklärung sozialer Ungleichheit deshalb nicht mehr ausreichten, weil bei vielen Menschen objektive soziale Lage und subjektive Einschätzung der eigenen Situation auseinanderfielen. Deshalb führte er eine Tiefengliederung der sozialen Lagen ein, um Lebensführung, Formen des Familienlebens, Ansichten und Motive mit zu erfassen. Der Rohgliederung wurde eine Tiefengliederung

schichtspezifische Mentalitäten

gegenübergestellt. Die einzelnen Schichten sind jeweils durch eine nachweisbare Kombination von ökonomisch-sozialer Lage, schichtspezifischer Mentalität und gleichartiger Lebensstile bestimmt:

Übersicht: Soziale Schichtung nach Erwerbstätigkeit (Geiger 1932)

Rohgliederung   **Tiefengliederung**
(Maßstab Produktionsverhältnisse) (ökonomisch-soziologischer Ansatz)

I. Kapitalistische Lage ———— I. „Kapitalisten"
0,84%

II. Mittlere und kleinere Unternehmer
(alter Mittelstand) 18,33%

II. Mittlere Lage
24,39%

III. Tagewerker für eigene Rechnung (Proletaroide)
(abgeglittener Mittelstand) 13,76%

IV. Lohn- und Gehaltsbezieher höherer Qualifikation
(neuer Mittelstand) 16,04%

III. Proletarische Lage
74,77%

V. Lohn und Gehaltsbezieher minderer Qualifikation
(Proletariat) 51,03%

Für jede Schicht der Tiefengliederung beschreibt *Geiger* in seiner Untersuchung ein breites Spektrum von Mentalitäten. Sein Abrücken von der marxistischen Klassentheorie ist verbunden mit seiner Einsicht, daß zwischen antagonistischen Schichten kein einheitlicher Mittelstand existieren kann. „Den" Mittelstand als eine Schicht gibt es nicht:

„Ein Unbegriff ist der „Mittelstand" nicht wegen der *großen Zahl* und Differenziertheit seiner Elemente, sondern wegen der völligen *Unvergleichbarkeit* der Mentalitäten, die sich typischerweise in seinem Umfeld finden" (Geiger, 1932: 128., Hervorh. im Original).

Durch *Geigers* Exil und seinen Tod Anfang der 50er Jahre fand seine Untersuchung in der westdeutschen Nachkriegssoziologie wenig Resonanz und spielte in der Debatte der 50er Jahre kaum eine Rolle. Auch seine Schrift von 1949 „Die Klassengesellschaft im Schmelztiegel" wurde wenig beachtet.

Dies war bei der Schrift von **René König** (1906-1992) „Soziologie heute", die 1950 erschien, ganz anders. Sie war *Königs* programmatisches Entrèe, mit der er nach der Rückkehr aus dem Exil seine Arbeit in Westdeutschland aufnahm. *König* war 1937 vor den Nationalsozialisten in die Schweiz geflohen. An der Universität Zürich habilitierte er sich 1938. 1949 wurde er auf den Lehrstuhl für Soziologie der Universität Köln berufen. Dort lehrte er bis zu seinem Tode, hochgeehrt von vielen Schülern. Die Bezeichnung *„Kölner Schule"*, die mit seinem Namen verbunden wird, steht weniger für eine bestimmte soziologische Konzeption, sondern vielmehr für eine intellektuell offene und anregende Hochschullehrertätigkeit, die sehr unterschiedliche Positionen duldete, wenn sich auch eine besondere Betonung der Möglichkeiten und Verfahren empirischer Sozialforschung mit der Bezeichnung *„Kölner Schule"* verbindet. *König* gab in der Nachfolge von **Leopold von Wiese** (siehe Lektion VII.2.) die *Kölner Zeitschrift für Soziologie* heraus, die er vor allem auch der Sozialpsychologie öffnete. Über die Fachöffentlichkeit hinaus wurde er mit dem *Fischer Lexikon Soziologie* bekannt, das er herausgab, mitgestaltete und dessen erste Auflage 1958 erschien. Das Lexikon hat als Taschenbuch hohe Auflagen erzielt und war lange Zeit die Hauptinformationsquelle an Hochschulen und Gymnasien über Soziologie.

René König
1906-1992

Kölner Schule"

Die Schrift *„Soziologie heute"* war eine Standortbestimmung. Ein zentrales Thema war die Frage, welche Bedeutung die marxistische Klassentheorie noch haben könne. Dies war nicht nur von rein wissenschaftlichem Interesse, sondern hatte in der Konfrontation zwischen Ost und West im Kalten Krieg auch eine allgemein politische Bedeutung. Die zentrale These *Königs* zur Klassentheorie muß auch vor diesem Hintergrund gesehen werden. Er stellte fest, daß die *Marxsche* Vorhersage, daß der Mittelstand ganz im Proletariat aufgehen würde, von der tatsächlichen Entwicklung widerlegt worden sei. Daraus wurde, wie bei *Schelsky,* eine geringe Reichweite marxistischer Soziologie abgeleitet und damit indirekt auch die Überlegenheit westlicher Industriegesellschaften gegenüber dem Sozialismus/Stalinismus auf der anderen Seite des „Eisernen Vorhangs" bestätigt.

geringe Reichweite marxistischer Soziologie

„Das soziologisch relevante Ergebnis dieser ganzen Erörterung liegt darin, daß wir die Probleme der Gesellschaftsschichtung sowohl jenseits der Klassenfragen wie vor allem jenseits der Dichotomie Bourgeoisie-Proletariat zu suchen haben. Diese Erkenntnismodelle sind vor dem Gesetz der wachsenden Differenzierung der Gesellschaft und ihres allgemeinen Dynamismus in den Hintergrund getreten. Die Stellung des Individuums entscheidet sich heute vor allem durch seinen Funktionswert in der alle gleichmäßig erfassenden Arbeitswelt, wobei das Merkmal eines besonderen Verhältnisses zu den Produktionsmitteln auf der ganzen Linie im Verschwinden ist" (König, 1949: 87).

Die empirisch-statistische Analyse *Geigers* und die von *König* aus der internationalen Literatur herausgearbeitete Position zu modernen Formen sozialer Ungleichheit wurden von *Schelsky* durch umfangreiche empirische Erhebungen fortgeführt. Alle drei diskutieren Auf- und Abstiegsprozesse, die zur Auflösung von Klassenstrukturen führten. Alle drei haben ein eher sekundäres Interesse an tatsächlichen Machtverhältnissen und der Legitimation aktueller Herrschaftsformen. Diese wurden eher als gegeben unterstellt. Das war bei den beiden anderen Autoren, die wir exemplarisch für die 50er Jahre in der westdeutschen Soziologie behandeln wollen, anders. **Ralf Dahrendorf** interessierte sich z.B. ausdrücklich für Fragen der Macht und der Machtausübung in den industriellen Gesellschaften.

3. Ralf Dahrendorf: Soziale Klassen und Klassenkonflikt in der industriellen Gesellschaft (1957)

Ralf Dahrendorf
(1929-2009)

„Soziale Klassen und Klassenkonflikt" war *Dahrendorfs* Versuch, gegen die Systemtheorie und die relativ theorielos operierende empirische Sozialforschung die Klassentheorie von *Karl Marx* für die zeitgenössische Soziologie fruchtbar zu machen. Zwar sei es richtig, daß die philosophischen Spekulationen von *Marx,* insbesondere seine Utopien über die Entwicklung des Kapitalismus hin zum Kommunismus, durch den Zeitablauf oder auch durch empirische Untersuchungen widerlegt worden seien, es sei aber zu bequem und zu naiv, den Kern seiner Klassentheorie zu ignorieren. *Dahrendorf* übernimmt vier theoretische Aussagen von *Marx.*

An **erster** Stelle steht, daß *Marx* Klassen als zentrale Strukturelemente der Gesellschaft begriffen hat. Wenn die Geschichte aller bisherigen Gesellschaften die Geschichte von Klassenkämpfen ist, dann sind auch die Klassengegensätze die eigentlich treibenden Kräfte für gesellschaftliche Veränderungen. Daraus ergibt sich der **zweite** Punkt, in dem *Dahrendorf* mit *Marx* übereinstimmt: Gesell-

Klassen und
Klassenkonflikte

schaften funktionieren nicht reibungslos, sind nicht statische Sozialgebilde, sondern wegen der strukturverändernden Klassenkonflikte durch einen ständigen Wandel gekennzeichnet.

Klassenangehörigkeit

Der **dritte** Punkt betrifft die Zurechnung zu einer bestimmten Klasse. Hier stimmt *Dahrendorf* mit *Marx* insofern überein, als er unterstellt, daß man bestimmte Merkmale, die verschiedene Klassen unterscheiden, feststellen kann. Reichtum und Besitz sind allerdings sekundäre Momente, da sie ihrerseits bereits das Ergebnis einer bestimmten Klassenstruktur sind. Während *Marx* die Klassenstruktur aus der Organisation der Produktion ableitet und als Grundlage der Klassenbildung den Privatbesitz an Produktionsmitteln sieht, findet *Dahrendorf,* wie wir weiter unten sehen werden, andere Merkmale der Klassenzugehörigkeit.

Klassenbewußtsein

Aber zunächst muß noch der **vierte** und letzte Punkt erwähnt werden, in dem *Dahrendorf* auf *Marx* zurückgreift, nämlich auf dessen Unterscheidung von Klasse an sich und Klasse für sich. Auch *Dahrendorf* unterstellt, daß es zwischen den objektiven Merkmalen, die die Zugehörigkeit zu einer Klasse definieren, und dem Bewußtsein dieser Zugehörigkeit und daraus abgeleiteten Organisationsformen aller derer, die zu dieser bestimmten Klasse gehören, einen Unterschied gibt. Er selbst wird dies in seiner eigenen Theorie als den Unterschied von latenten und manifesten Interessen bezeichnen.

Bei der Neuformulierung des Klassenbegriffes durch *Dahrendorf* steht an erster Stelle das Kriterium der Klassenzugehörigkeit. Dies kann nach *Dahrendorf* nicht das Eigentum an Produktionsmitteln sein, sondern er schlägt vor, statt dessen die **Teilhabe an oder den Ausschluß von Autorität und Herrschaft** zur Grundlage der Zuordnungsgröße zu machen. Dabei greift er auf die Definition von Herrschaft bei *Max Weber* zurück. Den Begriff Autorität verwendet er synonym.

Das Privateigentum an Produktionsmitteln, das ist das Hauptgegenargument von *Dahrendorf* gegen *Marx,* ist nur eine historische Form der Herrschaft. Herrschaft kann man in allen Gesellschaften nachweisen. Sie ist nicht an die Existenz von Industrie oder Wirtschaft gebunden. Sie umfaßt auch den Privatbesitz an Produktionsmitteln. Daß Herrschaft und der Privatbesitz an Produktionsmitteln in einer bestimmten historischen Phase zusammenfallen, ist für *Dahrendorf* eher zufällig, jedenfalls kein Grund, daraus eine allgemeine Bestimmung der Klassenzugehörigkeit zu entwickeln. Wie bei *Max Weber* ist Autorität und Herrschaft bei *Dahrendorf* die legitime, durch sozial-institutionalisierte Normen gestützte Macht.

In allen gesellschaftlichen Teilbereichen, in allen Organisationen und ihren Unterorganisationen, insbesondere in den beiden großen Herrschaftsverbänden Industrie und Politik gibt es einen hierarchischen Gegensatz von solchen Positionen, die Anteil an Herrschaft und Autorität haben und solchen Positionen, die daran nicht oder weniger teilhaben können. Hier liegt für *Dahrendorf* die eigentliche Grundlage der Klassenbildung, wobei zu beachten ist, daß er nicht von einzelnen Personen, sondern von sozialen Positionen spricht.

> Wenn wir zu einer Überwindung der Marx'schen Theorie kommen wollen, dann müssen wir... einen Klassenbegriff zu Grunde legen, der weder von Gegebenheiten der sozialen Schichtung, noch von wirtschaftlichen Verhältnissen ausgeht. Klassen sind Gruppierungen der Träger von Positionen gleicher Autorität in Herrschaftsverbänden. Sie verbinden die, die in einem solchen Verband Anteil an legitimer Macht haben, gegenüber denen, die von der Autorität aufgrund ihrer Positionen ausgeschlossen sind. (Dahrendorf, 1957: 145)

Der Klassenkonflikt ist nur eine, wenn auch eine besonders wichtige Quelle von Strukturwandel, dessen Grundlagen *Dahrendorf* deutlich zu machen versucht. Auf der einen Seite geht es den Trägern der Autorität darum, den Status quo aufrecht zu erhalten, auf der anderen Seite befindet sich die Klasse der von der Autorität ausgeschlossenen Postionen. Ihr Interesse richtet sich darauf, den Status quo zu überwinden. Oft sind damit Interessen verbunden, die die Werte einer zukünftigen Sozialstruktur repräsentieren, aber in jedem Fall sind sie durch ihren Gegensatz zu den geltenden Normen bestimmt, und deshalb reichen die Forderungen der beherrschten Klasse von Lohnforderungen in Tarifverhandlungen bis hin zu einem grundlegenden Systemwandel.

Die Interessen, die mit den einzelnen Positionen verbunden sind, unterscheidet *Dahrendorf* in **latente** und **manifeste** Interessen. Latent sind sie, so lange sie nicht bewußt sind; manifest werden sie, wenn Gefühl, Willen und Wünsche auf ein angebbares Ziel gerichtet und organisiert werden. So ergeben sich aus den unterschiedlichen Formen des Interesses auch unterschiedlich organisierte Gruppen. Den latenten Interessen entsprechen bei *Dahrendorf* die **Quasigruppen,** die kein Bewußtsein für ihre Zusammengehörigkeit haben, die nicht organisiert sind und eher als potentielle Gruppe zu bezeichnen sind. Die manifesten Interessen werden **Interessengruppen** zugeordnet, die sich unter bestimmten Bedingungen bilden und dann gemeinsame Forderungen der Klasse durchzusetzen versuchen.

Dahrendorf geht davon aus, daß sich der Strukturwandel langsam, aber ständig und z.T. auch unsichtbar vollzieht. Damit stellt er sich ebenfalls in Gegensatz zu *Marx,* bei dem, so kritisiert *Dahrendorf,* der soziale Wandel etwas Statisches hatte, da er sich von einer Qualität in die andere gewissermaßen schlagartig, z.B. durch eine Revolution vollziehen sollte. Und das betraf sowohl den Wandel der Gesellschaft insgesamt, als auch begrenzte Teilbereiche. Hier ist Dahrendorf anderer Meinung. Der Klassenkonflikt kann von dem totalen Austausch des Herrschaftspersonals, etwa durch den Sonderfall der Revolution, über partielle Veränderungen beim Personal bis hin zu einer durchgehenden Regulierung der Konflikte, etwa in einer dauerhaft neuen Aufteilung von Teilhabemöglichkeiten an der Herrschaft, verschiedene Auswirkungen haben.

Kritik an Parsons

Aber *Dahrendorf* setzt sich nicht nur mit *Marx* auseinander, sondern auch mit *Talcott Parsons* und dessen Systemtheorie (s. Lektion X). Er stimmt *Parsons* zwar darin zu, daß man Gesellschaftsstrukturen als Funktionszusammenhang von Interaktionen begreifen kann, dessen Einheiten durch Rollen und Rollenkomplexe bestimmt werden. *Dahrendorf* argumentiert aber, daß die Strukturanalyse der Betrachtung der Veränderungen der Gesellschaft nachgeordnet sein müsse. Die Systemtheorie habe außerordentliche Schwierigkeiten, die dynamischen Elemente einer Gesellschaftsstruktur zu bestimmen. Gesellschaftliche Prozesse und Strukturveränderungen sind bei ihr in das Gesamtsystem funktional integriert, und deshalb sind in der Systemtheorie die zentralen Begriffe Ordnung, Gleichgewicht und Werte.

Zentrale Kategorien Herrschaft und Interesse

In seiner Herrschaftstheorie auf der Basis einer Klassenstrukturanalyse entwickelt *Dahrendorf* eine ganz andere Auffassung. Jede Struktureinheit ist für ihn ein durch mehr oder weniger Zwang zusammengehaltener Herrschaftsverband, in dem die Möglichkeit seiner Überwindung bereits enthalten ist. Deshalb sind die zentralen Kategorien von *Dahrendorfs* Theorie Herrschaft und Interesse. *Dahrendorf* will zwar keinen absoluten Vorrang seiner Herrschaftstheorie formulieren, ist aber der Meinung, daß bestimmte soziale Phänomäne, wie eben der Klassenkonflikt, nur so erklärbar sind. Rollenzuweisungen durch Sozialisation sind zwar mit der auf Integration angelegten Systemtheorie erklärbar, aber es sind Momentaufnahmen in dem langfristigen Wandel der gesellschaftlichen Verhältnisse.

An diese theoretischen Überlegungen zu den allgemeinen Gründen für gesellschaftliche Veränderungen schließen sich dann bei *Dahrendorf* noch Aussagen zu den tatsächlichen Veränderungen in der **industriellen Gesellschaft** seit *Marx* an. Neben einem ökonomischen Rationalismus, der für eine rationalere Organisation der Produktion und die planvollere Verwertung der Ressourcen sorgt, und der Durchsetzung des Leistungsprinzips, bei dem nur die meßbare Leistung entscheidet über den Platz, den der einzelne in der Sozialstruktur der Gesellschaft einnimmt, betont *Dahrendorf* als **Hauptkennzeichen** moderner Industriegesellschaften die Verallgemeinerung der staatsbürgerlichen Gleichheitsrechte. Nach dem 18. Jahrhundert, das, grob gesprochen, die rechtliche Gleichstellung der Menschen brachte, und nach dem 19. Jahrhundert, das die politische Gleichberechtigung brachte, habe das 20. Jahrhundert schließlich die soziale Gleichberechtigung gebracht. Im Zuge der industriellen Entwicklung breiten sich die ursprünglich formaljuristischen Gleichheitsrechte auch auf gesellschaftliche Entschädigungen, auf Löhne, auf Einkommen, aber auch auf Statussymbole und Verbrauchsgewohnheiten aus.

Eine Klasse, die ganz ausgeschlossen ist von diesen Rechten, gibt es nicht mehr. Die sich daraus ergebenden Tendenzen der Annäherung der Lebensstandards, insbesondere im Bereich der Konsumgüter, der Kultur und der Freizeit, führen zu einer sozialen Nivellierung. *Dahrendorf* nimmt hier die Formulierung von *Helmut Schelsky* auf, stimmt dessen Befunden aber nur teilweise zu und kritisiert vor allem, daß dieser Fragen der gesellschaftlichen Macht und ihrer Verteilung nicht berücksichtigt habe.

Annäherung der Lebensstandarde

Ein vierter und letzter Punkt in der Veränderung der industriellen Gesellschaft betrifft die Rolle, die die nach und nach erfolgenden Instituionalisierungen und juristischen Regelungen des Klassenkampfes für eine Stabilisierung der Gesellschaft bekommen haben. Nachdem das Spannungsverhältnis von Arbeit und Kapital als ein Strukturprinzip moderner Industriegesellschaften anerkannt worden war, werden Klassenkonflikte durch die Tarifparteien, durch die Gewerkschaften und Unternehmerverbände in institutionalisierter Form und in gesetzlich festgeschriebenen Verhaltensroutinen reguliert. Dazu gehören selbstverständlich auch Versuche, die Ursachen des Klassenkonfliktes, nämlich die ungleiche Verteilung von Autorität und Herrschaft in bestimmten Positionen abzubauen bzw. zu beseitigen. Für *Dahrendorf* sind die Schaffung von Mitbestimmungsmöglichkeiten und die Einrichtung von Betriebsräten solche Entwicklungen:

Institutionalisierung des Klassenkampfes

> Der Bestimmungsgrund des Klassenkonfliktes ist in der Autoritätsstruktur des Industriebetriebs gegeben und daher in entwickelten Industriegesellschaften unverändert wirksam... Durch die Organisation der konfligierenden Parteien, durch die Schaffung von Verhandlungsgremien und Schlichtungsinstitutionen, sowie neuen Positionen zur Interessenvertretung im Betrieb, ist die verhärtete zur Revolution drängende Auseinandersetzung im ständigen, offen ausgetragenen Gegensatz gewichen. (Ralf Dahrendorf, 1957: 233f.)

4. Jürgen Habermas: Strukturwandel der Öffentlichkeit (1962)

Jürgen Habermas
(geb. 1929)

Nicht nur der engeren wissenschaftlichen Öffentlichkeit gilt der 1929 in Düsseldorf geborene **Jürgen Habermas** heute als der wichtigste Vertreter der *Frankfurter Schule*. Allerdings ist diese Zuordnung insofern problematisch, als sich seine Position von der Position *Max Horkheimers* und *Theodor Adornos* in der Nachkriegszeit unterscheidet und auch die Zusammenarbeit mit den beiden Direktoren des *Instituts für Sozialforschung* in den 50er Jahren nicht konfliktfrei war.

Habermas war, nachdem er 1954 in Bonn promoviert worden war, 1955 als Forschungsassistent ans *Institut für Sozialforschung* in Frankfurt gekommen. Seine Habilitation mußte er allerdings an der Universität Marburg einreichen. Die Arbeit, die dem Habilitationsantrag zu Grunde lag, hieß „*Strukturwandel der Öffentlichkeit*". In ihr knüpft *Habermas* an die Kritik der instrumentalen Vernunft an, wie sie von der *Frankfurter Schule* seit den 30er Jahren geübt worden war. Während aber die klassische Kritische Theorie die radikale Kritik der abendländischen Vernunfttradition soweit führt, daß der Aufklärungsprozeß nicht länger als ein Fortschritt der Menschheit, sondern nur noch als ihre Verfallsgeschichte aufgefaßt wird, orientiert sich *Habermas* an einer Rationalität, die die Norm für die Kommunikation zwischen den Menschen abgibt.

Student und Politik

Ausgangspunkt seiner theoretischen Überlegungen war eine großangelegte empirische Studie zum Thema „*Student und Politik*", die er während seiner Zeit als Forschungsassistent am *Institut für Sozialforschung* zusammen mit *Ludwig von Friedeburg, Christoph Oehler* und *Friedrich Weltz* durchführte. Zentrale Frage dieser Studie war, ob die Bereitschaft, sich politisch zu beteiligen und zu betätigen, als Kriterium für die Beurteilung einer politischen Einstellung brauchbar ist. Diese Frage wurde deshalb gestellt, weil einerseits das Demokratieprinzip ein entsprechendes öffentliches Engagement unterstellt und fordert, andererseits die Komplexität der politischen Angelegenheiten und die sie manipulierenden Medien und Institutionen eine Beteiligung unmöglich, eigentlich sogar überflüssig machen.

Die Ergebnisse der Studie können hier nicht im einzelnen wiedergegeben werden. Wichtig in unserem Zusammenhang ist aber, daß die Frage nach der Struktur und der Wirksamkeit einer politischen Öffentlichkeit nicht nur der Ausgangspunkt der Studie am *Frankfurter Institut für Sozialforschung* war, sondern auch, nun allerdings in historischer und kritischer Absicht, eine der Fragen, die *Habermas* in seiner Marburger Habilitationsschrift „*Strukturwandel der Öffentlichkeit*" an den Anfang stellte.

Ausgangspunkt: bürgerliche Öffentlichkeit

Wie *Ralf Dahrendorf* untersucht *Habermas* in dieser mit vielen historischen Beispielen und Fakten angereicherten Erörterung, was sich in der Geschichte der westeuropäischen Staaten seit dem 18. Jahrhundert verändert hat. Während *Dahrendorf* sich auf die Geschichte der Industriegesellschaft konzentrierte, wählt *Habermas* als Ausgangspunkt die bürgerliche Öffentlichkeit. Diese Perspektive führt zu anderen Interpretationen der gesellschaftlichen Veränderungen. Die bürgerliche Öffentlichkeit entsteht im späten 18. Jahrhundert, als mit dem langsamen Niedergang und dem schließlichen Ende des Feudalismus Staat und Gesellschaft nicht länger identisch sind, sondern zwei verschiedene Sphären werden. Erst mit dem Abbau des Absolutismus kann das Individuum in der Öffentlichkeit auftreten und am Prozeß der Ausbildung einer öffentlichen Meinung teilnehmen, denn *Habermas* versteht unter dem Begriff der Öffentlichkeit den Bereich des gesellschaftlichen Lebens, in dem sich die zum Publikum versammelten Bürger versammeln.

Die Entstehung der bürgerlichen Öffentlichkeit fällt in jene Zeit, als das Bürgertum noch nicht genug Macht hatte, sich gegen den Feudaladel, der sie von der Lenkung des Gemeinwesens ausschließt, mit Erfolg zu wehren. Andererseits war der Feudaladel nicht mehr stark genug, den Zusammenschluß der Bürger, zunächst in wirtschaftlich organisierten Zünften und später dann auch in Zusammenschlüssen von Intellektuellen zu verhindern. Die Privatleute, Bürger wie Intellektuelle, setzten sich in aller Öffentlichkeit zum Publikum zusammen. Dies mit dem Ziel, in Form von Kritik und Kontrolle der absoluten Herrschaft der Feudalherren einen durch den rationalen Konsensus ermittelten allgemeinen Willen und damit auch die allgemeinen Interessen, die sie mit den eigenen gleichsetzten, zu vertreten und durchzusetzen. Dieses öffentliche Räsonnement fand in Clubs und in den Salons statt, sowie in der entsprechenden Presse. Gegenstände waren einerseits Fragen der Literatur, andererseits die der Politik. Diese politische Öffentlichkeit war also die zwischen Staat und Gesellschaft vermittelnde Sphäre. Sie wurde zunächst nur vom männlichen Bürgertum repräsentiert. Die Arbeiterschaft hatte ebenso wie die Frauen an dieser „diskursiven öffentlichen Willensbildung" zunächst keinen Anteil.

Dem Modell der Öffentlichkeit entsprach die Form des Wirtschaftens, die *Habermas* als liberalen Konkurrenzkapitalismus bezeichnet. Der Zerfall der bürgerlichen Öffentlichkeit geht einher mit dem Entstehen des Spätkapitalismus. Ähnlich wie *Dahrendorf* beschreibt *Habermas,* wie sich in dieser historischen Phase Institutionen zwischen die Bürger und den Staat schieben. Der Staat ist gezwungen, nicht mehr nur die Interessen der Bürger zu berücksichtigen, sondern muß auch nach und nach die Ansprüche und Rechte der Arbeiterschaft anerkennen und garantieren. Für *Habermas* war die Einführung des allgemeinen Wahlrechts der eigentliche Einschnitt, der zum Verfall der bürgerlichen Öffentlichkeit führte. Die Arbeiterschaft konnte nun mit ihren Wählerstimmen insofern Teilhabe an der Macht erringen, als sie den Staat zwingen konnte, Änderungen zu ihren Gunsten im Bereich der privaten Produktion durch Gesetze und staatliche Normen vorzunehmen.

Verfall der bürgerlichen Öffentlichkeit

Habermas weist auf die Dialektik dieses Prozesses hin. Der Staat mußte in die bis dahin allein existierenden Teilhaberechte der Bürger eingreifen, um das wichtigste Prinzip des Kapitalismus, nämlich das Privateigentum an den Produktionsmitteln, aufrechtzuerhalten. Die Trennung von Staat und Gesellschaft wurde dabei nach und nach aufgehoben, denn der begonnene Prozeß der Teilhabe setzte sich auch in den Großbetrieben des 19. und frühen 20. Jahrhunderts fort. Die Großbetriebe übernahmen aufgrund von staatlichen Interventionen sozialpolitische Aufgaben des Staates, etwa durch Formen der betrieblichen Fürsorge oder durch Betriebsrenten. Der organisierte Spätkapitalismus läßt sich nach *Habermas* kennzeichnen durch staatliche Interventionen einerseits und durch eine aufgrund des Wahlrechtes entstehende Massendemokratie.

Aufhebung der Trennung von Staat und Gesellschaft

> Das Publikum wird von dieser Aufgabe durch andere Institutionen weitgehend entlastet: Einerseits durch Verbände, in denen die kollektiv organisierten Privatinteressen unmittelbar politische Gestalt zu geben suchen, andererseits durch Parteien, die sich, mit Organen der öffentlichen Gewalt zusammengewachsen, gleichsam über der Öffentlichkeit etablieren, deren Instrumente sie einst waren (Jürgen Habermas, 1990: 268).

Wichtigstes Ergebnis in Bezug auf die Öffentlichkeit ist die Entpolitisierung des Publikums und seine Indoktrination und Manipulation durch staatliche Instanzen und Public-Relations-Arbeit der Industrie sowie durch eine fortschreitende Kommerzialisierung der Presse. An die Stelle des Räsonnements der bürgerlichen Öffentlichkeit tritt nun die durch Publicity vorbereitete Akklamation der Mitglieder der Gesellschaft. Damit geht aber für *Habermas* die eigentliche Funktion der Öffentlichkeit – Kritik und Kontrolle der staatlichen Instanzen – verloren.

Zusammenfassend kann man sagen, daß die von *Habermas* beschriebene Öffentlichkeit das Medium war, durch das eine bestimmte Gruppe, das Bürgertum, dem Staat seine Interessen vermittelte. Mit dem Aufstieg der Arbeiterschaft, d.h. mit dem Auftreten weiterer Gruppen, die um gleiche Chancen wie das Bürgertum kämpften, mußte die Bedeutung der bürgerlichen Öffentlichkeit als einer politischen Kraft abnehmen.

Allerdings verloren beide Gruppen mit der Übertragung staatlicher Gewalt auf halbstaatliche und private Organisationen ihren politischen Einfluß. Das hatte zur Folge, daß die Individualität, die ein besonderes Merkmal der bürgerlichen Öffentlichkeit war, sich nur noch im kulturkritischen Räsonnement und in stilisierten intellektuellen Diskussionen ergehen konnte und so einen Ersatz fand für den Verlust der gesellschaftlichen Bedeutung, die die bürgerlichen Subjekte erlitten hatten.

Die hohe Wirksamkeit der bürgerlichen Öffentlichkeit bezeichnete gleichzeitig den hohen Grad der Emanzipation des Bürgertums gegenüber dem Feudalwesen. Der proletarischen Öffentlichkeit war in Deutschland wegen der frühzeitig erkämpften Vorsorgeleistungen des Staates die Notwendigkeit einer Solidarisierung und damit auch die Chance auf eine selbständige Emanzipation genommen. Sie ging, so läßt sich vermuten, in der in Einzelgruppen aufgesplitterten „nivellierten Mittelstandsgesellschaft" *Helmut Schelskys* auf.

Plädoyer für den normativen Anspruch einer kommunikativen Rationalität

Wenn *Habermas* den Zerfall der bürgerlichen Öffentlichkeit beschreibt, dann plädiert er unterschwellig für den normativen Anspruch einer kommunikativen Rationalität. Er setzt nämlich voraus, daß die Vernunftbezogenheit aller Diskussion der einzige Weg ist, an dem Anspruch der Kritischen Theorie der *Frankfurter Schule* festzuhalten und dabei gleichzeitig die verschiedenen theoretischen und historischen Entwicklungen in eine Theorie einzubringen. Dies wird *Habermas* später in seiner *Theorie des kommunikativen Handelns* versuchen, die sowohl eine differenzierte Beschreibung der kapitalistischen Moderne ist, es aber auch erlaubt, politische Auswege zu beschreiben. Aber das Problem der Öffentlichkeit ist auch ein Problem von Theorie und Praxis. Diesem Thema hat sich *Habermas* in den 60er Jahren im Schwerpunkt zugewendet, und diese Arbeiten waren es auch, die direkt oder indirekt die Studentenbewegung der 60er Jahre beeinflußt haben.

Literatur

Primärliteratur

Dahrendorf, Ralf: Soziale Klassen und Klassenkonflikt in der industriellen Gesellschaft. Stuttgart 1957

Dahrendorf, Ralf: Homo Sociologicus. Ein Versuch zur Geschichte, Bedeutung und Kritik der Kategorie der Sozialen Rolle. 17. Auflage. Mit einem Nachwort von Heinz Abels. Wiesbaden 2010

Geiger, Theodor: Die soziale Schichtung des deutschen Volkes. Soziographischer Versuch auf statistischer Grundlage. Stuttgart 1987 (1932)

Geiger, Theodor: Die Klassengesellschaft im Schmelztiegel. Köln/Opalden 1949

Habermas, Jürgen: Strukturwandel der Öffentlichkeit. Untersuchungen zu einer Kategorie der bürgerlichen Gesellschaft. Mit einem Vorwort zur Neuauflage 1990. Frankfurt/Main 6. Aufl. 1999

König, René: Soziologie heute. Zürich 1949

Kofler, Leo: Zur Geschichte der bürgerlichen Gesellschaft, 2 Bde., Berlin 1992.

Schelsky, Helmut: Die skeptische Generation. Eine Soziologie der deutschen Jugend. Düsseldorf/Köln 1957

Sekundärliteratur

Bachmann, Siegfried (Hg.): Theodor Geiger. Soziologie in einer Zeit „zwischen Pathos und Nüchternheit". Beiträge zum Leben und Werk. Berlin 1995

Burisch, Wolfram: Das Elend des Exils. Theodor Geiger und die Soziologie. Hamburg 1995

Horster, Detlef: Habermas zur Einführung. Hamburg 1995

König, Oliver/Klein, Michael (Hg.): René König. Soziologe und Humanist. Opladen 1998

Lepsius, Rainer M.: Die Entwicklung der Soziologie nach dem Zweiten Weltkrieg. In: Lüschen, Günther (Hrsg.): Deutsche Soziologie seit 1945. Entwicklungsrichtungen und Praxisbezug (Kölner Zeitschrift für Soziologie und Sozialpsychologie, Sonderheft 21). Opladen 1979. S. 25-70.

Meyer, Thomas: Die Soziologie Theodor Geigers. Emanzipation von der Ideologie. Wiesbaden 2001

Schäfer, Gerhard: Soziologe und Intellektueller. Über Helmut Schelsky. In: Blätter für deutsche und internationale Politik. Juni 1994, S. 755-765

Lektion XII
Von der skeptischen Generation zur Studentenbewegung

Inhalt

1. Zu Beginn eine Überlegung zum oft schnellen Wandel des Ansehens von Personen des öffentlichen Lebens
2. Außerparlamentarische Opposition und Studentenbewegung
3. Die Kritik am Vietnamkrieg
4. Theoretische Grundlagen der Kritik der gesellschaftlichen Verhältnisse der Bundesrepublik
5. Individuelle Lust statt gesellschaftlicher Unterdrückung
6. Der Frankfurter Soziologentag von 1968: Kritik und Neubeginn

Literatur

1. Zu Beginn eine Überlegung zum oft schnellen Wandel des Ansehens von Personen des öffentlichen Lebens

Helmut Schelsky, Ralf Dahrendorf und *Jürgen Habermas* hatten mit ihren Veröffentlichungen zu den gesellschaftlichen Entwicklungen in unterschiedlicher Weise Stellung bezogen. Sie stießen in der Öffentlichkeit auf große Resonanz, auch deshalb, weil sie eine Begabung für öffentliche Selbstdarstellung hatten. Sie waren – um einen Begriff *Schelskys* zu verwenden – „Sinnproduzenten". Ihre Positionen waren, wie in Lektion XI gezeigt, unterschiedlich. Dies gilt auch für ihre Beteiligung an den politischen Auseinandersetzungen ab Mitte der 60er Jahre, die allgemein als die Zeit der Studentenbewegung bezeichnet wird.

Ralf Dahrendorf

Ralf Dahrendorf war seit Anfang der 60er Jahre einer der nachdrücklichsten Befürworter einer Reform des Bildungswesens gewesen, mit der die Zahl der Lehrer und die Zahl der Abiturienten gesteigert werden sollte, um die Bevölkerung der Bundesrepublik mit einer verbesserten Basisqualifikation für den Wettkampf der politischen und wirtschaftlichen Systeme fit zu machen. Später ging er für die F.D.P. in den Bundestag. Er war Staatsminister im Auswärtigen Amt und einer der ersten deutschen Kommissare bei der Kommission der Europäischen Gemeinschaften in Brüssel. Von 1974-1984 war er Direktor der London School of Economics. Heute, Anfang der 90er Jahre, lebt er in England, ist in den Adelsstand erhoben und steht dem renommierten St. Anthony's College in Oxford vor.

Helmut Schelsky

Helmut Schelsky widmete sich einer Reform der deutschen Universität. Mit der Gründung und dem Aufbau der von ihm maßgeblich konzipierten Forschungsuniversität in Bielefeld segelte er lange Zeit relativ unbehelligt im Windschatten der revolutionären Winde, die die Institutionen der Bundesrepublik durcheinanderwirbelten. Aber schließlich wurde auch ihm und seiner reformierten Ordinarien-Universität von den Studenten und Assistenten die Machtfrage gestellt. Da er sich für eine soziologische Machttheorie nie wirklich interessiert hatte, jedenfalls solange er selber Macht hatte, war ihm entgangen, daß mit der Studentenbewegung nicht nur die Muster kultureller und politischer Teilhabe, sondern auch die bestehenden Machtverhältnisse, und ganz besonders die in der Universität, radikal in Frage gestellt wurden. Als er es schließlich merkte, war es zu spät. Grollend und resigniert zog er sich aus der Bielefelder Universität an seine alte Fakultät an der Universität Münster zurück. Er starb 1984.

Jürgen Habermas

Auch *Jürgen Habermas* geriet zwischen die „Fronten". Einerseits war er der akademische Mentor einer Reihe von Wortführern der Studentenbewegung. Seine Arbeiten über Theorie und Praxis im Spätkapitalismus hatten das Terrain intellektuell vorbereitet. Als aber Studenten begannen, über Gewalt gegen Sachen und bald auch über Gewalt gegen Personen zu diskutieren, ging er auf deutliche Distanz, denn er blieb dem rationalen Diskurs als der einzig legitimierten Form der politischen und sozialen Auseinandersetzung treu. In der Öffentlichkeit wurde er andererseits vor allem von der Boulevard-Presse als Verführer der Jugend beschimpft und während des „Deutschen Herbst" 1977 als Sympathisant der ‚Rote Armee Fraktion' verleumdet.

2. Außerparlamentarische Opposition (APO) und Studentenbewegung

Die Bezeichnung „Studentenbewegung" für die gesellschaftlichen Auseinandersetzungen in den 60er Jahren ist vor allem für die Bundesrepublik nicht korrekt. Es gab seit Anfang des Jahrzehnts einen scharfen Konflikt zwischen der ehemals „skeptischen Generation" und ihren Eltern über deren Rolle in der Zeit des Nationalsozialismus. Ausgelöst wurden die Debatten zwischen Kindern und Eltern durch den am 20.12.63 in Frankfurt eröffneten „Auschwitz-Prozeß", in dem Wärter dieses größten Konzentrations- und Vernichtungslagers angeklagt waren. Die westdeutsche Öffentlichkeit wurde nun nicht nur mit den in Auschwitz begangenen Grausamkeiten und Morden konfrontiert, sondern mit der NS-Vergangenheit der Deutschen insgesamt.

<small>Auschwitz-Prozeß</small>

Bis dahin war die NS-Vergangenheit der Deutschen und auch die NS-Vergangenheit hoher Beamter und hochrangiger Politiker kaum ein Thema gewesen, das öffentliche Resonanz erwarten durfte. Jetzt wurden immer lautere Fragen vor allem von der jüngeren Generation gestellt nach der Rolle der eigenen Eltern. Die „Ärmel-Aufkrempeln-Zupacken-Aufbau"-Generation hatte gehofft, mit dem Wiederaufbau des Landes und der Errichtung einer parlamentarischen Demokratie genug getan zu haben, um das, was sie oft als „Jugendsünde" hinstellte, überwunden bzw. abgesühnt zu haben. Die Fragen der jüngeren Generation ließen sich aber mit dem Hinweis auf diese späteren Leistungen nicht aufhalten. Politisch-moralische Reaktionen auf seiten prominenter Politiker mit einer NS-Vergangenheit verschärften den Konflikt und bestärkten vor allem einen Teil der jüngeren Bevölkerung in der Auffassung, daß zumindest Teile der älteren Generation nichts dazugelernt hätten und trotz aller Lippenbekenntnisse nicht zu wirklichen Demokraten geworden waren. Eine Überzeugung, die es verständlich macht, warum die Diskussion über die Notstandsgesetze so vehement geführt wurde.

Die Notstandsgesetzgebung war das zweite große innenpolitische Thema Mitte der 60er Jahre. Es hatte indirekt auch mit der nationalsozialistischen Diktatur und den Kriegsfolgen zu tun und war gleichzeitig für große Teile der Bevölkerung eine Probe aufs Exempel einer funktionierenden parlamentarischen Demokratie. Die Gründung des Staates Bundesrepublik Deutschland mit seinem Grundgesetz hatte nicht bedeutet, daß die westlichen alliierten Siegermächte alle ihre Kompetenzen auf die Bundesrepublik und ihre Regierung übertragen hatten. In einem besonderen Vertrag waren 1954 Vorbehaltsrechte der drei Westmächte festgeschrieben worden, die ihnen Sonderrechte im Krisenfall zur Ausübung der obersten Gewalt in der Bundesrepublik einräumten. Die seit Anfang der 60er Jahre geplanten Notstandsgesetze sollten diese alliierten Vorbehaltsrechte ablösen und so die Souveränität des Staates Bundesrepublik vervollständigen.

<small>Notstandsgesetze</small>

Es waren vor allen Dingen die Regelungen des inneren Notstandes, aber in gewisser Weise auch die Regelungen für den Spannungsfall, die bei bestimmten Voraussetzungen den Einsatz der Bundeswehr zum Schutz ziviler Objekte vorsahen, die zu den massenweisen und massiven Demonstrationen bis zum Tage der Verabschiedung der neuen bzw. geänderten Grundgesetzartikel führten. Man glaubte eben der älteren Generation bzw. den ehemaligen Mitläufern des Nationalsozialismus die demokratische Grundeinstellung nicht.

Die öffentliche Diskussion dieser beiden innenpolitischen Themen wurde noch nicht schwerpunktmäßig von den Studentinnen und Studenten geführt, sondern diese waren Teil der außerparlamentarischen Opposition (APO) wie sich die Gegner der Notstandsgesetze vor allem seit der Bildung einer großen Koalition von CDU und SPD im Bundestag Ende 1966 verstanden. Während die ersten beiden inhaltlichen Schwerpunkte der APO durch die Beteiligung von Studenten keine besondere Prägung erhielten, war dies beim dritten großen politischen Thema, den Protesten gegen den Vietnamkrieg, anders.

3. Die Kritik am Vietnam-Krieg

In ihrer Unterstützung Süd-Vietnams im Krieg gegen Nord-Vietnam begannen die USA im Februar 1965 mit der regelmäßigen intensiven Bombardierung Nord-Vietnams. Im Dezember 1965 hatten über 200 deutsche Schriftsteller und Professoren gegen die Vietnam-Politik der USA und insbesondere gegen Folterungen und Gefangenenmorde und den Einsatz von Napalm-Bomben, Giftchemikalien und neuartigen Vernichtungswaffen gegen die Zivilbevölkerung protestiert und die nordamerikanische Strategie der verbrannten Erde in die Nähe des Völkermordes gerückt. Im Juli 1966 protestierten auch Großbritannien, der Vatikan, Frankreich, Indien und andere Staaten gegen die Ausweitung der Bombardierung auf nord-vietnamesische Städte. Bereits zum damaligen Zeitpunkt waren über Vietnam mehr Bomben abgeworfen worden als im gesamten Zweiten Weltkrieg.

Allerdings richteten sich die Proteste zunächst gegen die Formen dieses Krieges, und in dem Appell „Frieden für Vietnam" einten sich seine Gegner. Erst als die Studenten unter dem Einfluß revolutionärer Theorien nicht mehr länger nur für Frieden in Vietnam demonstrierten, sondern schließlich den Sieg der vietnamesischen Revolution forderten und sich damit aus der Position der Kritik an der westlichen Schutzmacht USA in eine direkte Gegnerschaft begaben, spaltete sich die Bewegung. Das selbsternannte „Parlament der BILD-Leser" begann, die Studenten als Feinde der Gesellschaft auszugrenzen. Soweit sollte die Kritik an den USA dann doch wieder nicht gehen. Hier ist ganz deutlich eine Trennungslinie zur APO auszumachen. Eine Trennungslinie, die nicht nur mit dem Vietnam-Krieg und seiner Einschätzung zu tun hat, sondern auch mit der theoretischen Orientierung der Studenten, ihren Organisationsmöglichkeiten und ihren Organisationsformen.

4. Theoretische Grundlagen der Kritik der gesellschaftlichen Verhältnisse der Bundesrepublik

Bei Rückblicken auf wichtige geistige Strömungen in den 60er Jahren wird zu Recht an herausragender Stelle immer die *Kritische Theorie der Frankfurter Schule* (siehe Lektion VIII) genannt. Sie bekam ab Mitte der 60er Jahre eine relative Breitenwirkung, wobei man festhalten muß, daß selbst diese Wirkung noch unter den Folgen der Exilierung der kritischen Intelligenz nach 1933 und den Schwierigkeiten ihrer Rückkehr in das Nachkriegsdeutschland mit seinem Antikommunismus litt. Kritische Intelligenz, das war eben zumeist linke Intelligenz, die zwar nicht immer marxistisch orientiert war, aber mit den konservativen Denkstrukturen in jedem Fall wenig im Sinn hatte.

Es wird heute oft übersehen, daß die *Frankfurter Schule* damals nur eine der Ausprägungen einer an Aufklärung interessierten Wissenschaft war. Neben ihr ist insbesondere auf die Marburger Gruppe um *Wolfgang Abendroth* hinzuweisen, die publizistisch noch weniger Fuß fassen konnte als die *Frankfurter Schule,* die aber gleichwohl für die Heranbildung kritisch-linker Intelligenz in den 50er und 60er Jahren Bedeutung hatte. *Abendroth* und seine Schüler waren eher orthodox-marxistisch orientiert und mit der politischen Praxis der Arbeiterbewegung verbunden. Die *Frankfurter Schule* kennzeichnete dagegen eine kulturkritische Position. Man versuchte, die immanente Logik der gesellschaftlichen Entwicklung zu erfassen. Eine der Zielrichtungen der Kritik galt der instrumentellen Vernunft kapitalistischer Produktion und einem korrespondierenden wertfreien Pragmatismus in den Wissenschaften, der zu nichts anderem tauge als zur Legitimation des Status quo. Es handelte sich um eine sehr gründliche, alle Lebensbereiche umfassende Kritik, die sich allerdings bei Weisungen an die Praxis sehr zurückhielt, wenn nicht sogar versagte.

Geistige Strömung der 60er Jahre

In wenigen Jahren änderten sich Inhalte und Zielrichtungen der sozialwissenschaftlichen Debatten. Es waren vor allem zwei Argumente, die plötzlich in allen Diskussionen von zentraler Bedeutung waren: das **ökonomische** Argument und das **psychoanalytische.** Ob Marxismus, Leninismus, Maoismus oder wie immer sich die einzelnen Gruppierungen verstanden, es ging erstens immer darum, die Bedeutung der ökonomischen Verhältnisse für das Verständnis der gesellschaftlichen Strukturen und Machtverhältnisse zu berücksichtigen und zweitens in diesem Zusammenhang auch die Frage zu erörtern, inwieweit die ökonomischen Verhältnisse mit ihrem Realitätsprinzip das Lustprinzip unterdrückten.

Zwei neue Argumente

Das veränderte auch die Sicht der gesellschaftlich-politischen Ereignisse und Probleme. Für welche theoretische Ausrichtung man sich auch entschied, von nun an war es nicht mehr möglich, über gesellschaftliche Verhältnisse zu diskutieren, ohne sowohl nach den ökonomischen Bedingungen als auch den psychischen Potentialen der beteiligten Menschen zu fragen. Die Vorteile der politökonomischen Ansätze lagen auf der Hand. Die Risiken, die wissenschaftlich wie politisch mit jeder theoretischen Position in der Soziologie verbunden sind, kamen erst langsam zu Bewußtsein. Erst mußte der Überschwang der Entdeckungssituation abflauen, ehe wissenschaftliche und politische Fragen Konturen annahmen und gehört werden konnten. Wir wollen versuchen, dies am Beispiel der theoretischen Botschaft **Herbert Marcuses** nachzuzeichnen. Dieser hatte in den 30er und 40er Jahren im Exil zum *Horkheimer*-Kreis gehört. Er argumentierte auf der Basis historisch-materialistischer Analysen. Seine Schriften waren weniger kompliziert formuliert und dadurch für viele, die nicht durch die intellektuelle Lehre der *Frankfurter Schule* gegangen waren, auch besser zu verstehen. Und *Marcuse* formulierte trotz aller Skepsis Antworten auf die Fragen der jungen Menschen nach Handlungsalternativen und Handlungszielen.

5. Individuelle Lust statt gesellschaftlicher Unterdrückung

Herbert Marcuse (1898-1979) beschäftigte sich mit dem Zusammenhang von kapitalistischen Produktionsmethoden und den Ausformungen des alltäglichen Lebens. Er beschrieb die, wie er es verstand, Korrumpierung der Arbeiterschaft durch den ihr zugeteilten Wohlstand und zog daraus den Schluß, sie sei damit als revolutionäre Klasse ungeeignet, für immer verloren. Hoffnung auf Besserung in der Gesellschaft könne nur noch „außen" kommen:

Herbert Marcuse
(1898-1979)

> Unter der konservativen Volksbasis befindet sich jedoch das Substrat der Geächteten und Außenseiter: die Ausgebeuteten und Verfolgten anderer Rassen und anderer Farben, die Arbeitslosen und die Arbeitsunfähigen. Sie existieren außerhalb des demokratischen Prozesses; ihr Leben bedarf an unmittelbarsten und realsten der Abschaffung unerträglicher Verhältnisse und Institutionen. Damit ist ihre Opposition revolutionär, wenn auch nicht ihr Bewußtsein. Ihre Opposition trifft das System von außen und wird deshalb nicht durch das System abgelenkt; sie ist eine elementare Kraft, die die Regeln des Spiels verletzt und es damit als ein aufgetakeltes Spiel enthüllt.(...) Die Tatsache, daß sie anfangen, sich zu weigern, das Spiel mitzuspielen, kann die Tatsache sein, die den Beginn des Endes einer Periode markiert. (Herbert Marcuse, 1970: 267)

Gesellschaftliche Außenseiter

Für *Marcuse* waren solche Gruppen wie z.B. Slumbewohner Hoffnungsträger gesellschaftlicher Entwicklung. Dies hatte beflügelnden Einfluß auf studentische Aktionsgruppen. Das große Interesse an den ersten entstehenden Bürgerinitiativen und vor allem die Unterstützung solcher Aktivitäten in Slum- und Sanierungsgebieten hatte eine ihrer Wurzeln in der Orientierung, die *Marcuse* vermittelte.

Dies war eine Wirkung seiner Schriften, vor allem von *„Triebstruktur und Gesellschaft"* und *„Der eindimensionale Mensch"*, eine andere betraf den Versuch der Zerschlagung der **Verbindung** zwischen der **Triebstruktur** des Einzelnen und den **gesellschaftlichen Zwängen.** Er hatte, wenn auch vielleicht in einigen Fällen überspitzt, recht deutlich den Zusammenhang zwischen den gesellschaftlichen Makrostrukturen und den individuellen Mikrostrukturen aufgezeigt und im Sinne historisch-materialistischer Analysen eine durchgehende Formierung der psychischen Strukturen des einzelnen im Interesse der ökonomischen Verhältnisse unterstellt. Hieraus ergab sich für ihn kein reformerisches Ziel, sondern nur (noch) der revolutionäre Ausweg aus einer quasi hoffnungslosen Situation. Lust statt Leistung war eine der Devisen, und sie war auf den ersten Blick ebenso überzeugend wie verlockend. Allerdings kann man sich im nachhinein der Einschätzung nicht entziehen, daß die Anlage seiner Analyse und die aus ihr entwickelten Schlußfolgerungen ins gesellschaftliche Abseits, um nicht zu sagen, in die Irre führten.

Revolte als Ausweg

Die Folge der durch *Marcuse* nahegelegten Avantgarde-Perspektive war, daß die schon vorhandenen Kommunikationsschwierigkeiten zwischen der Arbeiterschaft auf der einen und den linken Studenten und kritischen Intellektuellen auf der anderen Seite vergrößert wurden. Das hatte auch damit zu tun, daß die von den Studenten propagierte **Negation der Leistung** und ihre Zuwendung zum **Lustprinzip** von der Mehrheit der arbeitenden Bevölkerung schon aus Gründen der sozialen Existenzsicherung kaum nachvollzogen werden konnten. Zwar war der Austausch des Leistungsprinzips durch das Lustprinzip auch bei Studenten und Intellektuellen eher Programm denn soziale Realität, aber schon das Programm als solches reichte aus, um die Distanz zwischen dem Großteil der Bevölkerung und einer sich als Avantgarde verstehenden Intellektuellengruppe zu vergrößern. Man hat dabei allerdings zweierlei zu beachten. Erstens gab es trotz der Distanzvergrößerung Einflüsse in breite Schichten der Bevölkerung, denn ganz ohne Wirkung blieb die Kritik an dem menschenverzehrenden Leistungsprinzip doch nicht. Nach der Phase des Wiederaufbaus und der erfolgreichen Rekonstruktion kapitalistischer Produktionsweisen in der Bundesrepublik Deutschland gab es auch in der Bevölkerung die Vorstellung, daß sowohl ein größerer Anteil am volkswirtschaftlichen Gesamtvermögen für Umverteilung nach unten zur Verfügung stehen sollte, als auch die Einsicht, daß weniger Leistung durchaus eine Perspektive für die kommenden Jahre sein könnte. Die theoretischen Begründungen der Studenten haben die Menschen meistens nicht verstanden, aber der Grundgedanke, daß beim Stand der gesellschaftlichen Entwicklung der arbeitenden Bevölkerung ein Mehr an Lohn und Lust zustünde, war durchaus vermittelbar.

Risiken der Avantgarde

Zum zweiten darf man nicht übersehen, daß die Distanz zwischen den Studenten und der Bevölkerung vor allem von der konservativen Presse – hier ist an erster Stelle die BILD-Zeitung zu nennen – durch publizistische Kampagnen gezielt verstärkt wurde, da die auf Beharrung und Erhalt der entstandenen Machtunterschiede bedachten konservativen Kreise diesen Zwiespalt ausnutzten und einen Keil zwischen die Reformkräfte und die Bevölkerung zu treiben versuchten, was zum großen Teil auch gelang. Die Verteufelung der Studenten, deren prominentestes Opfer dann am Gründonnerstag 1968 *Rudi Dutschke* wurde, ist vielfach angeprangert worden und fand nach dem Attentat auch in den ohnmächtig-wütenden Anschlägen auf die *Springer*-Pressehäuser eine Reaktion, die die Eskalation der Gewalt vorantrieb.

Attentat auf Dutschke

Jedenfalls ist festzuhalten, daß das Prinzip der Leistungsabweisung unabhängig von der Frage der theoretischen Richtigkeit die Studenten in politisch- praktischer Hinsicht eher in die Isolation führte, daß sich keine neuen Kommunikationschancen mit den von den Verhältnissen betroffenen Menschen entwickeln konnten, vielmehr die noch vorhandenen Kommunikationschancen eher verringert oder sogar zerstört wurden.

Es gibt noch einen dritten Punkt, der hier erwähnt werden muß, da er für die Beurteilung der Zusammenhänge und der nachfolgenden Entwicklungen wichtig ist. Die Thesen, die *Marcuse* formuliert hatte, fielen bei der akademischen Linken auch deshalb auf fruchtbaren Boden, weil ein Großteil der Mitglieder der Studentenbewegung, vor allem die aktiven, aus **bildungsbürgerlichen Mittelschichtfamilien** stammten. Die These, daß sich das Individuum von den gesellschaftlichen Zwängen befreien müsse und dies aufgrund individueller Entscheidung auch könne, hatte eine verblüffende Ähnlichkeit mit altliberalen Vorstellungen bürgerlicher Individualität.

Vielleicht ist es diese Kongruenz gewesen, die die Gefahren dieser These, wenn man sie in die Realität umsetzt, unbedacht bleiben ließ. Aus der Abkopplung von der gesellschaftlichen Entwicklung, aus dem Abdriften an den Rand der Gesellschaft bzw. in eine gesellschaftsferne Position, entstehen noch keine neuen gesellschaftlichen Qualitäten. Menschen sind auf das Zusammenleben mit anderen

Menschen angewiesen. Die gruppenpsychologischen Entwicklungen in den Studentengruppen, die sich von den gesellschaftlichen Zwängen befreien wollten, waren nicht nur Ausdruck der Unmöglichkeit, von heute auf morgen ganz neue Verhaltensweisen zu praktizieren, sondern auch ein Beleg für die positiven und negativen Folgen, die sich aus der Notwendigkeit zum Zusammenleben ergeben.

Sicher lag *Marcuse* im Trend, was die Kritik an verkrusteten Formen gesellschaftlichen Zusammenlebens anging. Seine Analyse der Zusammenhänge von Produktion und Kultur, Triebstruktur und Gesellschaft brachten das Unbehagen an dem mittlerweile für viele Menschen deutlich gewordenen Mißverhältnis von übersteigerter gesellschaftlicher Formierung und individuellen Handlungsmöglichkeiten auf den Punkt. Aber die Konsequenz, die er aus seinen Analysen zog, nämlich die Abkopplung „freischwebender" Kräfte, führte ins Leere, denn Individuen ohne Gesellschaft haben keine Geschichte und damit auch keine Zukunft.

Außenkontrolle und Selbstzwänge

Marcuse lag auch insofern im Trend, als er ein dysfunktional gewordenes Verhältnis von Außenkontrolle und Innenzwängen zur Diskussion stellt. *Norbert Elias* hat in seinem Klassiker „*Über den Prozeß der Zivilisation*" gezeigt, wie die psychischen und sozialen Bestandteile der menschlichen Existenz miteinander verknüpft sind. Die Beherrschung der Natur, Herrschaft über andere Menschen, Herrschaft über sich selbst und die Kontrolle von Inhalt und Formen der Wissensvermittlung sind miteinander verflochten. In aufeinanderfolgenden Phasen gesellschaftlicher Entwicklung verschieben sich die Dimensionen der vier Bereiche zueinander in kennzeichnender Weise. Allerdings kann nie einer der Bereiche allein dominant oder ganz überflüssig werden. Der langfristige Prozeß der gesellschaftlichen Entwicklung ist gekennzeichnet durch Schwerpunktverlagerungen von Problemen der Naturbeherrschung hin zu denen der Wissensvermittlung, ebenso wie durch die Veränderung äußerer Herrschaftsformen zu internalisierten Selbstzwängen.

6. Der Frankfurter Soziologentag von 1968: Kritik und Neubeginn

Kritik und Neubeginn

Die veränderte Sicht der gesellschaftlichen Ereignisse und Probleme durch die Wiederentdeckung politökonomischer Ansätze aus marxistischer Tradition und der psychoanalytischen Fragestellungen forderte nicht nur die politische und kulturelle Öffentlichkeit heraus. Auch die Universitäten mußten sich den kritischen Fragen stellen. Das galt auch für die Soziologie, die lange geglaubt hatte, als sinnstiftende Wissenschaft über der Kritik zu schweben. Aber sowohl die Inhalte der akademischen Lehre und Forschung als auch die Hierarchie der Ordinarien-Universität wurden gerade in den soziologischen Fachbereichen und Instituten heftig angegriffen.

Kritik an der empirischen Sozialforschung

Einer der Kernpunkte der Kritik betraf die mittlerweile erfolgreiche empirische Sozialforschung, die an den soziologischen Instituten betrieben wurde. Ihr wurde vorgehalten, mit einer unkritischen „Fliegenbein-Zählerei" der kapitalistischen Ausbeutung der Lohnabhängigen – wie das damals hieß –, Vorschub zu leisten. Die scheinbar objektiven Daten über Einkommen, Lebensstandard und Bildungsgrad würden den Menschen eine scheinbar naturwüchsige soziale

Schichtung vorgaukeln. Es komme aber darauf an, die Klassenstruktur der Gesellschaft aufzudecken und so an ihrer Aufhebung aktiv teilzunehmen. Ohne Zweifel knüpften solche Argumentationen an die wissenschaftstheoretischen Diskussionen aus Mitte der 60er Jahre an, die als „Positivismusstreit" in die Literatur eingegangen sind. Die sehr grundsätzliche Kritik an den kapitalistischen Gesellschaftsformen gab der Debatte aber einen anderen Schwerpunkt und führte auch über sie hinaus.

Diese grundsätzliche Kritik bestimmte auch die Verhandlungen des **16. Deutschen Soziologentags,** der vom 8.-11.4.1968 in Frankfurt am Main stattfand. Dort kam es zu Auseinandersetzungen zwischen Studenten und Professoren. Letztere waren nicht nur von der Heftigkeit der Kritik erschreckt, sondern auch von einem, wie sie es sahen, fast gänzlichen Fehlen guter akademischer Sitten. So sah sich *Ralf Dahrendorf* als Präsident der Deutschen Gesellschaft für Soziologie (DGS) Studenten und Assistenten gegenüber, die die Herrschaftsstruktur seiner Organisation als längst überholt und nur den kapitalistischen Verhältnissen dienend anprangerten und für die DGS basisdemokratische Strukturen forderten.

Studenten und Assistenten fordern Basisdemokratie

Kritik an den Inhalten ihrer Forschung und Lehre und dann auch noch Rütteln an den Grundpfeilern universitärer Hierarchien: das war der Führungselite der westdeutschen Soziologie dann doch etwas zu viel. So dauerte es sechseinhalb Jahre, bis wieder ein Soziologentag stattfand. In der Zwischenzeit hatte sich einiges geändert. So war die Satzung der DGS mittlerweile so geändert worden, daß aufmüpfige Studenten und Assistenten nicht ohne weiteres Mitglied werden konnten. Der Vorstand hatte sich die Zustimmung zur Aufnahme promovierter Antragsteller vorbehalten. Auch war die Begeisterung für die marxistische Theorie abgeflaut, nachdem deutlich geworden war, daß zwischen der kritischen Gesellschaftsanalyse und dem Heilsversprechen einer vom Kapitalismus befreiten Menschheit eine theoretisch wie praktisch nicht zu schließende Lücke klaffte. Der unsinnige und menschenverachtende Versuch der Roten Armee Fraktion (RAF), die neue Zeit herbeizubomben, machte diese Lücke noch deutlicher.

Auf dem **17. Deutschen Soziologentag,** der vom 31.10.-2.11.74 in Kassel stattfand, ging es im Vergleich zum Frankfurter Kongreß recht friedlich und geordnet zu. Das betraf sowohl die Formen der Auseinandersetzungen als auch den Inhalt der Dispute. Von den Kontroversen der späten 60er Jahre war nicht viel übrig geblieben. Der Rest wurde in einer Veranstaltung zum Theorievergleich gesittet abgehandelt. (Allein die Vorstellung, man könne die doch allen anderen Ansätzen überlegene marxistische Theorie zum Gegenstand eines Gleichheit unterstellenden Vergleichs machen, hätte in Frankfurt zu Tumulten geführt.)

Zum Thema Zwischenbilanz der Soziologie

Wenn man die Themen und die beteiligten Personen des Plenums zum Theorievergleich betrachtet, dann fallen neben altbekannten neue Namen und neue Bezeichnungen ins Auge. Neben *Jürgen Habermas,* der in Zusammenarbeit mit *Klaus Eder* über *„Zur Struktur einer Theorie sozialer Evolution"* sprach, durfte der Kasseler Soziologie *Kjai Tjaden* über historisch-materialistische Entwicklungstheorie vortragen. Aber die anderen Personen und Themen waren bei diesem prominenten Anlaß neu. *Karl-Dieter Opp* erläuterte den verhaltenstheoretischen Ansatz, *Joachim Matthes* sprach über handlungstheoretisch-interaktionistisch-phänomenologisch orientierte Theorien, und *Niklas Luhmann,* dessen Stern am Soziologenhimmel mittlerweile hell strahlte, stellte seine systemtheoretische Konstruktion von Evolution vor.

Auf den ersten Blick waren die wissenschaftlichen Debatten zur Normalität zurückgekehrt. Ein zweiter, genauerer Blick zeigt jedoch einen bedeutsamen Unterschied: Die Soziologie hatte sich von der Dominanz einer Großtheorie verabschiedet. Es gab jetzt, gewissermaßen auf gleicher Augenhöhe konkurrierende Theorieansätze, bei denen oft auch nur von einer mittleren Reichweite gesprochen wurde. Das beförderte auch die Professionalisierung des Faches, denn jetzt konnten Soziologen sich leichter auf Praxisfelder innerhalb der Gesellschaft einstellen.

Das war im Übrigen keine Entwicklung, die sich nur in Deutschland vollzog. Auch in der nordamerikanischen Soziologie fächerte sich das Spektrum der Soziologie weiter auf. Dort waren auch Grundlagen der neuen handlungstheoretisch orientierten Ansätze erarbeitet worden, das heisst jener Ansätze, die heute als *individualistische Handlungstheorie* oder schlicht *Mikrosoziologie* bezeichnet werden. Der Band 3 der Einführungsreihe (*Soziologische Theorien der Gegenwart*) unterscheidet deshalb auch nach Mikro- und Makroansätzen. Die in den letzten 15 Jahren immer wieder versuchten und in Band 3 auch vorgestellten Versuche, Mikro- und Makroansätze zusammenzuführen, oder zwischen der Mikroebene des individuell Handelnden und der Makroebene der gesellschaftlichen Großorganisationen eine Mesoebene vermittelnder Instanzen zu definieren, waren Mitte der 1970er Jahre noch nicht erkennbar.

Gleiches gilt übrigens auch für einen anderen Ansatz, der heute bereits zum festen Repertoir der Soziologie gehört: die Frauenforschung. So jedenfalls hieß diese Richtung zu Anfang, heutzutage spricht man/frau von Geschlechterforschung. Während die handlungstheoretischen Ansätze auf Grundlagen aus den 1930er Jahren zurückgreifen konnten, von diesen mit vorbereitet wurden, war die Geschlechterforschung ohne eigentliche Wurzeln in der Soziologie. Es gab zwar seit Mitte des 19.Jahrhunderts eine Frauenbewegung, aber ausser gelegentlichen Versuchen der Förderung von Frauen auf universitärer Ebene war das, was heute an jeder Hochschule als theoretisches Fachwissen zur Geschlechterfrage unterrichtet wird, bzw. unterrichtet werden sollte, doch weitgehend unbekannt.

Aus diesen neuen Entwicklungen ab Mitte der 1970er Jahre ergibt sich die Struktur der folgenden Lektion. In ihr geht es um die Grundlagen und Anfangsbedingungen neuer Ansätze in der Soziologie. Ausführlich werden Inhalt, Umfang und Reichweite dieser neuen Ansätze in ihrer gegenwärtigen Form in Band 3 behandelt. In Lektion XIII geht es nur um die Anfänge und jene Teile der Ansätze, die nun auch schon wieder Geschichte sind.

Literatur

Primärliteratur

Adorno, Theodor W. (Hg.): Spätkapitalismus oder Industriegesellschaft? (16. Deutscher Soziologentag) Stuttgart 1969

Elias, Norbert: Über den Prozeß der Zivilisation. Soziogenetische und psychogenetische Untersuchungen. Entwurf zu einer Theorie der Zivilisation. Bd. 1 und 2. Frankfurt/Main 1997 (GS 3a +b)

Lepsius, Rainer M. (Hg.): Zwischenbilanz der Soziologie. Verhandlungen des 17. Deutschen Soziologentags. Stuttgart 1976

Marcuse, Herbert: Der eindimensionale Mensch. Studien zur Ideologie der fortgeschrittenen Industriegesellschaft. Neuwied/Berlin 1970 (1967)

Marcuse, Herbert: Triebstruktur und Gesellschaft. Ein philosophischer Beitrag zu Sigmund Freud. Frankfurt/Main 1966

Sekundärliteratur

Korte, Hermann: Eine Gesellschaft im Aufbruch. Die Bundesrepublik Deutschland in den sechziger Jahren. Wiesbaden 2009

Greiffenhagen, Martin und Sylvia: Ein schwieriges Vaterland. Zur politischen Kultur Deutschlands. München 1977

Bergmann, Uwe/Deutschke, Rudi/Lefevre, Wolfgang/Rabehl, Bernd: Die Rebellion der Studenten oder die neue Opposition. Reinbek bei Hamburg 1968

Kraushaar, Wolfgang (Hg.): Frankfurter Schule und Studentenbewegung. Von der Flaschenpost zum Molotowcocktail. 1946-1995. Frankfurt/Main 1998, 3 Bände

Lektion XIII
Historische Grundlagen gegenwärtiger Theoriediskurse

Inhalt

1. Die Dominanz der Systemtheorie nimmt ab
2. Soziales Verhalten als Austausch
3. Das interpretative Programm
4. Symbolischer Interaktionismus
5. Von der Frauenbewegung zur Frauenforschung
6. Von der Frauenforschung zur Geschlechterforschung
7. Ausblick

Literatur

1. Die Dominanz der Systemtheorie nimmt ab

Im Jahr 1998 veranstaltete die „International Sociological Association" (ISA) eine Umfrage unter ihren Mitgliedern nach den 10 einflussreichsten soziologischen Büchern des 20. Jahrhunderts. Max Webers „Wirtschaft und Gesellschaft" führt die Liste an, auch die anderen Namen überraschen nicht (z.B. *Bourdieu, Parsons, Elias, Goffman*). Für Verblüffung mag bei Einigen ein Autorenduo gesorgt haben, nämlich **Peter L. Berger** und **Thomas Luckmann** mit „The Social Construction of Reality" aus dem Jahre 1966. Tatsächlich war dieses Buch sehr einflussreich. Es markiert einen Wendepunkt in der Geschichte der Soziologie: Die allmähliche Abkehr von der alles überlagernden Systemtheorie hin zur Konkurrenz durch Handlungstheorien.

Peter L. Berger, geb. 1929

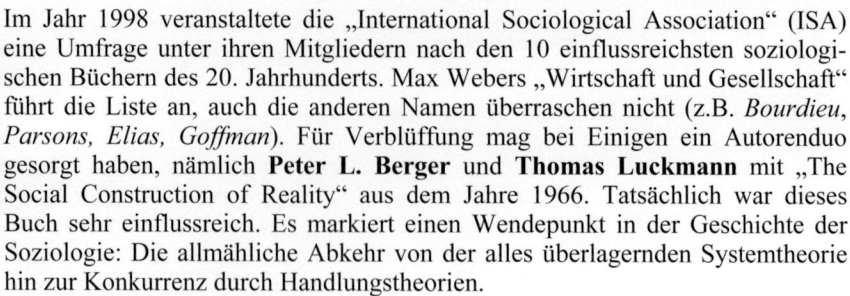

Die beiden in Europa geborenen Soziologen – Berger 1929 in Wien und *Luckmann* 1927 im slowenischen Jesenice – hatten zeitweilig an der „New School for Social Research" studiert und dort akademische Abschlüsse erworben. Ihr wissenssoziologischer Ansatz wird im Band 3 (Theorien) ausführlich behandelt, hier geht es nur um die Initialzündung, die ihrem Buch zugeschrieben wird.

Die „New School" war schon in Lektion VII als jenes Institut erwähnt worden, dass die ins Exil geflüchteten Mitglieder des „Frankfurter Instituts für Sozialforschung" in New York gegründet hatten und in dem sie ihre Studien (z.B. über Autorität und Familie) fortsetzten. Wichtig ist in diesem Zusammenhang, dass dieses Institut eines der wenigen renommierten war, an dem die Systemtheorie nicht das dominierende Muster für Forschungsarbeiten und von akademischen Karrieren war. Es war aber trotzdem nicht ganz ohne Karriere-Risiko, wenn *Berger/Luckmann* in den Mittelpunkt ihrer Überlegungen die Frage stellten:

Thomas Luckmann, geb. 1927

„Wie ist es möglich, dass menschliches Handeln (Weber) eine Welt von Sachen hervorbringt?" (Berger/Luckmann, S.20)

In der Systemtheorie wird der Bestand einer existierenden Gesellschaft vorausgesetzt. Bei *Talcott Parsons* war das der Ausgangspunkt seiner Theorie und seiner Forschungsarbeiten. Die sich ab Ende der 1960er Jahre langsam etablierenden Handlungstheorien gehen dagegen vom Handeln der einzelnen Individuen aus. Bald wurde deshalb auch von „individualistischen Handlungstheorien" gesprochen. Am Beispiel der Erziehung lässt sich der grundlegende Unterschied leicht verstehen. Systemtheorien interessieren sich dafür, wie verschiedene Teilsysteme dafür sorgen, dass aus einem neugeborenen Menschen – umgangssprachlich ausgedrückt – ein „nützliches" Mitglied der Gesellschaft wird und, sollte das irgendwie schiefgehen, welche Systemfehler wo aufgetreten sein könnten.

Handlungstheorien interessieren sich dafür, wie und warum aus jedem Neugeborenen schließlich eine individuelle Persönlichkeit wird, obgleich es wie alle anderen Neugeborenen in den selben gesellschaftlichen Teilsystemen erzogen und unterrichtet wurde.

Dass das Handeln von Individuen für die Soziologie bedeutsam sein kann, war schon *Emile Durkheim*, *Georg Simmel* und besonders *Max Weber* bekannt. Die Erwähnung Webers in dem obigen Zitat und der Hinweis auf menschliches Handeln ist keineswegs zufällig. Denn seine Definition „Soziologie soll heissen: eine Wissenschaft, welche soziales Handeln deutend verstehen und dadurch in seinem Ablauf und seinen Wirkungen ursächlich erklären will", lässt sich sowohl systemtheoretisch als auch handlungstheoretisch weiterdenken. *Parsons* hat das für die Systemtheorie getan. Die Dominanz seiner Theorie hatte die anderen Möglichkeiten lange in den Hintergrund gedrängt, obgleich schon in den 1920er Jahren z.B. *George Herbert Mead* an handlungstheoretischen Perspektiven arbeitete.

Mitte der 1960er Jahre hatte die Systemtheorie ihren Zenit überschritten. Sie war fast 30 Jahre auf dem Spielplan der soziologischen Bühne und etwas angejahrt. Zunehmend gerieten Systemtheoretiker in heftige Auseinandersetzungen mit der marxistischen Klassentheorie. Es war wohl der unprätenziöse Tonfall des Buches von *Berger/Luckmann* und ihre kühle Frage nach dem Zustandekommen von gesellschaftlicher Wirklichkeit, die eine weltweite Resonanz zur Folge hatte. 10 Jahre nach dem Erscheinen war es keine Frage mehr: Die Systemtheorie hatte Konkurrenz bekommen. Nun konnten beide Seiten der Medaille untersucht werden: Die Wirkungsweise von sozialen Systemen und die Handlungen von Individuen. Spannend blieb die Konkurrenz auch deshalb, weil nun auch die wechselseitigen Einflüsse besser verstanden werden konnten.

Die Systemtheorie bekommt Konkurrenz

Handlungstheorien gehen immer von zwei Grundannahmen aus, so unterschiedlich sie in den Details der Ausarbeitung seien mögen: 1. **Gesellschaft besteht aus Individuen** und 2. **Das Individuum ist der Kern jeder Gesellschaftstheorie**. Interessanter Weise war es aber nicht der innovative wissenssoziologische Ansatz der *Berger/Luckmann*, der die theoretischen Grundlagen für neue handlungstheoretische Ansätze lieferte, sondern zwei schon existierende, zum Teil weit in der Geschichte der Soziologie zurückliegende Ansätze, die zumindest in der ersten Phase die Arbeiten an einer Handlungstheorie und dazugehörige Forschungsprojekte bestimmten: Die ökonomische Austauschtheorie des *George Caspar Homans* und der methodologische Individualismus von *George Herbert Mead*.

2. Soziales Verhalten als Austausch

George Caspar Homans gilt als Begründer der soziologischen Verhaltenstheorie, wobei das Verhalten als ökonomischer (Aus-)Tausch definiert wird. Geboren 1910 in Boston , hatte er dort Literaturwissenschaft, Geschichte und Soziologie an der Harvard University studiert, an der er schon mit 31 Jahren Professor wurde und wo er bis zu seinem Tode im Jahre 1981 unterrichtete und arbeitete. Er war früh davon überzeugt, dass der Strukturfunktionalismus die Weiterentwicklung der soziologischen Theorie behindere. Schon 1964 hatte er in seiner Rede als neugewählter Präsident der „American Sociological Association" (ASA) gefordert: „bringing men back in", ohne zum damaligen Zeitpunkt eine entsprechende Entwicklung durchsetzen zu können.

George Caspar Homans 1910-1989

Der Mensch, den *Homans* in den Mittelpunkt der soziologischen Theorie zurückholen wollte, ist ein **homo oeconomicus**. Dieser Modellmensch bilanziert auf der Basis umfassender Kenntnis aller Gegebenheiten seine Gewinne und Verluste und richtet danach sein jeweiliges aktuelles Handeln aus. Es wäre zu kurz gedacht, diese Bilanz nur in Geldeinheiten zu verstehen, auch emotionale

Kosten und Gewinne gehören dazu. *Homans* knüpft dabei an historische Vordenker des Utilitarismus und des Behaviourismus an.

Utilitarismus

Die sozialphilosophische Lehre des Utilitarismus geht auf den Moralphilosophen **Jeremy Benton** (1748-1832) sowie auf die Nationalökonomen **Adam Smith** (1723-1790) und **David Ricardo** (1772-1823) zurück. Kurz gefasst ist Utilitarismus ein früher handlungstheoretischer Ansatz, der das Handeln der Menschen bestimmt sieht durch nutzenorientierte Motive. Sie allein bestimmen das Handeln der Individuen. Ziel ist maximaler (Lust-)Gewinn bei minimalem Aufwand. Der Utilitarismus war die Weltanschauung des Bürgertums vor allem im 19. Jahrhundert. Wer rational handelte, gewann, wer Erfolg hatte, war nützlich.

Behaviorismus

Der **Behaviorismus** war dagegen eine Denk- und Forschungsrichtung des frühen 20. Jahrhunderts, vor allem in Nordamerika. Es war ein Zweig der jungen Wissenschaft Psychologie, der das Verhalten der Individuen aus der Beobachtung menschlicher Reflexe auf stimulierende Anreize erklärte. Frühe Forschungsarbeiten stellten Mensch und Tier auf eine Stufe, berühmt ist das Experiment an Hunden durch **Iwan Petrowitsch Pawlov** (1849-1936), heute als Pawlov'scher Reflex bekannt, bei dem Tiere und Menschen auf einen bestimmten Reiz reagieren.

Die frühen Grundlagen wurden dann von dem Nordamerikaner **Burrhus Frederick Skinner** (1904-1990) in der Lernpsychologie weiter ausgebaut. Skinner ging von der Überlegung aus, dass alles gelernt werden muss, der Organismus zunächst keine Strukturen hat, diese entstehen erst durch ein Lernen, dass am Erfolg ausgerichtet ist und durch Belohnung und Strafe gesteuert wird. Skinner hat im Übrigen auch Grundlagen für das sogenannte programmierte Lernen erarbeitet.

In Lektion V. war *Georg Simmels* „Philosophie des Geldes" referiert worden. Auch zu diesen frühen soziologischen Überlegungen zum Tausch, der Bedeutung der Geldwirtschaft und den gesellschaftskonstituierenden Wechselwirkungen zwischen Individuen, Gruppen und anderen sozialen Gebilden lassen sich Verbindungslinien zu dem Ansatz von *Homans* ziehen. Er war aber in erster Linie von dem nationalökonomischen Paradigma des Utilitarismus und ganz besonders von den lerntheoretischen Arbeiten Skinners beeinflusst, mit dem er eng zusammenarbeitete.

Burrhus Frederick Skinner 1904-1990

Den wissenschaftlichen Durchbruch erzielte *Homans* mit der 1974 erschienenen 2.Auflage von „Social Behavior: Its Elementary Forms". Bereits 1958 hatte er im „American Journal of Sociology" den programmatischen Aufsatz „Social Behavior as Exchange" veröffentlicht, 1961 folgte die 1. Auflage des Buches, dass auch stark von den lernpsychologischen Forschungen *Skinners* beeinflusst war. In der 2. Auflage war dieser Aspekt nur noch von geringer Bedeutung. Aber der grundlegende Gedanke des Behaviorismus, dass Menschen in der Regel ihr Verhalten so gestalten, dass es ein Höchstmaß an Belohnungen und möglichst wenig Bestrafungen nach sich zieht, blieb zentral. Diese Auffassung schlägt sich auch in sechs Hypothesen nieder, die die Funktionsweise von Belohnungen und Bestrafungen beschreiben:

1. **Erfolgshypothese:** „Je häufiger die Aktivität einer Person belohnt wird, mit umso größerer Wahrscheinlichkeit wird diese Person die Aktivitäten ausführen."
2. **Reizhypothese**: „Wenn in der Vergangenheit ein bestimmter Reiz oder eine Menge von Reizen eine Aktivität begleitet hat, die belohnt worden ist, dann wird eine Person eher diese oder eine ähnliche Aktivität ausführen, je ähnlicher die gegenwärtigen Reize den vergangenen sind."
3. **Werthypothese**: „Je wertvoller die Belohnung einer Aktivität für eine Person ist, desto eher wird sie diese Aktivität ausführen."
4. **Entbehrungs- und Sättigungshypothese**: „Je häufiger eine Person in der nahen Vergangenheit eine bestimmte Belohnung erhalten hat, desto weniger wertvoll wird für sie jede zusätzliche Belohnungseinheit."
5. **Frustrations-Aggressions-Hypothese**: „Wenn die Aktivität einer Person nicht wie erwähnt belohnt oder unerwartet bestraft wird, und im Ärger sind die Ergebnisse agressiven Verhaltens belohnend." (Homans, 1972: S. 62-69)

Sechs Hypothesen

Diese fünf Hypothesen finden sich bereits in der 1. Auflage von 1961. Bis zur 2. Auflage von 1964 hat *Homans* mit diesen Hypothesen gearbeitet, sie auch mal geringfügig abgewandelt und schließlich für die 2. Auflage noch eine weitere aufgenommen, die

6. **Rationalitätshypothese**: Mit ihr erfolgte die eigentliche Abkehr von *Skinners* Lerntheorie, die das Verhalten auf Umwelteinflüsse (Stimuli) zurückführt. Nun wird ein Rationalitätskalkül eingeführt, das besagt, dass eine Person bei der Existenz von Handlungsalternativen, die immer unterstellt werden, jene Handlung auswählen wird, bei der der Wert der Belohnung (V) multipliziert mit der höchsten Wahrscheinlichkeit (P) am größten ist. Mit dieser Erweiterung seiner Hypothesen versuchte *Homans* eine Brücke zu schlagen zur damaligen Nationalökonomie, die in zweidimensionalen, mikrotheoretischen Modellen versuchte Makroereignisse abzubilden und zu prognostizieren.

Modellbildung

Mit dieser Abkehr von der Psychologie und der Hinwendung zu den Wahrnehmungen und Motiven von einzelnen Menschen beginnt jene Richtung in der Soziologie klare Konturen anzunehmen, die als **methodologischer Individualismus** bezeichnet wird und in der gegenwärtigen Theoriediskussion zur rational choice theory weiterentwickelt worden ist (siehe hierzu Band 3, Kapitel VII.). Damit ist aber nur der eine Zweig der heute etablierten Handlungstheorien benannt. Ein zweiter ist aus dem sogenannten interpretativen Programm entstanden.

3. Das interpretative Programm

Mit der Überschrift dieses Teilkapitels wird ein Begriff in den Mittelpunkt gestellt, der eine doppelte Bedeutung hat. Interpretation ist zum einen eine theoretische Grundannahme, die unterstellt, dass Menschen, um überhaupt handeln zu können, ihre Umwelt interpretieren müssen. Zum anderen bezeichnet Interpretation aber auch eine wissenschaftliche Methode, mit der die

George Herbert Mead
1863-1931

Handlungen von Individuen von aussen beobachtet werden und dann interpretiert werden sollen.

Diese Theorie- und Forschungsrichtung geht zu einem sehr großen Anteil auf **George Herbert Mead** (1863-1931) zurück. Bei seinem Einfluss haben wir es mit einem Sonderfall zu tun. Anders als die in diesem Buch behandelten Soziologen, hat er zu Lebzeiten kaum Nennenswertes publiziert. Zunächst als Lehrer an einem College tätig gab er diese Tätigkeit nach einigen Jahren auf und arbeitete mehrere Jahre als Ingenieur beim Eisenbahnbau, einem der wichtigen Sektoren des nordamerikanischen Industrialisierungs- und Modernisierungsprozesses. Aber dann studierte er doch noch ab 1887 Philosophie und Psychologie in Harvard, aber auch in Berlin und Leipzig. Nach dem Studium unterrichtete er zunächst ab 1891 Psychologie an der Universität Michigan, bevor er 1894 Professor an der Universität von Chicago wurde, wo er bis zu seinem Tode Philosophie und Psychologie lehrte.

Die Betonung liegt dabei eindeutig auf der Lehre. Empirische Forschungsprojekte, für die die Soziologen an der Universität von Chicago in den 1920er/30er Jahren berühmt waren, sind von ihm nicht bekannt. Auch hat er zu Lebzeiten kaum etwas veröffentlicht. Einer seiner Schüler **Charles W. Morris**, hat dies so erklärt:

> „Es gibt...kein Anzeichen dafür, dass ein längeres Leben Meads zu einer Niederschrift seiner sozialpsychologischen Vorlesung geführt hätte. Dass er kein System hinterließ, erklärt sich daraus, dass er ständig mit dem Bau eines Systems beschäftigt war. Sein Denken war zu reich an innerer Entwicklung, als dass es ihm möglich gewesen wäre, seine Gedanken systematisch zu ordnen. Sein Genie drückte sich am leichtesten im Hörsaal aus." (Morris, 1973:11)

Das Hauptwerk „**Mind, Self and Society**" (1934) ist sein einziges Buch und auch das hat er nicht selbst verfasst, sondern Kollegen und Schüler haben es aus ihren Mitschriften der Vorlesung nach seinem Tod zusammengebastelt. Die zentrale These des Buches ist, dass das Individuum an jedem Interaktionsprozess in dreifacher Hinsicht beteiligt ist: durch das „I", das „Self" und das „Me". Das „I" steht für Individualität, das „Me" für Vergesellschaftung, also für die gesellschaftliche Vorerfahrung. Die jeweiligen individuellen und gesellschaftlichen Eindrücke werden im „Self" – der Persönlichkeit – zusammengeführt.

Pragmatismus

Das Buch ist in Deutschland mit „Geist, Identität und Gesellschaft" etwas ungenau übersetzt worden. Der Untertitel „*Aus der Sicht des Sozialbehaviorismus*" verweist auf eine der Quellen, auf die sich Mead bezog. Auch er war von *Skinner* (siehe dazu den vorigen Abschnitt in dieser Lektion) beeinflusst. Er wich aber von der individualistischen Sichtweise *Skinners* bald ab und bezog das gesellschaftliche Umfeld stärker mit ein. Das hatte wohl auch damit zu tun, dass eine andere philosophisch-soziologische Richtung der damaligen Zeit ihn ebenfalls stark beeinflusste: Der Pragmatismus der nordamerikanischen Soziologen **Charles S. Peirce** (1829-1914) und vor allem **John Dewey** (1859-1952), mit dem Mead befreundet war, stellte die praktische Orientierung der handelnden Menschen in den Mittelpunkt.

Aber solche Hinweise vermögen kaum die Vielzahl der Eindrücke und Quellen wiederzugeben. Chicago spielte in den 1920er Jahren eine zentrale Rolle in der Entwicklung der Soziologie und der empirischen Sozialforschung, die bei den Mitgliedern der „**Chicago School**" verbunden mit sozialreformerischen Aktivitäten war. Chicago war in den 1920er Jahren ein Spiegelbild der nordamerikanischen Entwicklung. Einwanderung, Segregation in Stadtteilen, Armut und fehlende Bildung: alles Themen, die in den Forschungsarbeiten der Chicagoer Soziologen eine Rolle spielten. Auch *Mead* nahm an diesen Aktivitäten teil und arbeitete im Übrigen auch nicht nur als Sozialpsychologe und Soziologe, sondern auch als Pädagoge.

Ähnlich den Behavioristen beginnt *Mead* in seinen theoretischen Überlegungen mit Vergleichen zwischen tierischem und menschlichem Verhalten. Anders als Tiere verfügen Menschen nicht nur über Laute und Gebärden, bestimmte wiederholbare Gesten, sondern auch über sprachliche Interaktionsformen. Und die Menschen haben die Möglichkeit, ihren Gesten „einen Sinn" zu geben. Menschliche Gesten, das ist *Meads* Anfangsüberlegung, sind signifikante Symbole, wobei die verbalen Gesten wichtiger als die non-verbalen sind:

> „Wir können uns selbst nicht sehen, wenn unser Gesicht einen bestimmten Ausdruck annimmt, aber wir hören uns selbst sprechen und sind daher zur Aufmerksamkeit fähig. Man hört sich selbst, wenn man durch einen irritierenden Ton, den man hören lässt irritiert wird. Man erwischt sich sozusagen selbst. Beim irritierenden Gesichtsausdruck aber löst der Reiz keinen Ausdruck im Individuum selbst aus, sondern nur bei den Anderen." (Mead, 1973: 105)

Significant Others and Generalized Others

Jedes Individuum wird in eine Gesellschaft hineingeboren und muss danach in die Gesellschaft eingeführt werden. Das beginnt mit der primären Sozialisation, in der das Kind Rollen und Einstellungen übernimmt, und zwar die der **significant others**. Das sind elementare Bezugspersonen, ohne die ein Säugling nicht überleben würde, Menschen auch, die erste Gefühle von Geborgenheit vermitteln und emotionale Zuwendung. Dabei hat ein Kind, das auf dem Lande in einer katholischen Familie geboren wird, einen anderen Beginn seiner Sozialisation als eines, das in einem liberalen Wissenschaftlerhaushalt in einer Großstadt zur Welt kommt. Das sagt noch nichts über die weitere Entwicklung aus, aber jedenfalls ist der Anfang anders. Allein die Frage, ob von vornherein mit dem Kind in ganzen Sätzen gesprochen wird, kann für die spätere Biographie sehr wichtig sein.

Die Bedeutung der Bezugspersonen

In der zweiten Phase treten dann die **generalized others** auf, die Vertreter der Gesellschaft. Die Heranwachsenden treffen nun auf andere Menschen ausserhalb ihres engen Lebenskreises – meistens ist das immer noch die Familie – und lernen allgemeine Regeln, Prinzipien der Vergesellschaftung. Unsere Gesellschaften sind dadurch gekennzeichnet, dass der Zeitpunkt, zu dem junge Menschen mit diesem Bereich in Berührung kommen, immer früher liegt. Die Kinder der bürgerlichen Mittel- und Oberschicht in Preußen betraten erst mit 9 Jahren eine Schule. Heutzutage verlassen die meisten Kinder den engeren Kreis der Familie mit 3 ½ oder 4 Jahren, um in den Kindergarten zu gehen.

Significant others lassen sich austauschen. Wenn die Eltern zufällig bei einem Verkehrsunfall ums Leben kommen sollten, können die Kinder in einer anderen Familie diese Phase fortführen. Die generalized others, also die Vertreter des Staates, des Grundgesetzes, unserer Bürokratie, unserer Leistungsorientierung, werden durch allgemeine Institutionen sichergestellt. Die Kummulation der Lernprozesse führt dazu, dass nach und nach die Einzelnen eine eigene Persönlichkeit entwickeln. Individualität hat immer auch eine Vorgeschichte, ist über unsere Person in die Vergesellschaftung eingebunden und ist immer in Veränderungsprozessen begriffen.

> „Im Prozess der Kommunikation ist das Individuum ein Anderer, bevor er es selbst ist. Indem es sich selbst in der Rolle eines Anderen anspricht, entsteht seine Ich-Identität in der Erfahrung. Die Entwicklung von organisierten Gruppenaktivitäten in der menschlichen Gesellschaft – die Entwicklung des organisierten Spiels aus den einfachen Spielen in der Erfahrung des Kindes – teilte dem Individuum eine Vielzahl verschiedener Rollen zu – sofern diese Teile der sozialen Handlung waren –, und gerade aus der Organisation dieser Rollen zu einer Gesamthandlung ergab sich die ihnen gemeinsame Eigenschaft. Sie zeigten dem Individuum an, was es zu tun hatte. Das Individuum kann jetzt als generalisierter Anderer in der Einstellung der Gruppe oder Gemeinschaft zu sich selbst Stellung nehmen." (Mead, 1983: 217)

Das Individuum sieht sich also immer doppelt. Es nimmt nicht nur sich selbst war, sondern betrachtet sich auch stets mit den Augen der Anderen und verändert im Handlungsprozess seine Indentität, um mit dieser neuen Sichtweise von sich selbst in die nächste Interaktion zu gehen. Dabei übernehmen Menschen auch die Rollen Anderer, Einzelner oder auch die von Gruppen. *Mead* nennt das „role taking".

4. Symbolischer Interaktionismus

Der Anstoß, den *Mead* gab, wurde von seinem Schüler **Herbert Blumer** (1900-1987) weiterentwickelt. Er hatte in Chicago studiert und promoviert, war aber wie die meisten seiner chicagoer Lehrer als Stipendiat in Europa gewesen und hatte in Paris die Werke *Emile Durkheims* (s. Lektion IV) und das Werk von *Georg Simmel* (s. Lektion V) kennengelernt.

Herbert Blumer 1900-1987

Mit *Blumers* programmatischem Aufsatz „Der methodologische Standpunkt **des symbolischen Interaktionismus**" (1969, deutsch von 1972) hatte die individualistische Handlungstheorie die Phase des take-off erreicht. Seine **drei Prämissen** des symbolischen Interaktionismus gaben dieser Richtung der Soziologie Form und Antrieb gleichermaßen. Im Mittelpunkt steht nun die Frage, welche Bedeutung Symbole für Menschen und ihr Handeln haben.

Die **erste Prämisse** beschreibt das Handeln gegenüber „Dingen", zu Menschen, in Situationen und gegenüber Institutionen.

Handeln als Interpretation

Die **zweite Prämisse** sagt, dass die Bedeutung der Dinge aus vorhergegangenen sozialen Interaktionen, also solchen mit anderen Menschen entstehen.

Die **dritte Prämisse** schließlich verweist auf den Prozess der Interpretation, den eine Person in der Interaktion mit Anderen dazu benutzt, Bedeutung zu nutzen und zu verändern. Bedeutungen sind nicht statisch.

> „Einfach ausgedrückt, müssen Menschen, die miteinander interagieren, darauf achtgeben, was der jeweils Andere tut oder tuen will; sie sind gezwungen, im Rahmen der Dinge, denen sie Beachtung schenken ihr Handeln auszurichten oder ihre Situationen zu handhaben. „... Die Handlungen Anderer müssen in Rechnung gestellt werden und können nicht nur als ein Feld für die Äußerungen dessen angesehen werden, was man bereit oder im Begriff ist zu tun." (Blumer, 1973: 87).

Die Bedeutung, die Menschen, Sachen oder Institutionen zukommt erschließt sich über die Methode der Interpretation.

„Man muss den Definitionsprozess des Handelnden erschließen, um sein Handeln zu verstehen" (Blumer,1973: 96).

Für die soziologische Forschung ergibt sich hieraus, dass es darauf ankommt, den Prozess der Interpretation sich zu erschließen, um das Handeln der jeweiligen Individuen zu verstehen. Dabei stehen für *Blumer* – und in seiner Nachfolge bei allen, die seine Prämissen aufgegriffen haben – die **sich wiederholenden Muster alltäglicher Interaktion** im Mittelpunkt. Den Zugang ermöglichen Lebensläufe (Biographieforschung) oder Dokumentenanalysen.

Forschung durch Interpretation

„Die Aufgabe wissenschaftlicher Forschung ist es, die Schleier zu lüften, die den Lebensbereich verdecken, den zu untersuchen man vorhat" (Blumer, 1973: 121).

Der symbolische Interaktionismus ist bis heute eine wichtige theoretische Grundorientierung und Forschungsrichtung. Alle Ansätze einer individualistischen Handlungstheorie müssen sich seit den 1970er Jahren mit ihr auseinandersetzen. (s.a. den Abschnitt *Mikrotheorie* in Band III. der Einführungsreihe).

5. Von der Frauenbewegung zur Frauenforschung

Die Entstehung der individualistischen Handlungstheorien reicht – wie wir in ersten Teil dieser Lektion gesehen haben – bis ins 19. Jahrhundert, beim Utilitarismus sogar bis ins 18. Jahrhundert zurück. Die Forschungsrichtung, die zunächst mit Frauenforschung bezeichnet wurde, heute meist Geschlechterforschung genannt wird, ist dagegen historisch in dieser Weise nicht verankert. Das muss überraschen, denn eine Frauenbewegung gab es schon im 19. Jahrhundert, einige Frauenforscherinnen nennen sogar einzelne Frauen im späten Mittelalter, die Forderungen nach einem selbstbestimmten Leben auch für Frauen stellten.

„Die Frau ist frei geboren und bleibt dem Manne gleich in allen Rechten", diese These, die **Olympe de Gouges** 1791 während der französischen Revolution formulierte, ist das Grundthema der Frauenbewegung seit jener Zeit. *Olympe de Gouges* hat sie jedoch nicht lange überlebt, sie wurde 1793 auf der Guillotine geköpft. Knapp 200 Jahre später ergab eine Studie der Zeitschrift Brigitte für das Jahr 1988 folgende Zahlen: 95% voll erwerbstätig, 60% nicht erwerbstätig. Die erste Zahl betrifft die Männer und die zweite Zahl betrifft die Frauen. Zwar gibt es den Satz von *Olympe de Gouges* in veränderter Form auch im Grundgesetz der Bundesrepublik Deutschland, aber es kann noch keine Rede davon sein, dass Frauen die gleichen Rechte haben wie Männer. Frauen, die die obige Forderung stellen, kommen zwar nicht mehr auf die Guillotine, aber sie sind nach wie vor gesellschaftlich benachteiligt und müssen für ihre Positionen kämpfen.

Das war seit der Aufklärung so, und das gilt auch für die bürgerliche Variante der Frauenbewegung um die Frauenrechtlerin **Luise Otto-Peters**, die ein humanistisch-aufklärerisches Konzept vertrat. Sie forderte im Zusammenhang mit den Freiheitsbewegungen des 19. Jahrhunderts auch Freiheit für Frauen. Gegen Ende des 19. bzw. im frühen 20. Jahhundert gibt es auch eine sehr stark aus-

Die Gleichberechtigung der Frauen

geprägte marxistisch-sozialistische Richtung. Die proletarische Frauenbewegung, vertreten durch Frauen wie **Klara Zetkin**, hat von Anfang an für die Abschaffung der kapitalistischen Gesellschaftsordnung als Quelle der Unterdrückung der Menschheit und damit auch der Frauen gekämpft. In der gesamten marxistischen Debatte war die Frauenfrage immer eine sekundäre, ein sogenannter Nebenwiderspruch. Völlige Emanzipation der Frauen ist für diesen Ansatz erst nach Erreichen einer veränderten Gesellschaftsordnung, also etwa mit der Diktatur des Proletariats oder wenigstens in einer sozialistischen Gesellschaft möglich.

Nach dem Ersten Weltkrieg, nach dem Scheitern der kommunistischen Revolution 1918/19 in Deutschland und der Ermordung von **Rosa Luxemburg** und **Karl Liebknecht** gab es dann im wesentlichen nur die bürgerliche Frauenbewegung, die mit einem Gleichberechtigungskonzept für die Lage der Frauen stritt. Vor allen Dingen der organisierten bürgerlichen Frauenbewegung geht es in den 1920er Jahren um eine bessere Schulbildung für Mädchen, insbesondere durch die Einführung von Realschulen für Mädchen. **Helene Lange** war eine Verfechterin dieses Konzeptes. Fast in jeder größeren Stadt gibt es eine Schule, die nach ihr benannt ist.

Mit der Machtübernahme der Nationalsozialisten wurden die verschiedenen Frauenorganisationen zunächst gleichgeschaltet und – wenn sie das Mütterideal nicht in vollem Umfang auf ihre Fahnen geschrieben hatten – auch verboten. Mütterlichkeit, die Frau als Lebensborn der arischen Rasse, stand im Mittelpunkt der Ideologie des Dritten Reiches.

Die Zeit nach dem Zweiten Weltkrieg

Die erste Zeit nach dem Zweiten Weltkrieg war auch davon geprägt, dass viele Ehemänner lange Zeit von zu Hause abwesend waren, erst im Krieg, dann in Gefangenschaft gelitten hatten. Die Rückkehr dieser Männer in die Familien war mit großen Schwierigkeiten verbunden. So konnten die aus der Kriegsgefangenschaft zurückgekehrten Männer aus gesundheitlichen Gründen oft zunächst nicht arbeiten. Die Frauen mussten weiterhin für das materielle Wohl der Familie sorgen. Erst gegen Mitte der 1950er Jahre begannen sich die Verhältnisse zu „normalisieren". Die Männer wurden wieder die Alleinverdiener und nach und nach kehrten in die Familie die alten, patriarchalischen Verhältnisse zurück: Der Vater ist berufstätig und verdient das Einkommen, die Ehefrau kümmert sich um Küche und Kinder.

Die „neue" Frauenbewegung

Eine Gesellschaft im Aufbruch

Schon in der ersten Hälfte der 1960er Jahre gab es in Westdeutschland, besonders an den Universitäten, kritische Debatten über den Zustand der Gesellschaft, die sich vor allem am Vietnamkrieg entzündeten. Aber auch die Rolle der Eltern, insbesondere der Väter im Dritten Reich wurde z.B. aus Anlass der Auschwitzprozesse thematisiert. Die Große Koalition und die dann entstehende **Außerparlamentarische Opposition** sind weitere Meilensteine auf dem Weg hin zu dem, was dann 1967/68 zu der sogenannten Studentenrevolte führte, was im heutigen Jargon mit dem Kürzel „die 68er" benannt wird. Diese Phase des Umbruchs führte zu vielen Veränderungen und Reformen in der Gesellschaft und auf eine etwas indirekte Weise zur Innovation der Frauen- Geschlechterforschung in der Soziologie.

Trotz der langen Geschichte der Frauenbewegung hatten Frauen und insbesondere Frauenforschung zwar in der Gesellschaft eine bestimmte Rolle gespielt, jedoch nicht in den Wissenschaften und schon gar nicht an den Universitäten. Es gab zwar die Frage nach der Gleichberechtigung der Frauen, die insbesondere durch die steigende Anzahl von Studentinnen nach der Bildungsreform der frühen 1960er Jahre einen gewissen Ausgleich fand, aber es gab noch kein radikalfeministisches Konzept.

An dieser Stelle muss dem Einduck entgegengetreten werden, die Entwicklungen in den 1960er Jahren seien eine ausschließlich deutsche Angelegenheit gewesen. Es gab zwar spezifische deutsche Umstände (die Nachkriegszeit zum Beispiel), aber die Frage nach der Rolle der Frauen wurde in allen westlichen Demokratien gestellt und führte auch an Universitäten in diesen Ländern zu entsprechenden Konflikten und Konzepten. Die Gleichheitspostulate der Verfassungen ließen sich mit der erlebten Differenz nicht länger in Einklang bringen. Diese Problematik, so schreibt **Ilona Ostner**, sei zuerst und am konsequentesten in den Bürgerrechtsbewegungen in den USA entstanden, sei aber bald in das westliche Europa übergesprungen. *Gleichheitspostulate*

„Der breite Wohlstand so wie die fortschreitende Demokratisierung der Gesellschaft förderten ab Mitte der 1960er Jahre auch in der Bundesrepublik die soziokulturellen Umbrüche, mit denen sich alle westlichen Gesellschaften konfrontiert sahen: die Infragestellung der traditionellen Autoritätsverhältnisse zwischen den Generationen und Geschlechtern; die Lockerung der geschlechtsspezifischen und sexuellen Normen; die Betonung der Selbstentfaltungs- gegenüber den Pflichtwerten. Die Lebenswelt, vor allem die Arbeitsteilung zwischen Frauen und Männern geriet unter Veränderungsdruck" (Ostner,1998: 390).

Eine Initialzündung zu den weiteren Entwicklungen in Deutschland finden wir bei Konflikten, die in den Führungsgremien des Sozialistischen Deutschen Studentenbundes (SDS) entstanden. **Rudi Dutschke** und die anderen Anführer waren in der Öffentlichkeit sehr bekannt, aber im SDS arbeiteten auch viele Frauen mit. Diese Frauen begannen sich 1968 zu fragen, warum eigentlich immer nur die Männer redeten und nicht auch einmal die Frauen. Die Differenz zwischen den gemeinsam erarbeiteten präzisen intellektuellen Analysen und dem konkreten Verhalten der aus Männern bestehenden Führungskollektive stand am Anfang der bald aus dem SDS in die Öffentlichkeit verlagerten Debatten über das Verhältnis von Männern und Frauen, über männlich-väterliche Betulichkeit und paternalistisches Schulterklopfen. Frauen begannen sich gegen diese Unterdrückung, die sie aufs Privatleben reduzieren wollte, zu wehren.

Unter dem Motto „Frauen sind anders" ging die Entwicklung sehr schnell voran. Es wurde zum ersten Mal das Verhältnis von **Privatleben und Gesellschaft** analysiert. Es galt, die Unterdrückung im Privatleben nicht als private zu begreifen, sondern als politisch-ökonomisch bedingte. Hier ziehen die Frauen im SDS und sehr bald viele mehr die Konsequenzen aus dem, was sie bei *Theodor W. Adorno*, *Max Horkheimer* und *Erich Fromm* (siehe Lektion VIII) über Autorität und Familie gelesen hatten: dass es nämlich darauf ankommt, diesen Zusammenhang zu durchbrechen. In den folgenden Jahren entstanden vielerlei Initiativen wie die Kinderläden oder die Aktionen gegen den §218. Von Anfang an bestand in dieser „Neuen Frauenbewegung" allerdings eine große Skepsis gegenüber jeder traditionellen Organisationsform, was sich auch bei der Gründung der Partei „Die Grünen" zeigte, die von der neuen Frauenbewegung von Anfang an mit geprägt wurde (z.B. Trennung von Amt und Mandat). *Noch einmal: Autorität und Familie*

227

Frauenforschung an den Universitäten

Für die erste Phase der Frauenforschung an den Universitäten wird hier das Beispiel der westdeutschen, akademischen Soziologie gewählt. Hier lassen sich wichtige Elemente finden, die auch in anderen westlichen Ländern zu beobachten waren. Das reicht von der Frage, warum eigentlich Frauen in der Wissenschaft weder aktiv noch als Forschungsgegenstand vorkommen über die Zweifel an dem Gesellschaftsbild der Systemtheorie bis hin zur Nutzung der inzwischen erlernten Kategorien und Begriffe der politischen Ökonomie. Und schließlich wurde auch gefragt, ob es nicht einer anderen Auffassung von Wissenschaft bedarf, als die jener behaupteten Wertfreiheit, wie sie seit den 1950er Jahren vor allem von der quantifizierenden empirischen Sozialforschung behauptet bzw. verlangt wurde. Hierüber wurde bereits 1968 auf dem Frankfurter Soziologentag sehr kontrovers diskutiert (siehe Lektion XII.5).

Erste Ansätze universitärer Frauenforschung

Die oben genannten Probleme wurden zu Anfang in unterschiedlicher Weise bearbeitet und in ihrer Bedeutung gewichtet. Fast alle Untersuchungen nahmen ihren Anfang bei der doppelten Belastung von Frauen durch Hausarbeit und Berufsarbeit. Zu diesen Themen entstanden z.B. in dem Sonderforschungsbereich an der Universität München „Theoretische Grundlagen sozialwissenschaftlicher Berufs- und Arbeitskräfteforschung" zwei berufssoziologische Studien von **Elisabeth Beck-Gernsheim** und **Ilona Ostner**. In diesen Arbeiten ging es um die Frage, welche Ursachen es für die **geschlechtliche Arbeitsteilung** gibt und wie der konkrete Berufsalltag von Frauen sich beschreiben und erklären lässt. Bis dahin war vor allem in der Systemtheorie die Notwendigkeit geschlechtlicher Arbeitsteilung in der Familie einfach unterstellt worden. Der Mann ist berufstätig und die Frau zuständig für Haushalt und Kinder.

Die zentrale Bedeutung der geschlechtlichen Arbeitsteilung

Das entsprach – und das ließ sich einfach feststellen – keinesfalls der Komplexität weiblicher Lebenszusammenhänge. Es wurde auch festgestellt, das die geschlechtliche Arbeitsteilung durchgängig in der bisherigen Geschichte der Menschen war. Mit der Industrialisierung entsteht die Notwendigkeit der Frauenarbeit. Frauen sind billige Arbeitskräfte und tragen zum Familieneinkommen bei, was auch deshalb notwendig ist, weil auch der Mann Lohndumping erfährt. Die Arbeit von Ilona Ostner: „Beruf und Hausarbeit. Die Arbeit der Frau in unserer Gesellschaft" aus dem Jahr 1978 untersucht diesen Zusammenhang durchaus mit polit-ökonomischen Begriffen (*Tausch, Warenproduktion*) spricht aber von *Industrie* und nicht von *Kapitalismus*.

Ilona Ostner, geb. 1947

Elisabeth Beck-Gernsheim hatte die Ideologie und die Realität von Frauenberufen unter dem Titel „Der geschlechtsspezifische Arbeitsmarkt" untersucht und gefragt, was getan werden müßte, um die Berufstätigkeit von Frauen zu erleichtern und zu fördern, wobei eine andere Verteilung der Anteile von Männern und Frauen an Hausarbeit und Kindererziehung als ein zentrales Problem identifiziert wurde. Dazu müssten sich dann aber, so eine der Schlußfolgerungen, mit den Frauen auch die Berufe von herkömmlichen Mustern emanzipieren.

Elisabeth Beck-Gernsheim, geb 1946

Diese beiden Arbeiten waren vielbeachtete erste Bestandsaufnahmen, die auf weitergehende Forderungen nach einer spezifischen, feministischen Wissenschaft (noch) verzichteten. Zu dem damaligen Zeitpunkt verstanden sich die beiden Autorinnen auch noch nicht als Frauenforscherinnen. Sie haben aber in den 1980er und 1990er Jahren ihre Positionen weiterentwickelt und viel zur Etablierung der Frauenforschung an den Universitäten nicht nur in Deutschland und zur Professionalisierung der Frauenforscherinnen beigetragen.

Entschiedener in der kritischen Einstellung zum Kapitalismus und in den Forderungen nach einer feministischen Soziologie war der sogenannte **Bielefelder Ansatz**, der vor allem mit dem Namen von **Maria Mies**, die zwar nie in Bielefeld lehrte, die aber sehr einflussreich war mit ihren „Methodologischen Postulaten zur Frauenforschung" (1978), mit denen sie eine engagierte Sozialwissenschaft forderte:

Frauenforschung ist engagiert

> „Nur wenn die Frauenforschung bewusst in den Dienst der Aufhebung von Unterdrückung und Ausbeutung gestellt wird, können engagierte Forscherinnen verhindern, dass ihre methodischen Innovationen zur Stabilisierung von Herrschaftsverhältnissen und zum Krisenmanegement missbraucht werden" (Mies, 1984:13).

Diese Postulate wurden von Wissenschaftlerinnen in Bielefeld (v.a. **Ursula Beer**, **Veronika Bennholdt-Thommsen** und **Claudia von Werlhof**) aufgenommen und zur Leitlinie ihrer Arbeiten gemacht. Dieser erste, stark marxistisch geprägte Ansatz war ein Paukenschlag in der Soziologie, von dem sich viele männliche Soziologen mal aufgeweckt, mal angegriffen fühlten. Aber es war der erste Schritt zu einer eigenständigen Frauenforschung in der deutschen Soziologie, der zwar schon Geschichte ist, aber ein notwendiger Anfang war, ohne den die in Band 3 behandelten weiteren Schritte hin zur Geschlechterforschung sich zumindest nicht so schnell ergeben hätten.

Ausgangspunkt waren Analysen, die sich an der Abfolge der Gesellschaftsformationen bei *Karl Marx* (siehe Lektion III) orientierten. Schon in der ersten Formation der Jäger und Sammler ergab sich wegen der unterschiedlichen biologischen Ausstattung von Männern und Frauen eine geschlechtliche Arbeitsteilung. Frauen gebären mit ihrem Körper – Mies spricht in diesem Zusammenhang von *primärer Arbeit* – Männer benötigen zur körperlichen Arbeit Hände, Kopf und Werkzeuge.

„Ohne Werkzeuge ist der Mann kein Mensch" (Mies, 1988): 174).

Diese einfache Arbeitsteilung – so der Bielefelder Ansatz – mündete dann bald in ein Patriarchat, da die Männer ein Monopol auf Waffen hatten zur Unterdrückung anderer Menschen und eben auch der Frauen. Die Abwesenheit von Männern (Raubzüge, Kriege, Entdeckungsreisen) ermöglicht den Frauen andererseits die Übernahme von Aufgaben der Männer. Die Vorstellung einer grundsätzlich wesensbedingten Unterschiedlichkeit existierte noch nicht. Die Produktionsweise wird als diejenige „**im ganzen Haus**" bezeichnet, das heisst Produktion und Reproduktion finden zumindest idealtypisch unter einem Dach statt.

Patriarchat als Voraussetzung des Kapitalismus

Das ändert sich mit der Entstehung der bürgerlich-kapitalistischen Gesellschaft. Als im Merkantilismus und in der Zeit der Frühindustrialisierung erste Fabriken und damit ausserhäusliche Produktionsstätten entstehen, muss der Mann zum Zweck der **Lohnarbeit** in Fabriken nach vorgegebenem Zeittakt arbeiten. Dieser Einschnitt hatte weitreichende Folgen, die im Übrigen in der Soziologie immer wieder thematisiert worden sind. In der Frauenforschung wird hierbei das Augenmerk vor allem auf die Tatsache gelenkt, dass nicht nur zwei Arbeitssphären mit unterschiedlichen Anforderungen entstehen – das wussten auch schon *Karl Marx*, *Ferdinand Tönnies* und *Emile Durkheim* – sondern dass es jetzt zu einer Aufteilung in die ausserhäusliche Lohnarbeit des Mannes und die unbezahlte Reproduktionsarbeit der Frau im Haus kommt.

Die Ideologie der Geschlechterdifferenz

Hieraus entwickelt sich nach und nach die ideologische Vorstellung einer fundamentalen Unterschiedlichkeit. Es geht nicht mehr nur um graduelle, biologische und anatomische **Differenzen**, sondern es geht darum, dass Frauen grundsätzlich dem Manne nachgeordnet sind.

Dabei werden vor allem im 19. Jahrhundert die männlichen Lebensbereiche (Lohn-, Erwerbsarbeit) zunehmend höher bewertet, und es kommt zu dichotomisch ausgeprägten Begriffshierarchien zwischen männlichen und weiblichen Eigenschaften und Lebensbereichen.

> „Innerhalb dieser Perspektive erweist sich das Geschlechterverhältnis als das grundlegendere soziale Verhältnis: ohne die Existenz von Geschlechtern kann es kein Verhältnis von Lohnarbeit und Kapital geben" (Beer, 1991: 259).

Solange die Trennung der Bereiche Arbeit und Haushalt besteht, bezeichnen die Forscherinnen dies als **einfachen** oder auch **ständischen Patriarchalismus**. In der zweiten Hälfte des 19. Jahrhunderts sind Frauen zunehmend gezwungen, durch eigene Lohnarbeit zum Lebensunterhalt ihrer Familien beizutragen, ohne dass sie entsprechende Rechte der Männer erhalten. Dies wird als **doppelter Sekundärpatriarchalismus** bezeichnet.

Die Frau, so war die Schlussfolgerung ist doppelt vergesellschaftet. Einmal durch die Existenz im Kapitalismus und zum zweiten durch das Geschlechterverhältnis. Aus dieser grundsätzlichen Benachteiligung ergeben sich dann die bekannten Merkmale, die bis heute die Situation vieler Frauen kennzeichnen. Dies drückt sich vor allem im System der Beschäftigung aus. Frauen finden oft nur in bestimmten, ihren vermuteten Eigenschaften entsprechenden Segmenten eine Arbeit, sie haben geringere Aufstiegschancen als Männer, dafür aber ein höheres Risiko arbeitslos zu werden.

Internationale Perspektive

Bei der Beantwortung der Frage, nach den Folgen des beschriebenen historischen Prozesses von der Trennung der Sphären der ausserhäuslichen Erwerbsarbeit und der unbezahlten Hausarbeit hin zu den ideologischen, hierarchisch beschriebenen Unterschieden zwischen Mann und Frau, orientierten sich die Vertreterinnen der marxistisch orientierten Ansätze an den Strukturen der **internationalen Arbeitsteilung**. So etwa an den Analysen des Nordamerikaners **Immanuel Wallerstein**, der festgestellt hatte, dass in der kapitalistischen Weltwirtschaft alle Staaten durch ein System internationaler Arbeitsteilung ökonomisch und strukturell verflochten sind.

> „Der Kapitalismus war nie eine gesonderte, dem Sozialismus gegenüberstehende ‚Produktionsweise', sondern ein globales System, zu dem auch der Sozialismus, die sogenannte Zweite Welt, ebenso wie die sogenannte Dritte Welt gehörten – und dies von Anfang an" (von Werlhof, 1991:8).

So wie der Kapitalismus ein Weltstrukturmerkmal ist, so ist, folgerten die Frauenforscherinnen dieser ersten Phase, die Unterdrückung der Frau ein Merkmal des Kapitalismus. Im großen Weltmaßstab und im kleinen der Familie ist eine asymetrische Arbeitsteilung das vorherrschende Muster.

> „Die Kolonisierung von Territorien und die Hausfrauisierung von Frauen war das Anfangswort des Kapitalismus und des Staates als Institution, hat ihn stets begleitet und ist auch seine letzte Weisheit" (von Werlhof u.a.,1988:X).

Die Länder der Dritten Welt wurden und werden kolonisiert, Frauen „hausfrauisiert". Der kleine, weiße, ausgebeutete Mann erhielt im Zuge der oben beschriebenen historischen Prozesse seine eigene kleine Kolonie: die domestizierte Hausfrau und Familie.

Frauen als eine der Kolonien kapitalistischer Gesellschaften

6. Von der Frauenforschung zur Geschlechterforschung

Gegen Ende der 1970er Jahre veränderte sich die zentrale Frage der Frauenforschung. Hatte die erste Phase die wiederentdeckte marxistische Theorie zu gesamtgesellschaftlichen Analysen vorwiegend ökonomischer Prozesse genutzt und die Vorstellung einer „natürlichen" Differenz von Männern und Frauen problematisiert, so traten nach einigen Jahren die marxistischen Studien in den Hintergrund. Dies aus zwei Gründen:

Erstens nahm die Faszination, die die Wiederentdeckung der marxistischen Theorie einige Jahre in der soziologischen Welt entfacht hatte, langsam wieder ab, ohne dass ihr notwendiger Anteil an gesellschaftlichen Studien vergessen wurde. Aber es wurde doch in der Breite der soziologischen Forschung, von der zeitweiligen Konjunktur der marxistischen Studien war kein Teilbereich ausgespart worden, relativ schnell deutlich, dass eine Konzentration allein auf ökonomische Faktoren nicht ausreicht.

Zweitens gab es aber auch speziell in der Frauenforschung deutlichen Widerspruch. In der ersten Phase waren die „natürlichen" Unterschiede, eine unterschiedliche biologische Ausstattung von Männern und Frauen gleichsam unterstellt worden. Gegen diese Vorstellung erhob sich vor allem aus handlungstheoretischer Perspektive Widerspruch. Wie kommt es eigentlich zu einer solchen Vorstellung? – wurde gefragt und auch, wieso es im Verlauf der Sozialisation immer wieder zu ähnlichen Ergebnissen kommt. Am Ende gibt es nämlich Männer und Frauen. Die klassische **Sozialisationsforschung**, auch die handlungstheoretisch orientierte, hatte diese Frage bis dahin nicht gestellt, sondern das in der systemtheoretischen Familiensoziologie unterstellte Modell der Kernfamilie (Vater, Mutter, Sohn, Tochter) eher kritiklos übernommen.

Was sind eigentlich „natürliche" Unterschiede

Wir können hier an den Anfang dieser Lektion anknüpfen. Es waren in diesem zweiten Schritt vor allem die interpretativ ausgerichteten individualistischen Handlungtheorien, mit denen **neue Fragen zum Geschlechterverhältnis** und zur Sozialisation von Mädchen und Frauen gestellt wurden. Die Konstruktion der Wirklichkeit, die das interpretative Programm nachvollzieht, wurde nun auf die Untersuchung der alltäglichen Bedingungen von Geschlechtlichkeit angewendet und vor allem die Zuschreibung und Übernahme von Geschlechtsrollen minutiös untersucht. Von diesem ersten Schritt aus wurde dann weiter gefragt, welche Bedeutung bipolare Geschlechtszugehörigkeiten für unser alltägliches Handeln haben. Grundlage jeder Handlung ist, dass Bedeutungen im Interaktionsprozess bekannt sind oder erkannt werden können. Jedenfalls ist dies die Voraussetzung jeder Art des Verstehens. Die Frauenforschung dieser zweiten Phase hat gezeigt, dass soziale Interaktionen erst in gang kommen können, wenn die Beteiligten wissen, wen sie vor sich haben, also eine Frau oder einen Mann, was die Verpflichtung einschließt, entweder Mann oder Frau zu sein.

Die Konstruktion von Geschlecht

231

Das macht immer neue Anpassungsleistungen notwendig. Entsprechende Studien haben gezeigt, dass dabei für die Identifikation eines Mannes oder einer Frau im Vergleich zu körperlichen Geschlechtsmerkmalen eher „weibliche" und „männliche" Verhaltensweisen wichtig sind, die durch das soziale Umfeld entstehen. Deshalb wurde nun anstelle des Begriffes *Geschlecht* von **gender** gesprochen. Mit diesem Begriff soll der Tatsache, dass Geschlechtlichkeit eine soziale Konstruktion ist, Rechnung getragen werden. Die immer erneuerte Anpassung im alltäglichen Interaktionsprozess wurde als „doing gender" verstanden.

Aber auch das war nur ein weiterer Schritt in einem noch andauernden Prozess, um auf jahrhundertelang liegengebliebene Fragen Antworten zu finden und aus Antworten neue Fragen zu formulieren. Dieser Prozess kann der „Geschichte der Soziologie" noch nicht zugeordnet werden. Er wird aber in Band 3 (Theorien), in seinen verschiedenen Schritten und Facetten behandelt.

7. Ausblick

Die in dieser Lektion aufgegriffenen neuen Theorie- und Forschungsrichtungen haben sich weiterentwickelt und ausdifferenziert. Die Soziologie war gegen Mitte der 1980er Jahre ein ruhig dahinfließender Fluss, der langsam breiter – und damit an einigen Stellen auch flacher wurde. Das führte einerseits zu einem größeren Spektrum soziologischer Professionalisierung, andererseits wurde die Vielfalt der soziologischen Ansätze von Aussenstehenden oft als widersprüchlich-verwirrend wahrgenommen.

Die Wende und ihre Folgen

Es hätte so weitergehen können. Aber dann kam 1989 der Zusammenbruch der DDR. Zwar hatte schon vorher der Fall Tschernobyl für Irritationen gesorgt und *Ulrich Becks* „Risikogesellschaft" war in aller Munde, aber dieser einmalige Fall eines, so musste es empfunden werden, plötzlichen und gänzlichen Zerfalls einer scheinbar festgefügten (Stasi-)Ordnung stellte soziologische Theorien über moderne Gesellschaften auf den Prüfstand, von den praktischen Fragen des Transformationsprozesses und den sich anbietenden Forschungsaufgaben mal ganz abgesehen.

Begonnen wurden die Debatten auf dem 25. Deutschen Soziologentag im Oktober 1990 in Franfurt am Main. Dort trafen schon in der Eröffnungsveranstaltung zwei sehr unterschiedliche Positionen bei der Frage nach dem Charakter der nun anstehenden Modernisierung aufeinander. **Wolfgang Zapf**, der damalige Vorsitzende der Deutschen Gesellschaft für Soziologie, gleichzeitig Präsident des Berliner Wissenschaftszentrums, ging davon aus, dass die Stützpfeiler der westlichen Moderne auch geeignet seien, die Modernisierung der östlichen Welt zu gestalten:

Wolfgang Zapf geb. 1937

> „Konkurrenzdemokratie, Marktwirtschaft und Wohlstandsgesellschaft mit Wohlfahrtsstaat und Massenkonsum haben als ‚evolutionäre Universalien' keine ewige Bestandsgarantie, aber es sind zur Zeit keine leistungsfähigeren Alternativen absehbar, nachdem der Sozialismus zunächst einmal ausgeschieden ist...Das zeigt sich an den Wohlfahrtserträgen, die diese Institutionen besser als andere produzieren" (Zapf, S. 36).

Ulrich Beck geb. 1944

Der zweite Redner bei der Eröffnungsveranstaltung war **Ulrich Beck**. In einem fulminanten Gegenentwurf zur Position von *Zapf* zeigte er ein Defizit auf. Es könne nicht länger von einer einfachen Modernisierung ausgegangen werden, bei der die Tradition rationalisiert, das heisst linear weiterentwickelt würde.

Diese Position sei angesichts globaler Herausforderungen nicht länger haltbar. Längst sei die ‚Rationalisierung der Rationalisierung' angesagt. Weder die Gesellschaft noch die Wissenschaft von ihr, die Soziologie, sei mit alten Ansätzen in der Lage, den neuen Tatbeständen gerecht zu werden:

> „Die Eigenständigkeit sozialer Systeme ist kulturell geborgt. Dies zu vergessen, war so lange möglich, wie die Gesellschaft der Institutionen und die Gesellschafft der Individuen noch in ihren Grundformen korrespondierten. Wo diese sich auseinander entwickeln, zerfällt die letzte große zentrale Illusion der Soziologie: Die Metaphysik sozialer Systeme. Die Konsensformen und -formeln – Klasse, Kleinfamilie, Ehe, Beruf, Frauenrolle, Männerrolle – zerbröckeln. Die sozialen Gussformen, auf denen politische Parteien und Organisationen ihre Programmatik und Arbeit aufbauen, verschwimmen. Die sozialen Sicherungssysteme, Arbeitsverwaltung, Familienpolitik konservieren eine industriegesellschaftliche Normalität, die für immer größere Kreise der Bevölkerung nicht mehr zutrifft. Männerinstitutionen treffen auf den Widerstand der in sie eintretenden Frauen. Alles die bedeutet: Institutionen werden *Individuumabhängig*; und zwar nicht weil die Individuen so mächtig, sondern weil die Institutionen historisch widersprüchlich werden" (Beck, S.45).

Dies war der Startschuss ebenso heftiger wie vielschichtiger Debatten über die „richtige", die „zweite", die „andere" Moderne und die Antworten der Soziologie. Sie halten unvermindert an. Manches schien bereits abgeklärt, doch nach dem 11.09.2001 und dem Irak-Krieg steht die Frage nach den Institutionen und ihren Wirkungen aufs neue auf der Tagesordnung. *Becks* Frage von 1990: „Wie ist Gesellschaft als soziale Bewegung von Individuen möglich?" steht immer noch zur Beantwortung an. Aber auch dies wird eines Tages Geschichte sein und in einer neuer Lektion aufgeschrieben werden. Der letzte Satz der 1. Auflage dieser Einführung von 1992 lautete: „Die Geschichte der Soziologie: Sie ist noch nicht zu Ende". Er bleibt (vorerst) bestehen.

Die Geschichte ist noch nicht zu Ende

Literatur

Primärliteratur

Beck, Ulrich: Der Konflikt der zwei Modernen. In: Zapf, Wolfgang (Hrsg.): Die Modernisierung moderner Gesellschaften. Beiträge zum 25. Deutschen Soziologentag. Frankfurt/Main 1991, S. 40-53

Beck-Gernsheim, Elisabeth: Der geschlechtsspezifische Arbeitsmarkt. Zur Ideologie und Realität von Frauenberufen. München/Frankfurt/Main 1976

Bereswill, Mechthild: Geschlecht. In: Baur, N. u.a.: Handbuch Soziologie. Wiesbaden 2008

Berger, Peter L. und Luckmann, Thomas: Die gesellschaftliche Konstruktion der Wirklichkeit. Eine Theorie der Wissenssoziologie. Frankfurt/Main 1999 (16. Auflage)

Blumer, Herbert: Der methodologische Standort des symbolischen Interaktionismus (1969). In: Matthes u.a., 1973, S. 80-146

Homans, George Caspar: Elementarformen sozialen Verhaltens. Köln 1968

Homans, George Caspar: Grundfragen soziologischer Theorie. Aufsätze, hrsg. und mit einem Vorwort versehen von Viktor Vanberg. Opladen 1972

Mead, George Herbert: Geist, Identität und Gesellschaft aus der Sicht des Sozialbehaviorismus. Frankfurt/Main 1973

Mead, George Herbert: Die objektive Realität der Perspektiven (1927). In: ders.: Gesammelte Aufsätze, Bd. 2. Hrsg. von Hans Joas. Frankfurt/Main 1983, S. 211-224

Mies, Maria: Methodische Postulate zur Frauenforschung – dargestellt am Beispiel der Gewalt gegen Frauen. In: Beiträge zur feministischen Theorie und Praxis, Jg. 7/1984, Heft 11, S. 7-25 (Nachdruck von 1978)

Mies, Maria: Gesellschaftliche Ursprünge der geschlechtlichen Arbeitsteilung. In: von Werlhof u.a., S. 164-193 (1988)

Morris, Charles W.: Vorwort, in: Mead 1973, S. 13-38

Ostner, Ilona: Beruf und Hausarbeit. Die Arbeit der Frau in unserer Gesellschaft. Franfurt/M./New York 1978

Ostner, Ilona: Soziale Ungleichheit, Ressentiment und Frauenbewegung. Eine unendliche Geschichte. In: Friedrichs, Jürgen/Lepsius, Rainer M./Mayer, Karl Ulrich (Hrsg.): Die Diagnosefähigkeit der Soziologie. Sonderheft 38/ 1998 der Kölner Zeitschrift für Soziologie und Sozialpsychologie. Opladen/Wiesbaden, 1998, S. 383-403

Werlhof, Claudia von/Bennholdt-Thomsen, Veronika/Mies, Maria: Frauen – Die letzte Kolonie. Zur Hausfrauisierung der Arbeit. Reinbeck 1988

Zapf, Wolfgang: Modernisierung und Modernisierungstheorien. In: Zapf, Wolfgang (Hrsg.): Die Modernisierung moderner Gesellschaften. Beiträge zum 25. Deutschen Soziologentag. Frankfurt/Main, S. 23-39

Sekundärliteratur

Beck, Ulrich: Risikogesellschaft. Auf dem Weg in eine andere Moderne. Frankfurt/Main 1986

Bock, Gisela/Duden, Barbara: Arbeit aus Liebe – Liebe als Arbeit. Zur Entstehung der Hausarbeit im Kapitalismus. In: Frauen und Wissenschaft, Beiträge zur Berliner Sommeruniversität. Berlin 1977, S. 118-197

Gildemeister, Regine: Die soziale Konstruktion von Geschlechtlichkeit. In: Ostner, Ilona/Lichtblau, Klaus (Hrsg.): Feministische Vernunftkritik. Ansätze und Traditionen. Frankfurt/Main/NewYork 1992, S. 220-239

Helle, Horst Jürgen: Verstehende Soziologie und Theorie des symbolischen Interaktionismus. Stuttgart 1992

Löw, Martina/Mathes, Bettina (Hg.): Schlüsselwerke der Geschlechterforschung. Wiesbaden 2005

Matthes, Joachim u.a.: Alltagswissen, Interaktion und gesellschaftliche Wirklichkeit. Bd.1: Symbolischer Interaktionismus und Ethnomethodologie. Reinbeck 1973

Vanberg, Viktor: Die zwei Soziologien. Individualismus und Kollektivismus in der Sozialtheorie. Tübingen 1975

Weede, Erich: Mensch und Gesellschaft. Soziologie aus der Perspektive des methodologischen Individualismus. Tübingen 1992